JN123784

令和**4**年改訂版

Q&A
不動産所得を
めぐる税務

高野弘美
黒田治彦 共著

一般財団法人 大蔵財務協会

は　し　が　き

　不動産貸付けは、少子化の時代にあっても、土地や建物の有効活用のほか、特に都市部における事業廃業に伴う貸店舗への移行や相続税対策等としても多くの方々が行っており、個人の方にとって最も身近な事業のひとつとなっています。

　一方、企業活動のグローバル化に伴い、海外勤務や外国人の国内勤務も一般化したことなどから、日本国内の不動産の買付けの活発化や海外に所在する不動産の取得・貸付け、海外居住者による国内の不動産の貸付けも増加し、不動産所得の内容が多様化するといった変化が起きています。

　不動産所得に関する所得税につきましては、経済社会のICT化や働き方の多様化が進展する中、ICT化を活用して利便性の向上を図るという観点などから、青色申告特別控除の適用について電子申告や電子帳簿保存を要件とする改正が行われています。また、損益通算の規定を使った租税回避に対応する不動産所得固有の改正が既に行われているところですが、「わが国と海外の建物に対する考え方の違いなどから中古建物に対する耐用年数の取扱いが異なり、わが国の税法では損失が生じても海外の税法によると黒字となっているケースが生じている。」といった会計検査院の指摘もあり、「国外中古建物から生じた不動産所得の損失」が損益通算の対象から除外されるという改正が行われています。

　なお、消費税については、財政健全化を確実に進めるため消費税率10％への引き上げとともに、特定の品目について軽減税率８％と

する複数税率が既に導入されています。しかし、複数税率の場合には、売り手と買い手において異なる税率を使用するといったことが懸念されることや、免税事業者との取引について仕入税額控除から排除しないと消費税の正しい転嫁が妨げられることから、併せて、適格請求書等保存方式（インボイス方式）を導入する改正があり、令和 5 年10月 1 日から施行されます。また、賃貸マンション等の取得を利用した多額の消費税還付を受ける事例については改正がなされたところですが、近年、作為的な金の売買を継続することで意図的に多額の還付を受ける事例が増加していることを受けて、居住用賃貸建物の範囲を明確化した改正が新たに行われています。

　このように、不動産所得に関係する方々の裾野がこれまで以上に広がるに伴い、関係する税法の項目も広がる傾向にあります。

　本書は、税務の実務に携わる専門家の方々だけでなく、新たに不動産貸付けを始められた方々など幅広く多くの方々に不動産所得に関する所得税をご理解いただくことを目的としてＱ＆Ａ方式による分かりやすい解説書として平成 8 年12月に初版を発刊し、平成18年及び平成29年には大幅改訂を行いました。

　この度、平成29年の改訂の後における青色申告特別控除、国外中古建物の損益通算等に係る所得税や消費税等の税制改正を踏まえた新たな質疑を織り込むとともに、解説の図や用語等の解説をさらに増やすなど内容の充実に努めたところであり、不動産所得に関する税務の取扱いについて、基本的な事柄のほか、数十年に一度の事柄についてもお役に立つ解説書であることを願っております。

　なお、文中の意見にわたる部分は私見であることをお断りさせていただきます。

終わりに、これまでの「不動産所得をめぐる税務」の執筆に携わってきた皆様に感謝申し上げますとともに、本書の刊行の機会を与えていただいた大蔵財務協会の木村理事長をはじめ、出版編集部の皆様に心からの謝意を表します。

　令和4年10月

高　野　弘　美

黒　田　治　彦

〔凡　　　例〕

本書中に引用する主な法令等については、次の略称を使用しています。

(1)　法　　令

法………………………所得税法
令………………………所得税法施行令
規………………………所得税法施行規則
措法……………………租税特別措置法
措令……………………租税特別措置法施行令
措規……………………租税特別措置法施行規則
通法……………………国税通則法
通令……………………国税通則法施行令
法法……………………法人税法
法令……………………法人税法施行令
相法……………………相続税法
消法……………………消費税法
消令……………………消費税法施行令
消規……………………消費税法施行規則
新消法…………………令和5年10月1日施行の消費税法
新消令…………………令和5年10月1日施行の消費税法施行令
新消規…………………令和5年10月1日施行の消費税法施行規則
東日本震災特例法……東日本大震災の被災者等に係る国税関係法律の臨時特例に関する法律
東日本震災特例令……東日本大震災の被災者等に係る国税関係法律の臨時特例に関する法律施行令
耐令……………………減価償却資産の耐用年数等に関する財務省令
改正法附…………………所得税法等の一部を改正する法律附則

⑵ 通　　達

基通………………………所得税基本通達
措通………………………租税特別措置法関係通達
法基通……………………法人税基本通達
相基通……………………相続税法基本通達
消基通……………………消費税法基本通達
インボイス通達………令和 5 年10月 1 日施行の適格請求書等保存方
　　　　　　　　　　　　　式に関する取扱通達
耐通………………………耐用年数等の適用等に関する取扱通達
通基通……………………国税通則法基本通達

⑶　そ の 他

　条………………………… 1 、 2 、 3
　項…………………………①、②、③
　号…………………………一、二、三
　〈例〉　法 2 ①二十一　＝所得税法第 2 条第 1 項第21号
　　　　　令96一　　　　＝所得税法施行令第96条第 1 号

　（注）　本書は、令和 4 年 8 月 1 日現在の法令等によっています。

〔目　次〕

第1章　所得税の基礎事項

第2章　納税地等

第3章　所得の帰属

第4章　収入金額

第1節　収入金額とその計算

第2節　収入金額の収入すべき時期

第5章　必要経費

第1節　租税公課

第2節 支払利子

第3節 訴訟費用等

第4節 支払保険料等

第5節　減価償却資産

〔減価償却資産の範囲〕

〔取得価額〕

第6節　繰延資産

第7節　資産損失

第10節　青色申告特別控除

第11節　その他

第6章　損益通算

第7章　純損失等の繰越控除

第8章　税額計算の特例

第9章　消費税関係

第1章

所得税の基礎事項

1 所得税の仕組み

```
┌─────────────────────────────────────────────┐
│  問   所得税の計算は、どのように行われるのでしょうか。 │
└─────────────────────────────────────────────┘
```

答 次のように行われます。

解説 所得税は、その年の1月1日から12月31日（年の中途で死亡し又は出国をする場合は、その死亡の日又は出国の時）までの1年間に生じた所得の金額について計算します。計算の仕組みは、おおむね、次の順序で行われます。

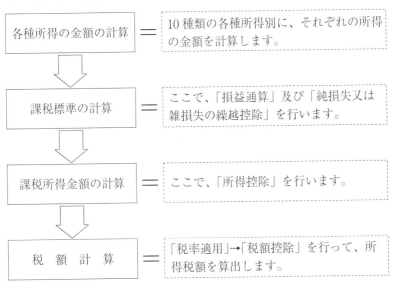

各種所得の金額の計算	10種類の各種所得別に、それぞれの所得の金額を計算します。
課税標準の計算	ここで、「損益通算」及び「純損失又は雑損失の繰越控除」を行います。
課税所得金額の計算	ここで、「所得控除」を行います。
税額計算	「税率適用」→「税額控除」を行って、所得税額を算出します。

〔参 考〕

　課税標準、課税所得金額及び税額計算の関係図は、次のとおりです。

計 算 関 係 図

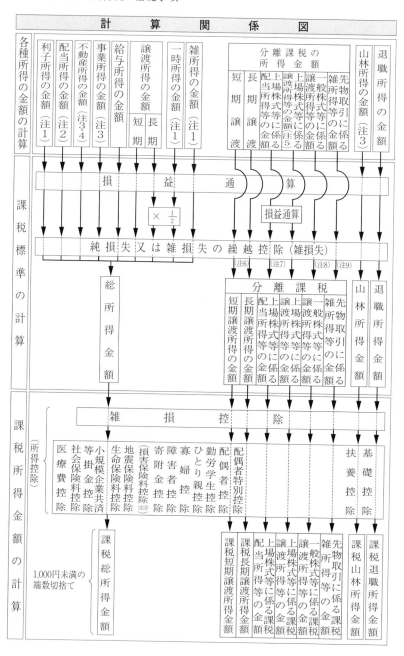

【税額計算の関係図】

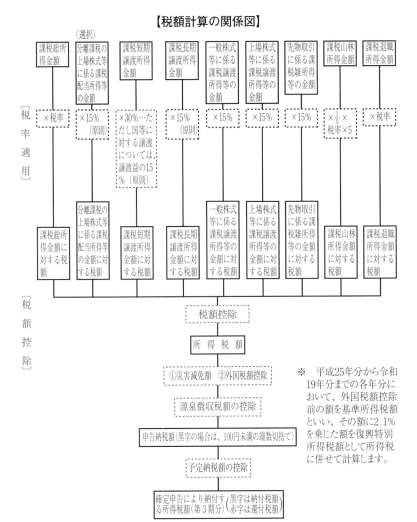

〔税率適用〕

〔税額控除〕

※ 平成25年分から令和19年分までの各年分において、外国税額控除前の額を基準所得税額といい、その額に2.1%を乗じた額を復興特別所得税額として所得税に併せて計算します。

（注1） 源泉分離課税の適用を受けるものを除きます（措法3①、3の3①、41の9①、41の10①、41の12①）。

（注2） 源泉分離課税の適用を受けるもの及び確定申告をしないことを選択した配当を除きます（措法8の2①、8の3①、8の5）。

（注3） 有限責任事業組合契約に関する法律第3条第1項に規定する有限責任事業組合契約を締結している個人組合員の不動産所得、事業所得及び山林所得の金額の計算上、その契約に基づいて営まれた組合事業から生じた不動産所得、事業所得及び山林所得の損失額のうち、出資金額等を基に計算される一定の金額を超える部分の金額については、必要経費とすることはできません（措法27の2、措令18の3）。

（注4） 不動産所得を生ずべき事業を行う民法組合等の個人組合員（組合事業に係る重要な業務の執行の決定に関与し、契約を締結するための交渉等を自ら執行する個人組合員を除きます。）又は特定受益者（信託の受益者等をいいます。）の不動産所得の金額の計算上、組合事業又は信託から生じた不動産所得の損失額はなかったものとみなされます（措法41の4の2、措令26の6の2）。

（注5） 源泉徴収選択口座を通じて行った上場株式等の譲渡で確定申告をしないことを選択した上場株式等の譲渡を除きます（措法37の11の5①）。

（注6） 土地・建物等の譲渡に係る長期譲渡所得の金額又は短期譲渡所得の金額については、他の所得との損益通算及び純損失の繰越控除（居住用財産の買換え等の場合の譲渡損失の繰越控除及び特定居住用財産の譲渡損失の繰越控除を除きます。）は適用されません（措法31①③二、32①④、41の5、41の5の2）。

(注7)　上場株式等に係る配当所得等の金額については、他の所得との
　　　　損益通算、純損失及び居住用財産の買換え等の場合の譲渡損失の
　　　　繰越控除及び特定居住用財産の譲渡損失の繰越控除は適用されま
　　　　せん（措法8の4③二）。

　　　　　ただし、上場株式等に係る譲渡損失の金額との損益通算ができ
　　　　ます（措法37の12の2、25改正法附46）。

(注8)　分離課税とされる株式等に係る譲渡所得等の金額については、
　　　　他の所得との損益通算、純損失及び居住用財産の買換え等の場合
　　　　の譲渡損失の繰越控除及び特定居住用財産の譲渡損失の繰越控除
　　　　は適用されません（措法37の10①⑥四）。

　　　　　ただし、上場株式等に係る譲渡損失については、その年の翌年
　　　　以後3年以内の各年分の株式等に係る譲渡所得等の金額から繰越
　　　　控除ができます。

　　　　　なお、上場株式等の譲渡損失の金額があるとき又はその年の前
　　　　年以前3年内の各年に生じた上場株式等の譲渡損失の金額（前年
　　　　以前に既に控除したものを除きます。）があるときは、これらの
　　　　損失の金額をその年分の上場株式等に係る譲渡所得等の金額及び
　　　　上場株式等の配当所得の金額（申告分離課税を選択したものに限
　　　　ります。）から控除することができます（措法37の12の2）。

(注9)　先物取引に係る雑所得等の金額については、他の所得との損益
　　　　通算、純損失及び居住用財産の買換え等の場合の譲渡損失の繰越
　　　　控除及び特定居住用財産の譲渡損失の繰越控除は適用されません
　　　　（措法41の14①②三）。

　　　　　ただし、先物取引に係る差金等決済をしたことにより生じた損
　　　　失の金額のうち、一定の要件を満たすものについては、その年の

翌年以後3年間の繰越控除ができます。

（注10）　損害保険料控除については平成18年分をもって廃止されました。

　　　　　ただし、平成18年12月31日までに締結した長期損害保険契約等に係る保険料を支払った場合には引き続き地震保険料控除が適用されます（18改正法附10）。

2　不動産所得の金額の計算

> 　問　　不動産所得の金額は、どのように計算されるのでしょうか。

■答■　**不動産所得の金額は、次の算式により計算します。**

不動産所得の金額＝総収入金額－必要経費

解説

1　総収入金額の計算

　不動産所得の総収入金額には、通常の地代、家賃のほか、権利金、名義書換料、更新料、礼金など不動産貸付けに伴う収入が含まれますが、それらの収入計上時期は次のとおりです（基通36―5、36―6、36―7）。

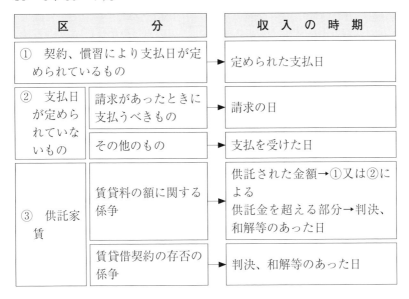

区　　　　　分		収 入 の 時 期
①　契約、慣習により支払日が定められているもの		→ 定められた支払日
②　支払日が定められていないもの	請求があったときに支払うべきもの	→ 請求の日
	その他のもの	→ 支払を受けた日
③　供託家賃	賃貸料の額に関する係争	→ 供託された金額→①又は②による 供託金を超える部分→判決、和解等のあった日
	賃貸借契約の存否の係争	→ 判決、和解等のあった日

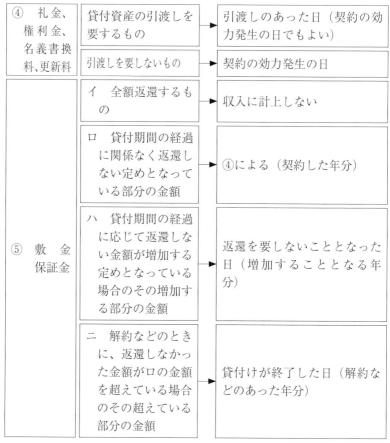

④ 礼金、権利金、名義書換料、更新料	貸付資産の引渡しを要するもの	→	引渡しのあった日（契約の効力発生の日でもよい）
	引渡しを要しないもの	→	契約の効力発生の日
⑤ 敷金保証金	イ 全額返還するもの	→	収入に計上しない
	ロ 貸付期間の経過に関係なく返還しない定めとなっている部分の金額	→	④による（契約した年分）
	ハ 貸付期間の経過に応じて返還しない金額が増加する定めとなっている場合のその増加する部分の金額	→	返還を要しないこととなった日（増加することとなる年分）
	ニ 解約などのときに、返還しなかった金額がロの金額を超えている場合のその超えている部分の金額	→	貸付けが終了した日（解約などのあった年分）

(注) 3年以上の期間、不動産等を使用させることを約することにより一時に受ける権利金、頭金その他の対価（賃借人の交替又は転貸により支払を受ける名義書換料や承諾料を含みます。）で、その金額が、その契約により資産の使用料の2年分に相当する金額以上であるものに係るその不動産所得は、臨時所得として特別な方法で税額の計算（411ページ参照）をすることができる場合があります（令8二、基通2―37）。

2 必要経費の計算

　不動産所得の必要経費としては、賃貸した土地、建物その他の物件に係る固定資産税、管理費、修繕費、損害保険料、減価償却費、借入金利子などがあります。

　そのほか、次の項目については、それぞれ次のように取り扱われます。

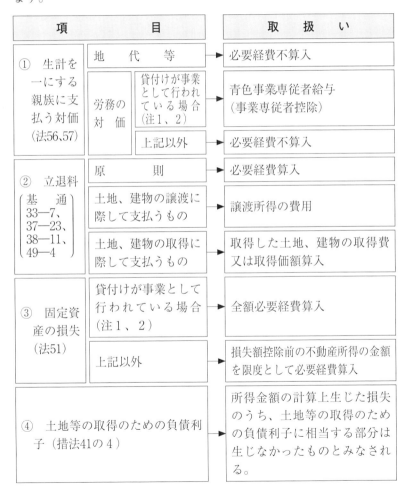

項　　　　目			取　扱　い
① 生計を一にする親族に支払う対価 (法56、57)	地　代　等		必要経費不算入
	労務の対価	貸付けが事業として行われている場合 (注1、2)	青色事業専従者給与 (事業専従者控除)
		上記以外	必要経費不算入
② 立退料 (基通 33—7、37—23、38—11、49—4)	原　　　則		必要経費算入
	土地、建物の譲渡に際して支払うもの		譲渡所得の費用
	土地、建物の取得に際して支払うもの		取得した土地、建物の取得費又は取得価額算入
③ 固定資産の損失 (法51)	貸付けが事業として行われている場合 (注1、2)		全額必要経費算入
	上記以外		損失額控除前の不動産所得の金額を限度として必要経費算入
④ 土地等の取得のための負債利子 (措法41の4)			所得金額の計算上生じた損失のうち、土地等の取得のための負債利子に相当する部分は生じなかったものとみなされる。

（注１） 建物の貸付けが事業として行われているかどうかの判定

　　　　　建物の貸付けが不動産所得を生ずべき事業として行われているか

　　　　どうかは、社会通念上事業と称するに至る程度の規模で建物の貸付

　　　　けを行っているかどうかにより判定することになりますが、次に掲

　　　　げる事実のいずれか一に該当する場合又は賃貸料の収入の状況、貸

　　　　付資産の管理の状況等からみてこれらの場合に準ずる事業があると

　　　　認められる場合には、特に反証がない限り事業として行われている

　　　　ものと取り扱われています（基通26―9）。

　（1）　貸間、アパート等については、貸与することができる独立した

　　　　室数がおおむね10以上であること。

　（2）　独立家屋の貸付けについては、おおむね５棟以上であること。

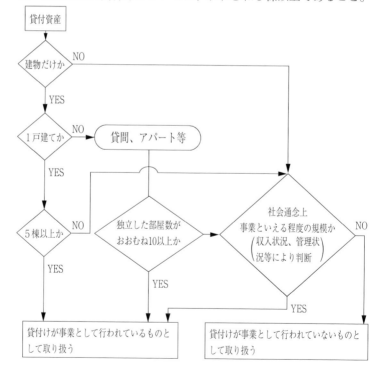

（注2）　土地の貸付けが事業として行われているかどうかの判定

　　　　土地の貸付けが事業として行われているかどうかの判定は、次のように取り扱われます。

⑴　土地の貸付けが不動産所得を生ずべき事業として行われているかどうかは、あくまでも社会通念上事業と称するに至る程度の規模で土地の貸付けが行われているかどうかにより判定すべきものであること。

⑵　その判定が困難な場合は、所得税基本通達26—9に掲げる建物の貸付けの場合の形式基準（これに準ずる事業があると認められる場合を含みます。）を参考として判定すること。

　　　この場合、①貸室1室及び貸地1件当たりのそれぞれの平均賃貸料の比、②貸室1室及び貸地1件当たりの維持・管理及び債権管理に要する役務提供の程度等を考慮し、地域の実情及び個々の実態等に応じ、1室の貸付けに相当する土地の貸付件数を、「おおむね5」として判定すること。

　　㊟　例えば、貸付8室と貸地10件を有する場合にも事業として行われているものとして判定する。

3　青色申告

> ［問］　青色申告とは、どのようなものでしょうか。

［答］　不動産所得、事業所得又は山林所得を生ずべき業務を行う人が、所得税法の定めるところに従って一定の帳簿書類を備え付け、税務署長に青色申告の承認申請をしてその承認を受けた場合は、青色申告書を提出することができます（法143）。この青色申告者に対しては、税務上各種の特典が認められています。

［解説］

1　青色申告の要件

　青色申告書を提出するためには、次の要件を備えなければなりません。

要　　　　　件
①　法定の帳簿書類を備え付けて取引を記録し、かつ、保存すること（法148①）
②　税務署長に青色申告の承認の申請書を提出してあらかじめ承認を受けること（法144、146、147）

　青色申告の承認の申請から承認等までの流れを示すと次のとおりです。

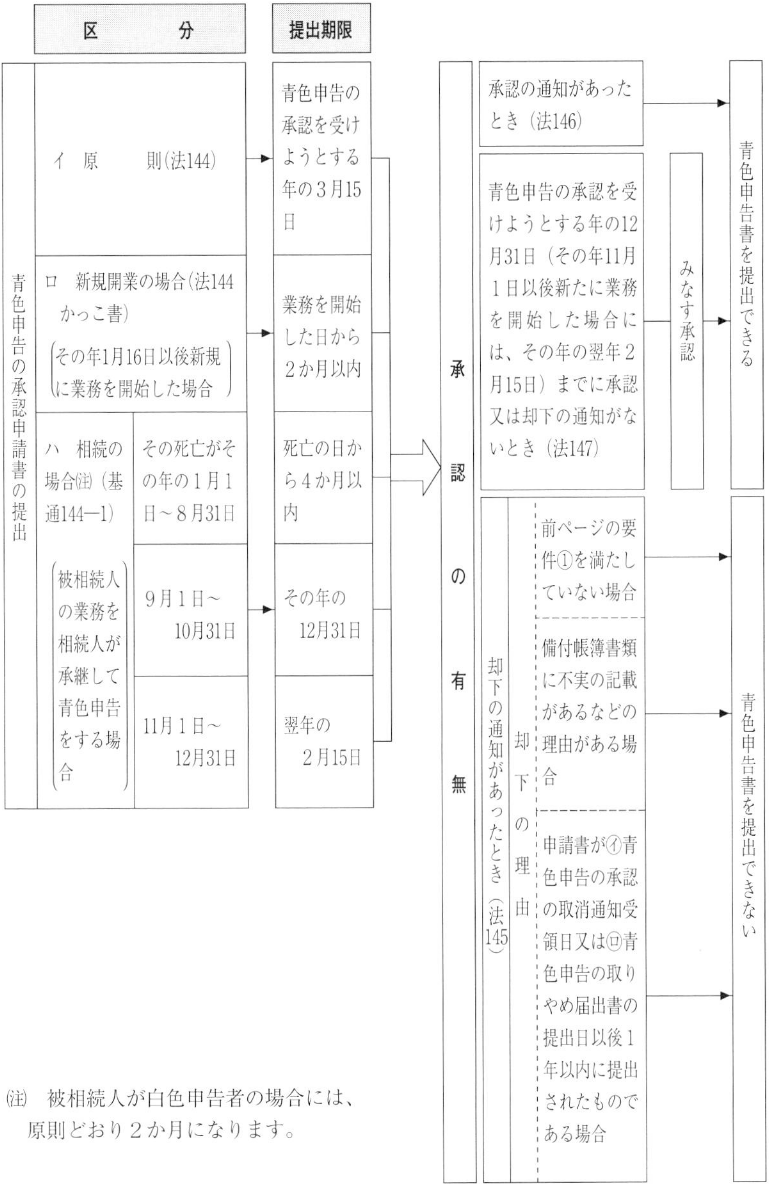
区　　　分
提出期限
青色申告の承認申請書の提出
イ　原　　則(法144)
青色申告の承認を受けようとする年の３月15日
ロ　新規開業の場合(法144かっこ書)
(その年1月16日以後新規に業務を開始した場合)
業務を開始した日から２か月以内
ハ　相続の場合(注)（基通144—1）
(被相続人の業務を相続人が承継して青色申告をする場合)
その死亡がその年の１月１日～８月31日
死亡の日から４か月以内
９月１日～10月31日
その年の12月31日
11月１日～12月31日
翌年の２月15日
承認の有無
承認の通知があったとき（法146）
青色申告の承認を受けようとする年の12月31日（その年11月１日以後新たに業務を開始した場合には、その年の翌年２月15日）までに承認又は却下の通知がないとき（法147）
みなす承認
青色申告書を提出できる
却下の通知があったとき（法145）
却下の理由
前ページの要件①を満たしていない場合
備付帳簿書類に不実の記載があるなどの理由がある場合
申請書が㋑青色申告の承認の取消通知受領日又は㋺青色申告の取りやめ届出書の提出日以後１年以内に提出されたものである場合
青色申告書を提出できない

(注)　被相続人が白色申告者の場合には、原則どおり２か月になります。

2　青色申告者の備付帳簿

　青色申告者の備付帳簿の種類は、規模の大小によって次のように定められています（規56、昭42大蔵省告示第112号）。

区　　分	備　付　帳　簿
(1)　正規の帳簿で記帳する者	年末に、①貸借対照表と②損益計算書を作成することができるような正規の簿記（複式簿記）に基づく帳簿 ただし、次の(2)によって記帳することもできます。
(2)　簡易帳簿で記帳のできる者	備え付けるべき簡易帳簿は、次のとおりです。 ①　現金出納帳 ②　売　掛　金 ③　買　掛　金 ④　経費明細書 ⑤　固定資産台帳
(3)　小規模事業者の収入及び費用の帰属時期の特例（法67）の適用を受けることにつき承認を受けた者	現金主義に基づく上記(2)①⑤の備付帳簿

　なお、(3)の特例の適用を受けることができる人は、前々年分の不動産所得の金額及び事業所得の金額（青色専従者給与を控除する前の金額）の合計額が300万円以下の人です（令195）。

3　帳簿書類の保存

　青色申告者が備え付けるべき帳簿書類については、7年間（一定

のものは5年間）保存しなければなりません（法148、規63）。

　これを白色申告者の場合と対比すると、次の表のようになります。

区　　分	青　　　　色	白	色
		記 帳 対 象 者	記録保存対象者
帳　　簿 決算関係書類	7年	法定帳簿(旧規102④) (法231の2①適用) ……7年 任意帳簿(旧規103②) (法231の2③適用) ……5年	帳簿及び書類(規103②)(法231の2③適用)　……一律5年
現金預金取引等関係書類	7年 (前々年分所得300万円以下の者は、5年)		
その他の書類	5年	書類（旧規103②) (法231の2①③適用ともに)……5年	

　㈺　申告期限経過後6年目、7年目における帳簿書類（その他の書類のうち一定のものについては、申告期限経過後4年目、5年目）の保存については、一定の要件を満たすマイクロフィルムによる保存が認められています（規63⑤、102⑤、103③、平成10年3月大蔵省告示第135号）。

　また、「電子計算機を使用して作成する国税関係帳簿書類の保存方法等の特例に関する法律」による帳簿書類の保存方法によることができます。

4 青色申告の特典等

青色申告の主な特典などには、次のようなものがあります。

根拠法	特典項目	青色申告の場合	白色申告の場合
所 得 税 法	専従者給与 (法57①)	原則として全額必要経費に算入できます。	専従者1人当たり最高50万円(配偶者は86万円)を限度として控除が受けられます。
	現 金 主 義 (法67)	前々年分の不動産所得の金額及び事業所得の金額の合計額が300万円以下の人は現金主義によって所得計算ができます。	適用ありません。
	純損失の繰越控除 (法70①)	翌年以降3年間繰越控除ができます。	変動所得又は被災事業用資産の損失に限って繰越控除ができます。
	純損失の繰戻還付 (法140、141)	前年分の所得に対する税金から還付が受けられます。	適用ありません。
	更正の制限 (法155①、156)	帳簿調査に基づかない更正、推計課税による更正・決定を受けることがありません。	帳簿調査に基づかない更正、推計による更正・決定を受けることがあります。
	更正の理由付記 (法155②)	更正される場合には更正通知書にその更正の理由が付記されます。	更正の理由の付記は必要とされていません。
	引 当 金 (法52、54)	貸倒引当金、退職給与引当金等の一定の引当額を必要経費に算入できます。	貸倒引当金に限り一定の引当額を必要経費に算入できます。
	低 価 法 (令99①)	棚卸資産の評価については低価法が認められます。	適用ありません。
租 税 特 別 措 置 法	青色申告特別控除(措法25の2)	所得を計算する際最高65万円を差し引くことができます。(注)	適用ありません。
	減価償却費(措法10の3ほか)	中小事業者が特定機械装置等を取得等した場合、特別償却又は所得税額の特別控除ができます。	適用ありません。
	準 備 金(措法20の2ほか)	特定災害防止準備金などの準備金を必要経費に算入することができます。	適用ありません。
	所得税額の特別控除(措法10ほか)	試験研究を行った場合や特定の設備を取得した場合には、所得税額の特別控除が適用されます。	適用ありません。

(注) 不動産の貸付けが事業的規模で行われていない場合は、最高10万円を差し引くことができます。

第 2 章

納税地等

4　納税地

┌───┐

　　問　私は、このたびアパートを建築し、家賃収入が入ることになりました。

　　これからは、納税地を所轄する税務署に確定申告をしなければならないそうですが、私の場合、納税地はどこになるでしょうか。

└───┘

答　　納税地は、次のように定められます。

解説　　**1　納税地の原則**

　納税地とは、納税義務者の申告、申請等の諸手続及び税務署長の更正、法定等の処分に関する所轄官庁を定める基準となる場所をいいます。所得税法における納税地は、次のように定められています（法15、令53、54）。

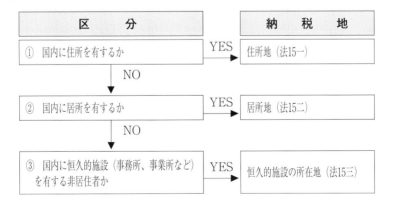

区　　　分	納　税　地
① 国内に住所を有するか　　YES →	住所地（法15一）
↓ NO	
② 国内に居所を有するか　　YES →	居所地（法15二）
↓ NO	
③ 国内に恒久的施設（事務所、事業所など）を有する非居住者か　　YES →	恒久的施設の所在地（法15三）

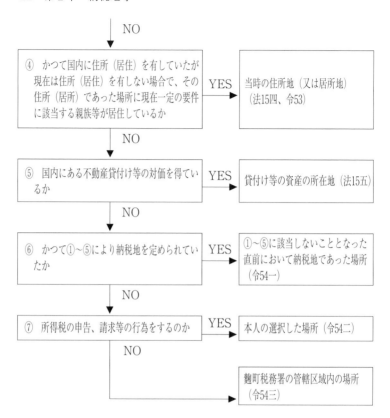

新たに不動産所得、事業所得又は山林所得を生ずべき事業の開始等をした納税義務者は、その開始等をした日から1月以内に、納税地等を記載した「個人事業の開業等の届出書」を所轄税務署長に提出しなければなりません(法229、規98)。

また、納税地に異動があった場合には、異動前及び異動後の納税地を記載した「所得税の納税地の変更に関する届出書」をそれぞれの所轄税務署長に提出することになります(法20、令57)。

㊟ 「住所」とは、各人の生活の本拠をいい、必ずしも住民登録をしてある場所とは限りません(基通2―1)。

2 納税地の特例

　納税地の特例は、次のとおりです。

　住所地以外を納税地として選択する場合には、住所地の所轄税務署長に「所得税の納税地の変更に関する届出書」を提出しなければなりません（法16①～④、規17①②）。

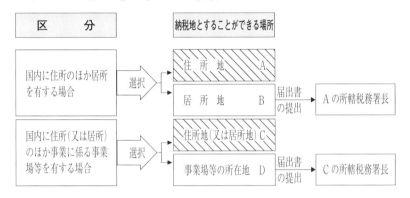

5 貸事務所を納税地とすることの可否

> ［問］ 私は、貸事務所を賃貸することにより不動産所得を得ていますが、今までの住所地に代えて、この貸事務所（物件）の所在地を納税地とすることができますか。

［答］ 貸事務所、アパート等単に不動産所得の基因となる資産があるというだけでは、その所在地を納税地とすることはできません。

［解説］ 住所又は居所を有し、かつ、その所在地又は居所地以外の場所にその人の営む事業に係る事業場その他これに準ずるもの（以下「事業場等」といいます。）を有する場合には、納税地とされている住所地又は居所地の所轄税務署長に対し「所得税の納税地の変更に関する届出書」を提出することにより従来の納税地に代えて、その事業場等の所在地を納税地とすることができます（法16②④）。

しかし、貸事務所、アパート等単に不動産所得の基因となる資産があるというだけではこの「事業場等」には該当せず、その人にとって、その不動産の貸付けが事業と称するに足るものであり、かつ、管理事務所等を有するような場合に限って、その資産の所在地を「事業場等」として納税地にすることができます。

したがって、ご質問の場合、これらの事情を総合的に勘案したうえ、納税地の変更ができる場合に当たるかどうか具体的に判定することになります。

6 海外勤務にともない納税管理人を定めた場合の納税地

> **問** このほど海外支店勤務を命ぜられ家族同伴で赴任する
> ことにしましたので、今まで住んでいた家を社宅として会社に
> 貸すことにしました。この家賃に関する申告や納税のことは会
> 社の経理課長に全て任せる予定であるので、納税管理人に選任
> する予定です。確定申告書は経理課長の住所の所轄税務署に提
> 出すればよいのでしょうか。

答 あなたの納税地は、今まで住んでいた家屋の所在地が納税
地であり、納税管理人である経理課長の住所を納税地とすることは
できません。

解説 ご質問の場合のように、海外勤務などで国内に住所及び居
所を有しなくなる場合において、申告や納税など国税に関する事項
を処理する必要があるときは、その納税者は、これらの事項を処理
させるために、国内に住所又は居所を有する人でこれらの事項を処
理するのに便宜を有している人のうちから納税管理人を選任して
「所得税の納税管理人の届出書」を、自分の納税地の所轄税務署長
に届け出なければならないこととされています（通法117①）。

　所得税の納税管理人の届出書が提出されると、税務署では、所得
税に関する書類を納税者本人ではなく納税管理人の住所又は居所に
送達することとされており（通法12①）、また、申告や納税は納税
管理人が代行することになります。この場合の申告書の提出先は、

納税管理人の住所や居所がどこであるかにかかわりなく、納税者本人が国内に住所及び居所を有しなくなったときに納税地とされる場所の所轄税務署長ということになります。

国内に住所及び居所を有しなくなった人の納税地は、原則として、次のとおりとなります（法15四〜六、令53、54）。

(1) その有しないこととなった時に事業所等を有せず、かつ、その納税地とされていた場所にその人の親族等が引き続き居住している場合……その納税地とされていた場所

(2) (1)に該当しない場合で、国内にある不動産、不動産上の権利の貸付け等の対価がある場合……その不動産の所在地

(3) (1)及び(2)に該当しない場合……その有しないこととなった時の直前において納税地であった場所

(4) (1)から(3)までのどれにも該当しない場合……所得税に関する申告、請求などの行為をする場合に、その納税者が納税地として選択した場所

(5) (1)から(4)までのどれにも該当しない場合……麹町税務署の管轄区域内の場所

したがって、あなたの場合には、家族同伴で赴任されるとのことですので、会社に貸し付けた今まで住んでいた家屋の所在地が納税地になります。

7 年の中途で出国する場合の確定申告

> ［問］　この度、2年の予定で海外支社勤務を命ぜられ単身で
> 赴任することになりました。私には、会社からの給与のほか、
> 賃貸マンション1室（居住用、賃借人は個人）からの不動産収
> 入があり、毎年確定申告をしておりますが、本年分の確定申告
> は、どのようにしたらよいのでしょうか。
>
> 　なお、出国の時までに、妻を納税管理人に定め、その届出書
> を提出する予定です。

［答］　**出国するまでのすべての所得と出国した後の賃貸マンショ
ンから生じる所得を合算して、翌年3月15日までに確定申告をする
こととなります。**

［解説］　国外において継続して1年以上居住することを必要とする
職業に従事することとなる場合には国内に住所を有しない者と推定
され（所令15①一）、出国の日以降、非居住者に該当することとな
ります（所法2①五）。

　非居住者は国内源泉所得に対してのみ課税とされ、居住者のうち
永住者に該当する場合はすべての所得に対し、また、非永住者に該
当する場合は国内源泉所得と国外源泉所得のうち国内において支払
われたもの、または国内に送金されたものに対して課税されること
となっています（所法7①一～三）。

　また、確定申告の時期は、通常翌年2月16日から3月15日までと

されていますが、納税管理人の届出をしないで年の中途で出国する場合にはその年の1月1日から出国の時までの所得金額に関し、出国時の納税地を所轄する税務署長に対して確定申告を行うとともに、所得税を納めなければなりません（所法127①、130）。

なお、この場合の「出国」とは、居住者の場合、納税管理人の届出をしないで国内に住所および居所を有しなくなることをいいます（所法2①四十二）ので、出国に際し納税管理人の届出を行った場合には、所得税法上、出国の扱いとはならないことになります。

あなたの場合には、2年間の予定で海外支社勤務のため出国しますので、出国の日以降非居住者となりますが、出国の時までに奥様を納税管理人とする届出書を提出するようですので、出国前の所得と出国後の所得について、翌年2月16日から3月15日までに確定申告書を提出することになります。

次に、年の途中で居住者が非居住者となった場合の税額の計算については所得税法第165条の規定により、所得税法第102条の規定を準用することとされています（所基通165—1）。

したがって、あなたの場合、非居住者期間に国内にある賃貸マンションから生じる不動産所得が国内源泉所得として課税の対象とされ、居住者期間に生じたすべての所得（給与所得及び不動産所得）と合わせて総合課税の方法により課税されます（所法161三、165）ので、それぞれの所得金額の合計額から、各種所得控除及び税額控除を適用して、申告納税額を計算し納税管理人である奥様を通じて確定申告を行い、所得税を納めることとなります（通法117、通令39）。

なお、所得控除のうち、雑損控除については、居住者期間内の損

失と非居住者期間内に国内にある資産について生じた損失が、医療費控除、社会保険料控除、生命保険料控除及び損害保険料控除等については、居住者期間内に支払ったもののみが、それぞれの控除の対象となります。扶養控除等のいわゆる人的控除の判定については、その年の12月31日現在の現況により行うこととなります（所基通165―2）。

第3章

所得の帰属

8　未分割の相続財産から生ずる不動産所得の帰属者等

> ［問］　賃貸の用に供している不動産（アパート）を相続しましたが、遺言もなく現在遺産分割について協議中です。この不動産から生ずる所得は私の名義で預金していますが、全額私の所得として申告するのでしょうか。

［答］　未分割の相続財産であるアパートから生ずる不動産所得は、分割が行われるまでは相続人の法定相続分に応じて申告します。

［解説］　共同相続財産について遺産分割が行われていない場合のその相続財産は、各共同相続人の共有に属するものとされています（民法898）から、その相続財産から生ずる所得は、各共同相続人に、その相続分に応じて帰属するものと解されます。

　(注)　未分割財産の共有割合は、遺言により相続分が指定されている場合にはその指定相続分、それ以外は法定相続分によります。

　したがって、遺産分割の協議が調わないため、共同相続人のうちの特定の人が所得を管理しているような場合であっても、その特定の人がその遺産を相続したわけではありませんので、その人に所得が帰属しているとして申告することはできません。

　なお、将来遺産分割が行われた場合には、その分割の日以後に生じた不動産所得は実際に相続した人の相続分に応じて申告することになります。

9　土地を無償で借り、駐車場経営を行っている場合の所得の帰属

> 　問　　私は、生計を別にする父の土地を無償で借り、月極めによる駐車場として利用しています。駐車場の運営は私の責任でなされ、利益も私が消費しています。この不動産所得について私の名前で申告しようと思いますが、いかがでしょうか。

　答　　駐車場から生ずる不動産所得はあなたのお父さんに帰属すると認められます。

　解説　収益の実質的な帰属者が誰であるかの判定をする場合、実務的には、資産から生ずる収益と事業から生ずる収益の二つに区分して考えています。ご質問の場合も、駐車場の所得が事業所得（又は雑所得）に該当するか、あるいは不動産所得に該当するかを先ず決めておく必要があります。この場合「いわゆる有料駐車場、有料自転車置場等の所得については、自己の責任において他人の物を保管する場合の所得は事業所得又は雑所得に該当し、そうでない場合の所得は不動産所得に該当する（基通27―2）。」とされており、また、実質所得者の判定に当たっては、資産から生ずる収益を享受する人がだれであるかは、その収益の基因となる資産の真実の権利者がだれであるかによって行うこととなります（基通12―1）。例えば、自らがその収益を処分する代わりに、親族に自由に消費させているような場合であっても、それは処分の一形態として、親族は、

第二次的にその分配にあずかっているに過ぎないとみるべきであって、第一次的には、その真実の権利者が収益を享受していると解されます。

　以上のことを前提にして、あなたの場合について考えてみますと、貸付けの形態により次のように考えることができます。

(1)　青空駐車場のような単に土地のみの貸付けや「アスファルト敷」等の簡単な構築物を設置しての貸付けの場合

　　形式的・表面的にはあなた自身が原始的に駐車場使用者から使用料を収得しているように見えますが、それはその土地の真実の所有権者であるあなたのお父さんがあなたに対してそのような行為を承認したことの反射効に過ぎないものであって、その意味で、駐車場の所得は、まずあなたのお父さんに帰属すると解されます。この場合、あなたの消費している金額のうちあなたの管理業務及びあなたが設置した構築物の使用の対価を超える部分については、あなたのお父さんがあなたに贈与したものとみなされます。

(2)　あなたが建物、設備等を設置している場合

　　単に土地の使用料でなく、サービス・管理等を伴いあなたの経営する要素が大である場合には、あなたの事業所得、雑所得又は不動産所得となります。

10 土地信託から生ずる所得の帰属

> **問** 私は、土地を信託銀行に信託し、受益者を私の子供に
> しました。信託銀行から支払われる信託の利益を、私の子供の
> 所得として申告してよいでしょうか。

答 受益者が特定されていますので、受益者の不動産所得とし
て申告することになります。

解説 平成19年9月30日に新信託法が施行され、これにより信託
の利用機会が大幅に拡大され、多様な類型の信託が可能になってい
ます。

　信託とは、財産権の移転その他の処分をし他人（受託者）をして
一定の目的に従って財産の管理又は処分をさせることをいいます
（信託法2）。受託者は、信託財産の所有権を取得しますが、信託行
為の定めるところによって、信託財産の管理又は処分をしなければ
ならず、その信託財産は受託者の固有財産とは区別され、また、信
託の利益は、原則として、「信託行為により受益者として指定され
た者」が享受し、信託行為に別段の定めがあるときには、その定め
に従うことになっています（信託法88①）。

　そこで、所得税法では、信託財産に帰せられる収入及び支出につ
いて①受益者が特定している場合には、その受益者が、②受益者が
特定していない場合、又は存在していない場合には、その委託者
が、その信託財産を有するものとみなして、所得税法を適用するこ

ととされています（所法13①）。

　したがって、ご質問の場合には、受益者が特定されていますの
で、あなたの子供さんの不動産所得として申告することになりま
す。

　なお、信託の受益者が委託者と異なる場合には、委託者が信託財
産を受益者に贈与したものとみなされ、受益者に対して贈与税が課
せられますので、その申告も必要です（相法9の2）。

第 4 章

収入金額

第1節　収入金額とその計算

11　損害を受けた事業用資産に係る受取保険金

> 　**問**　所有しているアパートが焼失しました。帳簿上の未償却残額は100万円でしたが火災保険の保険金400万円を受け取りました。この場合の課税上の取扱いはどのようになりますか。

　答　**受け取った保険金が焼失したアパートの時価を超える、いわゆる保険差益については、非課税とされます。**

　解説　事業用の固定資産の取壊し、除去、滅失等により生じた損失は、保険金額によって補てんされる部分の金額を除いて、その事業に係る所得の金額の計算上必要経費に算入されます（法51①）。この場合の必要経費に算入される固定資産の損失の金額は、その固定資産の取得価額から損失発生時までの間の減価償却費の累計額を差し引いたいわゆる未償却残額からその損失の基因になった事実の発生直後における資産の時価と発生資材の時価との合計額を控除した残額に相当する金額とされています（令142、143、基通51―2）。

　ご質問の場合には、次のとおり資産損失は0となります。

$$
\underset{(未償却残額)}{100万円} - \left(\underset{\substack{被災直後\\の時価}}{0円} + \underset{\substack{発生資材\\の時価}}{0円} \right) - \underset{(保険金)}{400万円} = \triangle 300万円 \rightarrow 0 \ （損失なし）
$$

　なお、保険金額により補てんされた金額は、個々の資産ごと、原因ごとにそれぞれ差し引いて計算します。

　次に、保険金が焼失したアパートの時価を超えた、いわゆる保険差益が生じた場合の保険金は、損害保険契約に基づき支払を受ける保険金や損害賠償金で、突発的な事故によって資産に加えられた損害に基づいて取得するものに該当し、所得税は非課税とされています（法9①十八、令30二）から、この場合の保険差益についても、課税されません。

12　過年分の支払利息の返還を受けた場合の処理

> 　**問**　私は、不動産賃貸業を営んでいます。不動産所得の金額の計算に当たり賃貸用不動産の取得に要した借入金の利子があるため、その利子を毎年必要経費に計上してきました。
> 　ところが、令和4年になって、令和2年分と令和3年分の利息の計算に当たり誤って過大に請求されていたため過大分を一括で返還する旨の通知を銀行から受け取り、直ちに返還金を受け取りました。
> 　この場合、当該返還金をどのように処理したらよいでしょうか。

　答　不動産賃貸業が事業的規模の場合は、令和4年分の不動産所得の総収入金額に算入し、また、事業的規模に該当しない場合には、令和2年分と3年分の不動産所得の必要経費を減額した修正申告を提出することになります。

　解説　企業会計上、当期に発生した損益につき、例えば商品の返品等でそれが前期以前の収益、費用の増減に該当する場合でも、当該損益については、前期以前の損益を変更するのではなく、当期の損益として処理することとなっています。また、法人税に関しても、前期以前の事業年度において益金とした資産の販売又は譲渡、役務の提供その他の取引について今事業年度において契約の解除又は取消し、値引き、返品等があった場合でも、その損失の額は、今

事業年度において損金の額に算入することとされています（法基通
2 ― 2 ― 16）。これは、事業活動上発生する前期損益修正項目に関
しては、原則として、当期の損益として処理するという会計慣行に
準拠したものと思われます。

　ところで、所得税についても、事業所得、事業的規模の不動産所
得又は山林所得に係る前年以前に発生した事業上の債権につき、本
年に貸倒れ等が発生した場合には、本年の所得の計算上必要経費と
して処理することとされています（法51②④）。

　また、前年以前に収入として計上した金額が減額された場合、そ
の事実が発生した日の翌日から 2 月以内に限り更正の請求ができま
す（法64、152）。

　このことから、所得税における前期損益修正に関しては、事業所
得、不動産所得又は山林所得については、法人税と同様、原則とし
て当該事実の発生した年で処理することになると思われます。

　したがって、ご質問の場合、当該返還金を令和 4 年分の不動産所
得の総収入金額に算入することになります。

13　アパートの移転等の支出に充てるために受け取った交付金

> 　**問**　アパートの敷地である土地が収用されたためアパート
> を移転することになりました。県から100万円の移転費用の交
> 付金を受け、それで支払いましたが、この交付金は課税上どの
> ように取り扱われますか。

答　**交付金を交付の目的に従って移転費用に充てた場合は、そ
の費用に充てた部分の交付金は、総収入金額に算入する必要はあり
ません。**

解説　土地収用法の規定による収用などにより、資産の移転、移
築、除却などの費用に充てるための交付金を受けた場合で、その交
付金を、その交付の目的に従って、資産の移転、移築、除却などの
費用に充てたときは、その費用に充てた部分の交付金は、所得金額
の計算上総収入金額に算入しないこととされています（法44）。

　ただし、その費用に充てた金額のうち、事業所得などの計算上必
要経費に算入される部分の金額や譲渡所得の譲渡費用に算入される
部分の金額に相当する金額については、総収入金額に算入されます
（法44）。

　したがって、ご質問の場合は、交付金を総収入金額に算入する必
要はありません。

　(注)　移転補償金をその交付の目的に従って支出したかどうかの判定
　　は、次によります（措通33—9(注)）。

⑴ 移転補償金をその交付の基因となった資産の移転若しくは移築又は除却若しくは取壊しのための支出に充てた場合……交付の目的に従って支出した場合に該当します。

⑵ 移転補償金を資産の取得のため支出又は資産の改良その他の資本的支出に充てた場合……その交付の目的に従って支出した場合に該当しません。

14　建築工事の工期遅延違約金

> ┌ 問 ┐　建築業者にアパートの新築を請け負わせましたが、工
> 事が遅延し契約書上の引渡期日に間に合わず、契約に定められ
> ている違約金を受け取りました。
> 　この違約金は所得として申告しなければなりませんか。

答　**建築工事の遅延違約金は、所得として申告する必要はあり
ませんが、アパートの取得価額はこの違約金を控除した価額となり
ます。**

┌ 解 説 ┐　工事遅延の違約金は、工事遅延を原因に工事代価が契約に
より減額されるもので、値引きと同様の性格をもつものと解されま
す。

　一方、減価償却資産の取得価額は、購入した資産については、そ
の資産の購入価額とその資産を業務の用に供するために直接要した
費用との合計額とされています（令126）。

　したがって、受け取った違約金の処理については、請負工事代価
から控除することとし、その控除した後の金額をアパートの取得価
額として計上すればよいことになります。

15 不動産業者が販売目的の土地を一時的に貸し付けた場合の受取地代

> 問　私は、不動産取引業を営んでいますが、近隣で建設工事を行っている業者Aから、「一時的に材料置場として貸してほしい」と頼まれ、1日5,000円で貸し付けることにしました。
> この場合の貸付収入は、不動産所得になるのでしょうか。

答　不動産業者が販売の目的で取得した土地、建物等の不動産を一時的に貸し付けた場合における当該貸付けによる所得は、不動産取引業から生ずる事業所得に該当します。

解説　不動産の貸付けによる所得は不動産所得となるのが原則ですが、所得税法第26条第1項では、不動産の貸付けによる所得であっても、事業所得に該当するものは不動産所得から除かれており、一方、事業所得の場合は、不動産の貸付業を事業所得から除くこととしています（令63）。

ところで、不動産取引業者が商品として持っている土地や建物を駐車場や材料置場などとして一時的に貸し付ける行為は、不動産取引業の付随的な行為として行われるものであり、また「不動産の貸付業」にも該当しないものですから、事業所得に該当するものとされています（基通26−7前段）。

なお、これらの資産はあくまでも棚卸資産であるため、本来は減価償却資産といえないものです（令6①柱書参照）が、建物のよう

に減価するものであるときは、収益と対応させるという意味で償却費相当額は必要経費に算入できることになっています（基通26―7後段）。

16　土地信託による信託配当（賃貸方式の場合）

> ┌───┐
> │ 問 │　私は、私の所有する土地を信託銀行に信託し、信託配
> └───┘
> 当を受け取っています。信託銀行では、その土地に賃貸ビルを
> 建築し、管理、運用をしています。
> 　この信託配当の課税関係はどうなりますか。

答　**賃貸方式による土地信託の配当は、あなたの不動産所得と
して申告することになります。**

解説　土地信託とは、土地等の所有者が信託銀行に土地等を信託
し、信託会社がその信託財産の管理、運用、処分を行い、信託配当
を委託者に支払うというものです。

　土地信託により、土地等の所有権が信託銀行に移転しますが、税
法上譲渡があったものとはされず、実質的な所有権は委託者にある
とされています。

　また、信託会社が賃貸ビルを建築すると、その建物は信託財産に
含められ、信託期間終了後土地とともに委託者に返還されます。

　このように、土地信託による信託財産の賃貸は、土地等の所有者
が直接賃貸しているものと考えられ、税務上は、土地所有者（委託
者＝受益者）の不動産所得として取り扱われています。

　この場合の所得金額は、賃貸料収入から、信託報酬、管理費、借
入金利子、減価償却費等を差し引いて計算することになります。

　また、信託した土地が事業的規模に該当するかどうかは信託した

土地の規模、収入の状況、物的施設などを勘案して判定することに
なりますが、その判定が困難な場合には、所得税基本通達26—9に
掲げる建物の貸付けの場合の形式基準（これに準ずる事情があると
認められる場合を含みます。）を参考に判定することが考えられま
す。この場合、①貸室1室及び貸地1件当たりのそれぞれの平均賃
貸料の比、②貸室1室及び貸地1件当たりの維持・管理及び債権管
理に要する役務提供の程度等を考慮し、地域の実情及び個々の実態
等に応じ、1室の貸付けに相当する土地の貸付件数を、「おおむね
5」として判定することが相当であると考えられます。

　㊟　土地信託の課税上の取扱いについては、個別通達（昭61.7.9直
　　審5—6ほか「土地信託に関する所得税、法人税並びに相続税及び
　　贈与税の取扱いについて」）に定められています。

17 ゴルフ練習場施設の一括貸付けの対価

> **問** ゴルフ練習場の施設と附属する諸器具などを一括して貸し付けて賃料を受け取っていますが、何所得になりますか。
>
> なお、賃料は不動産に対する部分と動産に対する部分とを区分せず、一体として定められています。

答 ゴルフ練習場施設を一括して貸し付けたことによる対価は、賃料のすべてが不動産所得となります。

解説 不動産所得とは、不動産、不動産の上に存する権利、船舶又は航空機の貸付け（地上権又は永小作権の設定その他他人に不動産等を使用させることを含みます。）による所得で、事業所得又は譲渡所得に該当しないものをいいます（法26①）。

したがって、不動産の貸付けによる所得は、例えば、不動産業者が商品として保有している土地や建物を一時的に貸し付けるなど、その事業に付随して生ずるものを除いて、原則として不動産所得になります。

ところで、「不動産」とは、土地及びその定着物（建物、構築物、井戸、溝渠等）をいいます（民法86）が、ゴルフ練習場の施設は、通常、土地、建物その他構築物からなっているので、その貸付けによる所得は不動産所得になります。

また、不動産であるこれらの施設の貸付けに付随して、附属の諸器具、備品、その他の動産も一括して貸し付けている場合には、動

産の部分の賃貸料を区分せず一体として賃貸料を収受しているもの
であれば、その全部を不動産所得としても差し支えないと考えられ
ます。

18 土砂捨場として農地を使用させることにより受ける補償金

> **問** 某建設会社から頼まれて、同社の建設工事に伴って生じる土砂を私有地の農地（畑）に捨てさせることにしました。初めの話では、工事が終わった段階で原状に回復してもらうことになっていたのですが、将来その土地を宅地にして転用しようと考え、その土砂を除去しないことにしました。その代わり、畑が土砂捨場として使用されたことによって、畑が原野となり、畑としての価値が低下したので、これに対する補償金を受け取ることとしました。この補償金は、所得税の非課税対象となるでしょうか。

答 土砂を捨てさせることによって受ける補償金は、不動産所得又は雑所得に該当します。

解説 不動産所得とは、不動産の貸付けによる所得のほか、他人に不動産を使用させることによる所得が含まれます（法26①）。そこで、ご質問の場合についてみますと、建設工事に伴って生ずる土砂を捨てさせ、工事が終わった段階でその土砂を撤去し、原状に回復するというのですから、それは、いわゆる土砂置場として農地を使用させることにほかならないと解されます。

一方、補償金は、畑が原野となり、畑としての価値が低下したため、その補償として支払われたということですが、仮にそうだとしても、この価値の減少に対する補償金は、所得税法施行令第30条第

1号及び第2号に定めるところの非課税対象とされる損害保険契約に基づく損害賠償金でもなく、また、同施行令第3号に定める心身又は資産に加えられた損害につき支払を受ける相当の見舞金（同施行令第94条の規定に該当するものは除かれます。）にも該当しません。

　同施行令第94条第1項第2号によれば、不動産所得等を生ずべき業務を行う居住者が受ける業務の収益の補償として取得する補償金その他これに類するものは、これらの所得に係る収入金額とするとされています。

　したがって、ご質問の補償金は、土砂置場としての土地（畑）使用の対価（不動産所得）に該当すると解されます。なお、土砂を捨てさせることが、土地の使用に当たらないような場合に受け取る補償金は、雑所得に該当するものと思われます。

19　保証金に経済的利益があるとして課税される場合

> ［問］　私は、私の所有する土地を㈱Hに賃貸することとし、令和3年12月末日に次のように契約を締結し、預り保証金を運用することとしました。
>
> 　保証金に課税される場合があると聞きましたが、私の場合はどうでしょうか。
>
> ①　契約期間　50年（一般定期借地権の設定）
>
> ②　利用目的　賃貸用マンションの所有
>
> ③　預り保証金　3億円（無利息）
>
> 　　　　　　┌イ　新たに開業する小売業用
> 　　　　　　│　　店舗の取得資金　　　　5千万円
> 運用方法┤ロ　自宅の改築資金　　　　2千万円
> 　　　　　　│ハ　株式取得　　　　1億8千万円
> 　　　　　　└ニ　定期預金　　　　　　　5千万円

［答］　**ロ及びハに運用した保証金について、適正な利率により計算した利息に相当する金額が課税の対象となります。**

［解説］　定期借地権の設定に伴い、地主が借地人から保証金等の名目で金銭を無利息で預った場合、地主が経済的利益を受けることとなり、この経済的利益については、原則として、次に掲げる区分に応じそれぞれ次に掲げるとおり取扱われます。

(1)　保証金等が各種所得の基因となる業務（不動産所得、事業所

得、山林所得及び雑所得を生ずべき業務）に係る資金として運用
されている場合又は業務の用に供する資産の取得資金に充てられ
ている場合

　当該保証金等による経済的利益の額を、当該保証金等を返還す
るまでの各年分の不動産所得等の金額の計算上収入金額に算入す
るとともに、同額を、当該各種所得の金額の計算上必要経費に算
入します。

(2)　保証金等が、預貯金、公社債、指定金銭信託、貸付信託等の金
融資産に運用されている場合

　当該保証金等による経済的利益に係る所得の金額については、
その計算を要しません。

(3)　(1)及び(2)以外の場合

　当該保証金等による経済的利益の額を、当該保証金等を返還す
るまでの各年分の不動産所得の金額の計算上総収入金額に算入し
ます。

　なお、経済的利益の額は預託を受けた保証金等の額に適正な利
率（各年毎の10年長期国債の平均利率。令和4年分については
0.2％）を乗じて計算した金額となります。

(注)　(2)の金融資産の範囲は、運用益の発生が確実で、かつ、その運用
益について必ず課税の対象となるといった性質を有する資産と考え
られ、次に掲げる金融類似商品（法174三～八参照）は、この場合
の金融資産の範囲に含まれます。

　①　定期積金及び相互掛金

　②　抵当証券

　③　貴金属等の売戻し条件付売買口座

④ 外貨投資口座

⑤ 一時払養老保険（保険期間が5年以下のものに限ります。）

　そうしますと、ご質問の場合、各々の運用の方法は、イの新たに開業する小売業用店舗の取得資金は上記の(1)の取扱いとなります。

　ニの定期預金は(2)の取扱いとなり、その経済的利益は課税の対象となりません。

　ロ及びハの運用方法を採った場合、課税される保証金の経済的利益の金額は、ロとハの合計額2億円×0.2%＝40万円（令和4年の1年間に対応する保証金の経済的利益）となります。

20　建物の賃貸に際して預った保証金に係る経済的利益

　　問　私は、某私鉄の駅前に貸店舗（土地付）を持っていましたが、周辺の著しい都市化にひきかえ、その貸店舗が余りにも貧弱になりましたので建て替えようと考えていたところ、甲銀行から支店の店舗用地としてその土地を譲渡してほしい旨の申入れを受けました。しかし、先祖伝来の土地でもあるので、譲渡を渋っていたところ、甲銀行は、協力するから、ビルを建設してそのビルの一部を賃貸してほしい旨の申入れを改めてしてきましたので、これを承諾することとし、次のような条件で新築するビル（鉄筋コンクリート造5階建）の一部（1階と2階部分）を甲銀行に貸すことにしました。この場合、条件の②で預った保証金について、何か課税関係が生ずるでしょうか。

　　①　契約期間　　　20年

　　②　入居保証金　　2億円

　　③　家賃（月額）　150万円

　　④　入居保証金は、入居の時から10年間据置後11年目から10年間で均等償還する。なお、無利息である。

　　㊟　入居保証金は、ビルの建築資金（総額の4億円）の一部に充当する予定です。

　　　　なお、ビルの地階と3階から5階までの部分は、貸店舗として使用するつもりです。

答 ビルの建築資金に充当するなど業務のために使われた預り入居保証金については、何ら課税関係は生じません。

[解 説] 建物の賃貸借に際して賃貸人に預託される敷金、保証金等の名目の金銭は、一般には、その賃貸借に伴う諸々の債権を担保する性質を持つものとして理解されているようであり、それは、ほとんどの場合、無利息であるか、又は利息の約定があってもその利率は極めて低いのが通常です。そのため、例えば、アパートの敷金で家賃2～3ヶ月相当額以下であるものなど少額なものである限り、その預ったことに伴って生ずる経済的な利益については、特に問題とすべき課税関係は生じないものと考えられます。

しかし、相当多額な敷金・保証金等を預った場合の経済的な利益については、事情が異なってきます。この場合の経済的利益については、次の二つに分けて考えてみる必要があります。

その一つは、多額な敷金・保証金等を授受することによって、賃貸料を低額に取り決めているような場合です。この場合には、その多額な敷金・保証金等の預託を受けることによって生ずる経済的な利益は、取りも直さず、賃貸料に代わるものとして理解すべきものと考えます。したがって、その預託を受けた敷金・保証金等に対する経済的利益を毎年計算して、毎年の賃貸料収入に加算して不動産所得を計算することになります（法36①②）。

次に、賃貸料の額は一般に取引されている額と大差がないのに、敷金・保証金等の額が相当多額な場合です。このような場合には、その相当多額な敷金・保証金等を預託することによって賃貸人に与える経済的利益は、いわば賃貸料の前払い又は追加支払いとして理解することができます。したがって、この場合にも先のケースと同

様に、その経済的利益を計算して、各年の賃貸料収入に加算して不
動産所得を計算すべきことになります（法36①②）。

　なお、上記二つの場合において、経済的利益の額は、預託を受け
た敷金・保証金等の額に適正な利率を乗じて計算した金額となりま
す。

　ところで、ご質問の場合には入居保証金が賃貸料（月額）に比し
て相当多額であり、このことは、甲銀行がどうしても支店を出した
いという事情があり、それに見合う反対給付として、経済的利益を
賃貸人に付与したことに他ならないと考えられます。しかしなが
ら、この預った保証金をビルの建築資金の一部に充当することであ
り、このように無利息で預った敷金・保証金等を業務の用に使用し
ている場合には、上記で計算した経済的利益の額は、その業務のた
めの借入金の利子とみなしてその業務の必要経費に算入されますの
で、差引経済的利益は計算しないのと同様になります。したがっ
て、上記のような相当多額な敷金・保証金等を預っていても、それ
を業務の用に供している限り、結果として課税関係が生じないこと
になります。

　しかし、預った敷金・保証金等を家事用に消費したり自宅の建築
資金に充てた場合など、業務の用以外に使用している場合には、家
賃の金額がその建物の「賃貸料」として相当なものであるかどう
か、多額な敷金・保証金等を預ることとなった事情等を総合的に勘
案して、その敷金・保証金等の取引が賃貸料に代わるものあるいは
賃貸料の前払又は追加支払を意味する経済的利益を付与する結果と
なっているかどうかの確認をする必要があります。

　なお、預った敷金・保証金等を銀行預金等の一定の金融資産に充

てた場合にも経済的利益の額が計算されますが、一方において、利子所得等としても課税されることとなり、これは、理論的には、経済的利益の収益と銀行預金等による収益とは別個の行為によるものと解されますが、日々発生する保証金の経済的利益の具体化したものが預金利子等の運用益であるといえるほどその関連性が直接的であり、保証金の経済的利益に見合う銀行預金の運用益は必ず課税の対象となるものであるため、保証金の経済的利益について課税することとなれば、二重に課税される感じを受けること、を考慮しますと、強いて経済的利益の額を収入に計上する必要はないものと思われます。

21　返還を要しない敷金等で課税の対象となる金額

> 問　私は、銀行からの借入金で賃貸マンションを建設していますが、入居者からの敷金を借入金の返済に充てようと考えております。ところで、敷金でも課税される場合があると聞きましたが、どんな場合に課税されるのでしょうか。

答　**賃借人から預る敷金等でもそれが返還を要しないものについては、不動産所得の収入金額とされます。**

解説　不動産等の貸付けをしたことに伴って敷金、保証金等の名目で収受する金銭等（以下「敷金等」といいます。）の額は、本来は、賃借人の債務を担保するためのものですから、それ自体は賃貸人の収入となるものではありませんが、次のように、契約当初から、あるいは一定期間が経過すれば、その一部ないし全部が賃貸人に帰属することが契約書などで取り決められているものがあります。このようなものは、実質的には権利金や更新料などと変わりがないものと認められ、次に掲げる金額が不動産所得の収入金額となります（基通36—7）。

(1)　敷金等のうちに不動産等の貸付期間の経過に関係なく返還を要しないこととなっている部分の金額がある場合においては、その返還を要しないこととなっている部分の金額

　⇨　その敷金等の収入すべき時期は、資産の引渡しのあった日又は貸付けに係る契約の効力発生の日となります（基通36—6）。

(2)　敷金等のうちに不動産等の貸付期間の経過に応じて返還を要しないこととなる部分の金額がある場合においては、その期間の経過に応じて返還を要しないこととなる部分の金額

　⇨　その敷金等の収入すべき時期は、当該返還を要しないこととなった日となります。

(3)　敷金等のうちに不動産等の貸付期間が終了しなければ返還を要しないことが確定しない部分の金額がある場合において、その終了により返還しないことが確定した金額

　⇨　その敷金等の収入すべき時期は、当該不動産等の貸付けが終了した日となります。

22　自己所有地を通行させることを承諾したことの対価

> 　**問**　私は、下図の「ロ」の部分を所有していますが、A法人が「イ」の部分に宅地を造成して分譲することになりました。しかし、この土地はいわゆる無道路地となるため開発許可が得られないので、A法人は、私に対して「ロ」の土地の中央部分を道路として譲渡してほしい旨申し入れてきました。私はこの申入れを断ったため、「譲渡する代わりに道路を作り、その道路を第三者に自由に使用させてほしい、その代償として「ハ」の部分の土地を無償で提供する」旨再度申入れがあり、これを承諾しました。なお、道路はA法人が自己の負担において施設しましたが、完成した道路はA法人の所有となっています。この場合、何か課税関係が生ずるでしょうか。

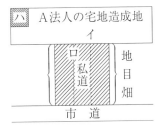

　答　自己の土地を通行させることを約することにより、その対価として受けるハの土地の時価相当額は、特定の場合を除いて不動産所得の収入金額となります。

　解説　ご質問の場合は、あなたの所有地「ロ」についていわゆる

通行地役権を設定し、その対価として「ハ」の部分の土地を取得したものと認められます。

　したがって、地役権を設定させることも「不動産を他人に使用させること」（法26①）の一態様ですから、その対価は、譲渡所得に該当しない限り不動産所得に該当することとなります。

　そうしますと、地役権の設定の対価が譲渡所得に該当する場合は、特別高圧架空電線の架設、特別高圧地中電線若しくは高圧のガス導管の敷設、飛行場の設置、懸垂式鉄道若しくは跨座式鉄道の敷設又は砂防法に規定する導流堤等の設置、都市計画法に規定する公共施設の設置若しくは同法に規定する特定街区内における建築物の建築のために設置されたもので建造物の設置を制限するもののうちその対価として支払を受ける金額が土地の時価の2分の1（地下若しくは空間について上下の範囲を定めた借地権若しくは地役権の設定又は導流堤等若しくは遊水地の設置等を目的とした地役権の設定である場合は4分の1）に相当する金額を超える場合等に限られていますが（法33①、令79①）、ご質問の場合は、対価の額は別としても、地役権設定の目的がこれらのいずれにも該当していませんから、その設定の対価は、譲渡所得ではなく、不動産所得に該当すると考えられます。

　なお、この場合の収入金額は、図の「ハ」の部分の土地の時価となります（法36②）。

23　借地権の一方的な放棄を受けた場合の利益

> 　**問**　借地人の1人が失火により近隣を類焼させ、夜逃げ同様に他に移転しました。この場合、借地権の返還を受けたことになりますが、このことに関して何か課税関係が生ずるでしょうか。
>
> 　なお、この借地人は、戦前からの借地関係にあったので、これまで権利金や更新料等の授受もなく、また、地代も近隣の相場の額です。

　答　**借地人が一方的に放棄した形での借地権の返還については、課税関係は生じません。**

　解説　昨今の借地関係の取引において、地主が借地権の返還を受けるためには、ほとんどの場合立退料の支払を必要としているようです。これを裏返しますと、立退料を支払うことなく借地権の返還を受けるようなときには、借地権相当額の受贈益が発生するのではないかという考え方につながります。

　しかし、法人税法の取扱いでは、地主である法人が貸地の無償返還を受けたことについて、例えば、借地期間が満了し、借地上に建物もなく、借地人もその借地の返還に異議がないなど相当の理由がある場合には、受贈益の認定が行われないこととされています（法基通13—1—14）。

　法人税法のこの考え方は、地主が個人である場合についても、同

様に取扱われるものと考えられます。すなわち、ご質問の場合のように、借地人が失火により隣り近所に迷惑をかけたため居たたまれず、借地契約の残存期間の権利を放棄したような事情の下では、借地人が地主に利益を与える意図で、地主に借地権を贈与したとは認定されません。

24　借地権の更改料

> 　**問**　借地人が、借地にある木造建物を取り壊し、鉄筋コンクリート造4階建のビルに建て替える際に、地主は、次のような条件で承諾しました。この場合、(3)の特別地代は各年分の収入金額としてよろしいでしょうか。なお、地代の月額の2万円は、近隣の地代と比較しても、いわゆる相場の額と考えています。
>
> (1)　土地賃貸借の目的を鉄筋コンクリート造4階建て建物の所有のためとする。
>
> (2)　期間は、契約の日より40年とする。
>
> (3)　地代は月額2万円とする。
>
> 　なお、特別地代として契約の月から50か月間に限り月額10万円を支払うものとする。

　答　借地権の更改に伴う特別地代は、土地賃貸借の更改契約をした年分の譲渡所得又は不動産所得の収入金額に算入します。

　解説　木造家屋の所有を目的とする借地権を、堅固な鉄筋ビルの所有を目的とする借地権に変更するとして、新規貸付けと同程度の金員の授受がなされる場合に、その対価として受ける金額が、その土地の更地とした場合の時価の2分の1を超えるときは、実質的に借地権の追加設定がなされたとも考えられますので、その対価は譲渡所得として取り扱うこととされています（令79、基通26—6）。

　ところで、ご質問の特別地代は、通常の地代のほかに、何らかの支払いを受け取ることについて特別の事情が認められない場合には、新たに変更された内容の借地権を設定したことに対する対価としての性質を持つものと解され、ただ、それが分割受領することになったものと思われます。

　したがって、ご質問の場合には、特別地代としての金額（10万円×50か月＝500万円）が、その土地の更地としての時価の2分の1を超えていれば、譲渡所得に該当することになりますが、それ以外の場合は、不動産所得として課税されることになります。

　㊟　不動産所得として課税される場合で一定の要件に該当するときには、その対価は臨時所得として平均課税が適用され、所得税が軽減される場合があります。

25　借地権の更新料としての借地の一部返還

> 　問　　私は、貸地を持っていますが、そのうちの一つが間も
> なく契約期間の満了となります。更新の要否について借地人に
> 問い合わせたところ更新したいということでしたので、借地人
> に対しいわゆる更新料の支払を請求しました。これに対し、借
> 地人は資金繰りの都合で支払えないということでしたので、い
> ろいろ交渉した結果、借地権の一部（私が請求した金額の70％
> の相当額）の返還を受けることで話合いがまとまりました。
> 　この場合、私に何らかの課税関係が生ずるでしょうか。

　答　　返還を受けた借地権の一部は、その価額に相当する額の更
新料を受けたものとして、課税されます。

　解説　　所得税法は、収入金額又は総収入金額を所得の要素として
観念していますが、この場合の収入とは、納税者の担税力を増加さ
せるようなすべての経済的な価値の流入を意味するものと解され、
その形態は、金銭、物、権利その他の経済的な利益等を一切問わな
いとされており、また、これらのうち金銭以外の物又は権利その他
の経済的な利益はその時価をもって収入金額とされます（法36①
②）。

　ところで、ご質問の場合は、借地期間の更新に当たり、更新料の
支払を請求したところ、その支払に代えて借地権の一部の返還を受
けたというのですから、借地人にしてみれば一部返還した後の借地

に係る「更新料の支払に代えて」という意味において、相手方（貸地人）に利益（借地権の返還）を与えることになり、それは取りも直さず、上記の更新料収入にほかならないと解されます（基通26—6）。

　したがって、借地期間更新の対価として受け取る借地権の一部返還による利益相当額（その借地権の時価相当額）は、返還を受けた年分の不動産所得の収入金額に算入すべきことになります。

　(注)　個人である地主が、貸地の更新時にただ単に貸地の返還を受けた場合には、課税関係は生じません（立退料等を支払って返還を受けた場合には、その立退料等の金額をその土地の取得費に加算することになります。）。

26　海外の不動産貸付け（円換算）

> 問　私は、不動産貸付業を営んでいますが、かねてより所有していた海外のマンションを本年から貸し付けることにしました。海外の不動産賃貸の賃貸収入などはどのように計算するのでしょうか。

答　原則的には、収入とすべき日や支払うべき日の対顧客直物電信売買相場（以下「電信売買相場」）の「仲値」（TTM）によって、外貨を円に換算して計算することになります。

　また、継続適用を条件として、収入金額を取引日の電信買相場（TTB）、必要経費又は負債については取引日の電信売相場（TTS）によることができます。

解説　海外の不動産貸付けによる収入や費用の支出は、外貨による決済（外貨建取引）となりますが、外貨による取引は円換算して所得の金額を計算することになります（法57の3①、基通57の3―2）。

1　原則的な方法

　　収入や費用の金額を計上すべき日（以下この項において「取引日」といいます。）の電信売買相場の「仲値」（TTM）で換算します。

2　継続適用条件による方法

　　継続適用を条件として、収入又は資産については取引日の電信

買相場（TTB）、経費又は負債については取引日の電信売相場（TTS）によることができます。

3　円換算に際して留意すべき事項

　円換算をする場合の為替相場について、次のような点に留意する必要があります。

⑴　為替相場

　電信売相場、電信買相場及び電信売買相場の仲値については、原則として、その者の主な取引金融機関のものによることとされています。

　ただし、継続適用を条件として、新聞やインターネットに公表されている合理的な為替レートを使用することも認められています。

⑵　合理的な相場の平均等の利用

　継続適用を条件として、当該外貨建取引の内容に応じてそれぞれ合理的と認められる次のような為替相場の平均値等も使用することができます。

　イ　①取引日の属する月の前月の末日、②取引日の属する週の前週の末日、③当月の初日、④当週の初日の電信買相場若しくは電信売相場又電信売買相場の仲値

　ロ　取引日の属する月の前月又は前週の平均相場のように、1月以内の一定の期間における電信売買相場の仲値、電信買相場又は電信売相場の平均値

⑶　為替相場の算出の基礎とする日の為替相場

　円換算を行う際に使用する為替相場の算出の「基礎とする日」の為替相場で、次に掲げる場合には、それぞれ次によるこ

とになります。

イ　「基礎とする日」に為替相場がない場合

　　同日前の最も近い日の為替相場

ロ　「基礎とする日」に為替相場が2以上ある場合（為替相場が一定率以上の変動があった場合には、その時点で公表レートが変更されることがあります。）

　　「基礎とする日」の最終の相場

　　「基礎とする日」が取引日である場合には、為替の取引発生時の相場とするが、最終の相場とすることも認められている。

27 海外の不動産貸付け（多通貨会計）

> ┌──┐
> │ 問 │ 海外に所在するマンションの賃貸による収支につい
> └──┘
> て、円換算する方法として取引日の前週の末日の為替相場を活
> 用しようと考えていますが、取引の内容を記帳する場合には、
> 外貨で記帳しておき、年末に一括して円換算することはできま
> すか。

■答■ **取引日に一旦外貨で記帳し、年末に一括して（同一レー
ト）円換算することはできません。**

┌──┐
│解説│ 外貨建取引は、原則として、取引日の為替相場で円換算す
└──┘
ることになっています。

ただし、外貨建取引を取引発生時には外国通貨で記録し、各月末
等一定の時点において損益計算書及び貸借対照表の項目を本邦通貨
に換算するといういわゆる「多通貨会計」を採用している場合に
は、各月末等の規則性を有する1月以内の一定期間ごとの一定の時
点で円換算を行っているときは、認められます。

なお、この場合、円換算に係る為替相場については、当該一定期
間を基礎として計算した平均値も使用することができます（基通57
の3－3）。

28　海外の不動産貸付け（為替差益）

> ［問］　米ドル建で預け入れていた預金15万ドル全額を払い出
> し、米国内にある貸付用の建物を15万ドルで購入しました。
> 　この場合、米ドル建預金の預け入れ時点と建物の購入時点で
> は、為替相場が円安になっているため為替差益が発生します
> が、これを所得として申告する必要がありますか。
> ①　預金の預入時のレート…………1 ドル＝100円（円からド
> 　　　　　　　　　　　　　　　　　　　ルへの交換と預金の預入れ
> 　　　　　　　　　　　　　　　　　　　は同日）
> ②　預金の払出時のレート…………1 ドル＝115円
> ③　建物購入時のレート……………1 ドル＝120円

［答］　為替差益3,000,000円を雑所等として申告する必要があり
ます。

　なお、便宜上、預金の利子は考慮していません。

［解説］　海外の預金を取り崩して外貨で建物を購入する取引は、外
貨建取引に当たります。外貨建取引は、外国通貨で支払が行われる
資産の販売及び購入、役務の提供、金銭の貸付け及び借入れその他
の取引をいい、その外貨建取引の金額については外貨建取引を行っ
た時の外国為替の売買相場により円換算した金額として、その者の
各年分の各種所得の金額を計算するものとされています（法57の 3
①）。

　また、所得税では、資産の評価差額（損益）は所得（収入すべき金額）とはしませんが、円貨を外貨建ての預金として、その後、その外貨建ての預金をもって貸付用の建物を外貨建取引により購入した場合には、新たな経済的価値（その購入時点における評価額）を持った資産が外部から流入したことにより、それまでは評価差額にすぎなかった為替差損益に相当するものが、所得税法でいう「収入すべき金額」（法36）として実現したものとされ、雑所得となります。

　為替差損益は、円貨⇒外貨⇒円貨というように往復によって発生しますが、円貨⇒外貨⇒外貨建てによる資産の取得、円貨⇒外貨⇒異なる外貨という場合も外貨建取引となり、実現したものとなります（法57の3①、令167の6①）。

　つまり、外貨建の預金の預入れ及び払出しでも、同一の外国通貨で行われる限り、その預入れ及び払出しは、外国通貨で行われる預貯金の預入れに類するものとして外貨建取引に該当せず、為替差損益を認識する必要はありません（令167の6②）。

　照会の場合は、外貨建取引に該当しますので、為替差損益を認識することになります。

　なお、建物の購入に充てた外国通貨の預入れが複数回ある場合の為替差損益の計算については、最初に取得から建物を取得する時までの期間を基礎として、総平均法に準ずる方法で預入時レートを計算して算出することになります。

為替差益
（120円－100円）×15万ドル＝300万円

29　仮受消費税等及び仮払消費税等の清算

> 　**問**　私は、不動産所得の金額の計算上消費税等について税抜経理方式を採用しています。次の場合に生ずる雑収入は、いつの年分の収入に算入することになりますか。
>
> ①　令和３年12月31日における仮受消費税残高　270万円
>
> ②　令和３年12月31日における仮払消費税残高　190万円
>
> ③　令和４年３月に納付すべき消費税等の額　　54万円
>
> ④　雑収入（①－②－③）　　　　　　　　　　26万円

答　**令和３年分の不動産所得の金額の計算上、総収入金額に算入されます。**

　解説　個人事業者が税抜経理方式を適用している場合には、消費税等の課税期間終了の時における仮受消費税等の金額と仮払消費税等の金額（控除対象外消費税額等に相当する金額を除きます。）との差額が納付すべき消費税等の額又は還付されるべき消費税等の額となります。

　しかし、簡易課税制度（消法37①）の適用により、実際に納付すべき消費税等の額又は還付されるべき消費税等の額とに差額が生じることになりますが、この差額は、不動産所得の金額の計算上、雑収入（又は雑損失）として総収入金額（又は必要経費）に算入されます。

　この場合、その計上時期については、「消費税等の課税期間を含

む年」とされています（平成元.3.29直所3―8、平成27.7.7課
個2―17、令和3.2.9課個2―3改正「6」）。

　具体的には次のように取り扱われています。

$$\left(\begin{array}{l}仮受消費税等\\の金額\end{array}-\begin{array}{l}仮払消費税等\\の金額\end{array}\right)-\left(\begin{array}{l}本来納付すべき消費税等\\の額\end{array}\right)$$

　　＝A……課税期間を含む年の収入金額又は必要経費

(注)　事業所得と不動産所得がある場合など2以上の所得を生ずべき業
　　務について税抜経理方式を適用している場合には、それぞれの業務
　　について別々に計算します。

　したがって、ご質問の場合には次のように仕訳され、雑収入とさ
れる26万円は令和3年分の不動産所得の金額の計算上総収入金額に
算入されることになります。

　　（仮受消費税等）　　270万円　　　　（仮払消費税等）190万円

　　　　　　　　　　　　　　　　　　　（未払消費税）　54万円

　　　　　　　　　　　　　　　　　　　（雑収入）　　　26万円

(注)　事業用の店舗や減価償却資産を譲渡して消費税等が課税されてい
　　る場合には、その資産を使用していた業務に係る取引にその資産の
　　譲渡を含めて上記の取扱いが適用されます（同通達「12」）。

30　消費税等の税込経理方式を採用している者が死亡した場合の消費税等の還付金の取扱い

> ［問］　不動産賃貸業（税込経理方式を採用しています。）を営んでいた父が本年10月に亡くなりました。その後長男である私が賃貸業を承継することになったのですが、父に係る消費税等の還付額が生じた場合の取扱いはどうなるのでしょうか。

［答］　事業を承継した相続人がある場合には、原則として相続人の不動産所得の総収入金額に算入します。

［解説］　不動産所得者の死亡後に支払うことが確定した必要経費は、その支払うことが確定した日の属する年分の不動産賃貸業を承継した相続人の不動産所得の必要経費として算入し、例えば既往年分の事業税の額が還付された場合には、原則として還付通知のあった年分の事業を承継した相続人の不動産所得の総収入金額として計上することとされています。消費税等についても、これと同様に、原則として申告書が提出された日の属する年分の相続人の不動産所得の収入金額又は必要経費として取り扱うことになります。ただし、未収金又は未払金として被相続人の不動産所得の総収入金額又は必要経費に計上しても差し支えありません。

　税込経理方式を採用している場合の収入に係る消費税等額は既に被相続人の収入金額に計上済のものであり、その修正として捉えることもできると考えられますから、消費税等の納付額は収入金額と

　対応させて必要経費に計上するのが適当です。また、事業を廃止した後の必要経費については、事業を廃止した年分の不動産所得の必要経費に算入することとされていること（法63）及び未払消費税等に計上していた場合には、被相続人の不動産所得の必要経費に算入されることとの整合性を図る必要があることから、消費税等の納付額は被相続人の死亡した年分の不動産所得の必要経費として計上するのが相当です。

　消費税等の還付額については、未収入金に計上した場合には、被相続人の不動産所得の収入金額に算入されること及び納付額の場合には上記のとおり被相続人の不動産所得の必要経費とすることとの整合性を図る必要があること、また、消費税等の還付額を収入金額に算入するのは税込経理方式を採っていることによるものであり、事業が継続している場合や承継されている場合には、翌期に同一の所得の収入金額に計上することで前期の必要経費を修正（減額）する意味を持ちますが、事業を承継していない場合や事業を廃止した場合にはこのような性質を持つものを他の所得として認識することは相当ではないと考えられることから、被相続人の不動産所得の総収入金額に算入し修正申告するのが相当です。

　以上を整理すると次のとおりとなります。

	消費税等の納付額	消費税等の還付額
事業を承継した相続人がある場合	消費税申告書を提出した日の属する年の相続人の不動産所得の必要経費に算入する。 ただし、未払金に計上して被相続人の不動産所得の必要経費に算入しても差し支えない。	消費税申告書を提出した日の属する年の相続人の不動産所得の収入金額に算入する。 ただし、未収入金に計上して被相続人の不動産所得の収入金額に算入しても差し支えない。
事業を承継した相続人がない場合	未払金に計上して被相続人の不動産所得の必要経費に算入する。	未収入金に計上して被相続人の不動産所得の収入金額に算入する。

第2節　収入金額の収入すべき時期

31　分割で受領する更新料の収入すべき時期

> ┌──┐
> │　問　│　土地の賃貸借契約の更新（更新期間30年）に当たり、
> └──┘
> いわゆる更新料を300万円受け取ることとしましたが、借地人
> の都合で5年間に均等分割して毎年3月31日（初回に限り更新
> 契約締結時）に支払を受けることにしました。
>
> 　この更新料の収入金額の収入すべき時期はいつになります
> か。
>
> 　なお、地代年額は24万円です。

■答■　　**土地更新料の収入すべき時期は、その更新料の全額が更新
契約の効力が発生した日の属する年分の収入金額となります。**

┌──┐
│　解説　│　所得税法第36条第1項では、別段の定めがあるものを除
└──┘
き、その年において収入すべき金額を総収入金額に算入すべきもの
と規定していますが、この「収入すべき金額」とは、収入すべきこ
とが確定した金額つまり相手方に支払を請求し得る金額をいい、金
銭の授受の有無を問いません。したがって、代金の支払方法が分割
払いと定められていても、相手方に支払を請求し得る代金全額を更
新契約締結時の年分の総収入金額に計上することが原則です。

　なお、不動産の貸付契約の更新をしたことに伴い一時に収受する

更新料は、通常、不動産所得として取り扱われますが、この場合、収入金額の計上すべき時期は、①貸付けに係る契約に伴い貸付けに係る資産の引渡しを要する場合には、この引渡しのあった日、②資産の引渡しを要しないものについては、貸付けに係る契約の効力発生の日となります（基通36—6）。

　さらに、不動産所得として課税される更新料については、更新契約期間が3年以上で、かつ、更新料の額が更新後の借地権の地代年額の2倍以上である場合に臨時所得とされ（令8二、基通2—33）、一定の要件に該当すれば臨時所得の平均課税の適用を受けることができ、通常の場合より税負担が軽くなります（法90①）。しかし、更新料の名目であっても、その実質が新たな借地権等の設定の対価であり、かつ、所得税法施行令第79条（資産の譲渡とみなされる行為）の適用がある場合は臨時所得には該当しません。

　ご質問の場合、更新料の収入金額の計上すべき時期は、単なる更新であれば、更新料全額（300万円）が更新契約の効力発生日の属する年の不動産所得として課税されることになりますが、この更新料は臨時所得に該当しますので、臨時所得の平均課税の適用が受けられるかどうかを確認する必要があります。

　(注)　更新料という名目であっても、例えば、更新後の賃貸期間20年に対し、その支払いを20年分割とするような場合、その実質は地代の上乗せにすぎないと認められる場合があります。このような更新料名目の金銭は、上記取扱い（基通36—6）と同様に考えることは合理的ではないと考えられます。

32　一括して支払を受ける架空送電線の補償金等の収入すべき時期

　　問　○○電力株式会社と「送電線路架設保持に関する契約」を結び、その契約に基づいて3年分の使用料（いわゆる上空使用料）を一括して受け取りましたが、これは何所得になるのですか。また、申告は全額受け取った年分の収入金額としてするのでしょうか。

　なお、上空使用料は、契約によって毎会計年度を1か年分としてその年度の3月31日までに支払われることになっています。

　　答　上空使用料は不動産所得になり、また、その収入すべき時期は、契約により支払日とされている各年の3月31日です。

　　解説　いわゆる上空使用料は、不動産所得になります（法26①）。また、不動産所得の総収入金額の収入すべき時期は、それぞれ次に掲げる日によることになっています（基通36─5）。

(1)　契約又は慣習により支払日が定められているものについては、その支払日、支払日が定められていないものについては、その支払を受けた日（請求があったときに支払うべきものとされているものについては、その請求の日）

　(注)　不動産等の賃貸料に係る収入金額は、原則として契約上の支払日の属する年分の総収入金額に算入することとされていますが、①継

続的な記帳に基づいて不動産所得の金額を計算し、②不動産等の賃貸料にかかる収入金額の全部について、継続的にその年中の貸付期間に対応する部分の金額をその年分の総収入金額に算入する方法により所得金額を計算しており、かつ、帳簿上の賃貸料にかかる前受収益及び未収収益の経理が行われ、これらの経理に基づいて申告が行われているときは、これが認められます（昭48直所2—78参照）。

(2)　賃貸借契約の存否の係争等についての判決、和解等により不動産の所有者等が受け取ることとなった既往の期間に対応する賃貸料相当額については、その判決、和解等があった日。ただし、賃貸料の額に関する係争の場合において、賃貸料の弁済のために供託された金額については、(1)に掲げる日

　ところで、〇〇電力株式会社との「送電線路架設保持に関する契約」による上空使用料は、その契約によって毎会計年度を1か年分としてその年度の3月末日までに支払われることになっているとのことですから、たとえ3年分の使用料を一括して支払を受ける場合であっても、それぞれの年分の収入金額になります。

　なお、上空使用料が地役権の設定の対価として地価の4分の1を超える場合には、譲渡所得とされる場合がありますのでご注意ください（令79①）。

33　供託された家賃の収入すべき時期

> 　　問　　貸家の契約期間を更新するに当たり、従前の家賃（月額）50,000円を60,000円に値上げする旨借家人に申し入れましたところ、借家人が応じませんので、私も家賃を受け取ることを拒否しています。そのため、借家人は更新前の家賃に5,000円上積みした55,000円を供託して、従前の家賃支払日までに供託しているようです。
>
> 　この場合、供託された家賃は、いつの収入に計上すればよいのでしょうか。

　　答　　**支払に代えて供託された家賃は、支払日に不動産所得の収入金額として計上します。**

　　解説　　不動産賃貸料の収入すべき時期は、原則として、契約又は慣習によって支払日が定められているものについてはその支払日、支払日の定められていないものについては、その賃貸料の支払を受けた日（請求があった時に支払うべきものとされているものについてはその請求のあった日）とされています（基通36─5(1)）。

　また、借家人の義務違反による賃貸借契約の解除等を理由に、家主から明渡請求があったため、当事者間で賃貸借契約の存否が争われているような場合には、借家人が家賃を提供しても家主としては契約の消滅を主張していることもあって、受領することを拒むことになります。

　したがって、係争中において、家主に家賃に係る所得があるとして申告を期待することには無理があるといえます。そこでこのような場合には、その係争期間中の家賃相当額は、その係争が判決や和解等によって解決した時に、収入すべきことが確定したものとして取り扱うこととされています（基通36―5⑵）。

　しかし、この取扱いは、賃貸借契約の存否について係争がある場合に限られ、ご質問のように、家賃の増額請求に関する係争の場合には適用がありません。すなわち、このような場合には、借家人は、従前の家賃や借家人が相当と認める額を支払うかあるいは供託すれば、賃貸借契約そのものには影響はありませんし、また、家主としても、これを受領しても係争の勝敗には関係がないとされていますので、これらの金額（ご質問の場合は、借家人が供託した55,000円）は、前記の原則に従ってそれぞれの支払日に収入すべきことが確定したものと取り扱うこととされています（基通36―5⑵）。

　なお、家主の主張が通り、判決や和解等によって、差額が支払われるようになった場合には、その差額については、判決や和解等のあった日に収入に計上することとなります（基通36―5⑵）。

34　前月末日を支払期とする不動産賃貸料の収入すべき時期

> ┌問┐　私は、家賃の支払日を前月末日と定めてアパートを賃
> 貸しています。
> 　したがって、例えば、1月分の家賃は前年の12月31日までに
> 支払を受けることになりますが、この家賃は本年又は前年のう
> ちどちらの年の収入金額となるのですか。

答　いわゆる前家賃の収入すべき時期は、原則として、その家
賃の支払を受ける年分の収入金額となります。

┌解説┐　不動産所得の総収入金額の計上すべき時期は、①契約又は
慣習により支払日が定められているものについては、その支払日、
②支払日が定められていないものについては、その支払を受けた
日、③請求があったときに支払うべきものとされているものについ
ては、その請求があった日とされています（基通36―5(1)）。

　このように、不動産賃貸料は、原則として、賃貸期間とは関係な
く契約等に定められている支払日等に収入金額として計上すること
とされています。

　したがって、ご質問の場合、支払日が定められていますから、そ
の日の属する年、つまり前年の収入金額として計上することになり
ます。

　しかし、不動産等の貸付けを事業として行っている場合で、次の
いずれにも該当する場合は、その賃貸料に係る貸付期間の経過に応

じ、その年中の貸付期間に対応する部分の賃貸料の額をその年分の不動産所得の総収入金額に算入すべき金額とすることができます（昭48直所2―78）。

(1)　不動産所得を生ずべき事業に係る取引について、帳簿書類を備えて継続的に記帳し、その記帳に基づいて不動産所得の金額を計算していること。

(2)　不動産の賃貸料に係る収入金額の全部について、継続してその年中の貸付期間に対応する金額をその年分の総収入金額に算入する方法により所得金額を計算し、かつ、帳簿上その賃貸料に係る前受収益及び未収収益の経理を行っていること。

(3)　1年を超える期間に係る賃貸料収入については、その前受収益又は未収収益についての明細書を確定申告書に添付していること。

　なお、不動産等の貸付けを事業として行っていない場合であっても、上記(1)に該当し、かつ、1年以内の期間に係る賃貸料の収入金額の全部について上記(2)に該当するときは、1年以内の期間に係る不動産等の賃貸料の収入金額については、上記の事業として行っている場合と同様の取扱いを受けることができます。

　ただし、いずれの場合も所得税法第67条（小規模事業者の収入及び費用の帰属時期）の規定、いわゆる「現金主義」の適用を受けている場合は、上記の取扱いを受けることはできません。また、「不動産等の賃貸料」には不動産等の貸付けに伴い一時に受ける「頭金」、「権利金」、「名義書換料」、「更新料」及び「礼金」等は期間計算になじみませんので含まれないことに注意してください。

35 預り保証金から支払われる契約解約料の収入すべき時期

[問] 事務室を賃貸するに当たり、次のような条件で保証金を預りましたが、この保証金についてどのような課税関係が生ずるでしょうか。

第15条 賃貸人は、使用建物に損害なく明渡しの完了を認めたる時は、契約当時受領したる保証金を賃借人に返却するものとする。

第16条 賃借人は、賃借人の都合により賃貸借契約を解除する場合又は賃貸借契約を終了する時は、賃借室の補修費として解約時の賃借料の2か月分を保証金の内より賃貸人へ支払うものとする。

[答] 預り保証金のうち、契約時の家賃の2か月分相当額については、賃貸借契約を締結した年分の不動産所得の総収入金額に計上することになります。

[解説] 敷金や保証金などの名目で賃貸人が収受した金額のうち、返還を要しない部分の金額は、実質的には一種の権利金と解されますから、返還を要しないことが確定した時点でその確定した金額を収入金額として計上すべきことになります（基通36—7）。

ところで、ご質問の約定の第15条は、提供を受けた保証金は、解約時に全額返還すべきことを定めておりますから、この限りでは、この保証金については何ら課税関係は生じません。

　一方、第16条は、賃借人の都合による賃貸借契約の解除又は賃貸借契約の終了時に、賃借室の補修費として解約時の賃借料の２か月分を保証金のうちから控除することを定めており、この控除する部分に対応する金額は、賃貸借契約の終了時を待つまでもなく、契約に基づいて事務室を賃借人に引き渡した時に返還を要しないことが確定したと解されます。

　ところで、賃貸借契約はいずれ終了するのですから「第15条」又は「第16条」に該当する事実が必ず発生しますが、賃貸物件に関し、賃貸終了時に建物に何ら損害のない状態は考えられず、したがって、「第15条」は契約書上は存在しても非現実的であり、申告に当たっては「第16条」だけを考慮すべきだと思われます。

　そうしますと、ご質問の場合、返還を要しないと思われる金額が、「解約時の賃借料の２か月分」とされているところに問題があります。すなわち、返還を要しないのは、「解約時」の賃借料の２か月分相当額とされていますので、事務室を賃借人に引き渡した時点では、「解約時の賃借料」がいくらになるのかは不確定であるはずで、たとえ、返還しないこと自体は確定しているとしても、総収入金額に算入すべき金額自体が確定しない限り、全体として収入すべき時期は、契約の解除の時期になるのではないか、ということです。

　しかし、我が国の社会的、経済的事情の下では、賃借料の値上げは予想できても、値下げは、特別な事情に限定されるものと考えられます。したがって、提供を受けた保証金のうち、少なくとも契約時（事務室引渡時）における賃借料の２か月分に相当する金額は、既にこの時点で確定していると解されますから、最低この部分の金

額は、総収入金額に計上すべきものと思われます。

　なお、「解約時」における賃貸料と「契約時」の賃貸料に差額が
ある場合、契約時に総収入金額に計上した金額との差額を解約時に
総収入金額又は必要経費に算入することになります。

36　賃貸借契約解除に伴い支払われる解約料の収入すべき時期

> **問**　貸ビルを賃貸するに当たり、次のような条件で保証金を預りましたが、この保証金について、どのような課税関係が生ずるでしょうか。
>
> 第5条　賃借人は本契約の保証金として金3,000万円也（月額賃料の60か月分）を次の条件により賃貸人に預け入れるものとする。
>
> (1)　（略）
>
> (2)　保証金は、契約期間満了迄据置くものとし、満了の際は賃借人が第15条の解約手続及び明渡完了と同時に賃貸人は保証金を返還する。
>
> (3)　（略）
>
> 第15条　賃借人は本契約解除及び終了の際、解約料として解約時の賃料の6か月分を賃貸人に支払うこと。但し、第5条の預り保証金の10%相当額を限度とする。

答　預り保証金のうち、契約時の家賃の6か月分相当額については、賃貸借契約を締結した年分の不動産所得の総収入金額に計上することになります。

解説　不動産等の貸付けをしたことに伴い敷金、保証金等の名目で収受した金銭等で返還を要しない部分の金額は、実質的には権利金の性質を有するものと解し、返還を要しないことが確定した時点

で総収入金額に算入すべきことは、前問の解説のとおりです。

　ところで、ご質問の場合、解約時に「解約料」として支払うべきこととされている金額は、預り保証金をもってこれに当てるという主旨の明文の約定がなく、また、所得税基本通達36―7（返還を要しなくなった敷金等の収入すべき時期）には、「不動産等の貸付けをしたことに伴い収受する金銭等」とありますので、解約料は「不動産等の貸付けをしたことに伴う」ものではなく、「貸付けを取りやめることに伴い」発生するものであるところから、上記契約条項第15条の解約料の収入すべき時期は、解約時であるとする見解が見受けられます。

　しかし、契約条項によれば、賃貸人は保証金として、月額賃料の60か月分に相当する金額を収受することとされており、一方において、賃借人は契約の解除又は終了の際に賃貸人に対して、解約時の賃料の6か月分を支払うこととされており、しかも、賃借人がこれを支払わない限り、賃貸人は預った保証金は返還しないというのですから、これらのことを総合勘案してみますと、ご質問の場合の契約条項は、実質的には賃貸人が預った保証金の一部を返還しないということを定めたものと何ら変わりがないと解されます。つまり、返還を要しないことは、既に、契約締結の時において確定しているとみることができます。

　なお、返還を要しないと解される金額は、「解約時の賃貸料」の6か月分相当額とされていますが、このことの問題点ないしそれに対する考え方は前問の解説のとおりです。

　したがって、ご質問の場合においては預り保証金のうち賃貸借契約締結時点の賃貸料の6か月分相当額は、返還を要しないことが確

定した部分の金額として、契約締結時の年分の総収入金額に算入す
べきものと解されます。

37 消費税等の還付税額の収入すべき時期

> **問** 私は、消費税等について税込経理方式を採用しています。消費税等の額の計算をすると還付になる見込みですが、消費税等の還付税額は消費税等の申告書を提出した年分の不動産所得の総収入金額に計上すればよろしいのでしょうか。

答 原則として、消費税等の申告書を提出した年（すなわち翌年分）の不動産所得の総収入金額に計上することになります。

解説 消費税等について税込経理方式を適用している場合、納付すべき消費税等の額の必要経費算入時期については、原則として申告書を提出した日とされていますが、還付税額の収入計上時期についてもこれと同様に取り扱われています。

　具体的には、税込経理方式を適用している個人事業者が還付を受ける消費税は、次に掲げる日の属する年の不動産所得の金額の計算上、総収入金額に算入されます（平成元.3.29直所3—8、平成9.2.26課所4—3一部改正「8」）。

(1) 納税申告書に記載された還付税額……納税申告書が提出された日

(2) 減額更正に係る税額……更正があった日

　ただし、申告期限未到来の納税申告書に記載すべき消費税の還付税額を未収入金に計上したときのその金額については、その未収入金に計上した年の不動産所得の金額の計算上、総収入金額に算入して差し支えないこととされています。

第5章

必要経費

第1節　租税公課

38　廃業後追加決定があった事業税

> 　問　昨年10月に、それまで個人で営んできた不動産貸付業
> （事業的規模）を廃業しました。ところが、本年３月になって
> 昨年以前の所得税に関して税務調査を受け、昨年以前３年間の
> 修正申告書を提出することになりました。
> 　この場合に、この３年間の修正申告に係る事業税はどうなり
> ますか。

　答　事業を廃止した年分以後に課税されることとなる事業税
は、その廃止した昨年分の所得金額の計算上、昨年以前３年間の事
業税見込税額を必要経費として算入することができます。また、こ
の計算をしなかった場合には、所得税法第152条の規定による更正
の請求をすることができます。

　解説　必要経費に算入する国税及び地方税は、その年の12月31日
（年の中途において死亡又は出国した場合は、その死亡又は出国の
時）までに申告、更正若しくは決定又は賦課決定により納付すべき
ことが具体的に確定したものとされています（基通37―６）ので、
個人の事業税についても都道府県から追加決定処分があった日の属
する年分の必要経費に算入することになります。

　ところで、法人の事業税については、法人税について更正処分が行われる事業年度分についてその前事業年度分の事業税が損金に算入されていないときは税務署においてすすんでこれを損金に算入する取扱い（法基通9−5−2）が行われますが、所得税においては、このような取扱いはなく、地方公共団体が、所得税の課税標準の変動に伴って事業税の賦課決定処分を行うことによって追徴税額が確定するまで、これを必要経費として認識することはしないのが建前です。その代わり、事業税の賦課決定処分があった場合には、そのあった日の属する年分の必要経費に算入することになっています。

　しかし、ご質問のような場合には、事業税の追徴税額が確定した年には不動産貸付業を営んでおりませんので、その年分の必要経費に算入することはできません。そこで、前年分以前の所得に課税される事業税については、その課税見込税額を前年分の所得の計算上必要経費に算入することができることになっています（基通37−7）。

　この場合の事業税の課税見込額は、次の算式により計算します。

$$\frac{(A \pm B) \times R}{(1 + R)}$$

　　A………事業税の課税見込額を控除する前の廃業年分の事業に係る所得の金額

　　B………事業税の課税標準の計算上Aの金額に加算又は減算する金額

　　R………事業税の税率

　なお、前記の課税見込額を控除しないで、廃業年分の事業税につ

いて納付が確定したときに、事業を廃止した年分の不動産所得の金
額から控除することもできます（法63）。この場合は、所得税法第
152条《各種所得の金額に異動を生じた場合の更正の請求の特例》
の規定により廃業年分の事業税を納付すべきことが確定した日から
2か月以内に更正の請求の手続をする必要があります。

39　納付すべき消費税等の必要経費算入時期

> 　　**問**　　私は、消費税等について税込経理方式を採用していま
> す。
> 　令和4年1月1日から同年12月31日までの消費税等の課税期
> 間について計算した消費税等の額は、令和4年分の不動産所得
> の金額の計算上、未払金として必要経費に算入できるでしょう
> か。

答　　**未払金に計上した消費税等は、その未払金に計上した年の
必要経費に算入して差し支えありません。**

解説　　消費税等について税込経理方式を適用している場合に納付
すべき消費税等は、次に掲げる日の属する年の不動産所得等の金額
の計算上、必要経費に算入されます（平成元.3.29直所3—8（例
規）、令和3.2.9課個2—3改正「7」）。

(1)　納税申告書に記載された税額……納税申告書が提出された日

(2)　更正、決定に係る税額……更正、決定があった日

　ただし、申告期限未到来の納税申告書に記載すべき消費税等の額
を未払金に計上したときのその金額については、その未払金に計上
した年の不動産所得等の金額の計算上、必要経費に算入して差し支
えないこととされています。

40 業務用資産に係る租税公課

> 問 私は、給与所得者ですが、不動産貸付業を営むつもり
> でアパートを建築しました。賃貸を開始した後に、このアパー
> トの不動産取得税や登録免許税を納付することになりました
> が、これらの租税公課は、必要経費としてよいでしょうか。

答 業務用の減価償却資産に係る租税公課は、必要経費に算入
されます。

解説 資産に係る租税をその資産の取得価額に算入すべきかどう
か、あるいはその資産を使用して営んでいる業務に係る所得の計算
上必要経費に算入すべきかどうかについては、その資産の種類、使
用形態、租税の種類等の別に応じて、それぞれ下表のとおりとされ
ています（基通37―5、38―9、49―3）。

課税処理 資産の種類 租税の種類	課税上の取扱い		根拠法令等
	登録免許税（登録に要する費用を含む。）	その他の租税（例） 固定資産税、不動産取得税、地価税、特別土地保有税、事業所税、自動車取得税等	
1 登録により権利が発生する資産（例） 特許権、鉱業権	取得価額算入		基通37―5 〃 49―3

業務用資産	減価償却資産	2　業務の用に供するについて登録を要する資産 （例）　船舶、航空機などのように業務の用に供する際登録を要する資産に係るもの	取得価額算入か必要経費算入かを選択できる。	必要経費算入	
		3　「1」及び「2」以外の資産	必要経費算入		
	減価償却資産以外の資産		必要経費算入	必要経費算入	基通37―5
	非業務用資産		取得価額算入	1　不動産取得税等固定資産の取得に伴い納付するものは取得価額算入 2　「1」以外の租税は家事費に算入	基通38―9 〃49―3

(注)　「登録により権利が発生する資産」には、特許権、鉱業権等があります。

　　また、「業務の用に供するについて登録を要する資産」には、船舶、航空機、自動車などがあります。

　したがって、ご質問の場合には、業務用の減価償却資産ですから、不動産取得税及び登録免許税は不動産所得の必要経費に算入されることになります。

41　相続により取得したアパートの相続登記費用等

> 　**問**　アパート経営をしていた父が死亡しその相続を巡って争いとなりましたが、結局私が相続し、引き続いてアパート経営をすることになりました。このため、弁護士費用や相続登記をする際の登記費用、登録免許税等約200万円支出しましたが、この費用は私の不動産所得の金額の計算上必要経費としてよろしいでしょうか。

答　相続の争いに関する弁護士費用は不動産所得の金額の計算上必要経費とはなりませんが、平成17年1月1日以後の相続による相続登記の際の登記費用、登録免許税等は、不動産所得の金額の計算上必要経費になります。

解説　不動産所得の必要経費は、不動産所得の総収入金額を得るため直接要した費用の額、一般管理費その他不動産所得を生ずべき業務について生じた費用の額とされています（法37）。

　相続による財産の取得は、所得を得るための行為ではありませんので、それに際して支出した係争費用や登録免許税等は必要経費とならず、家事費と考えられます。

　そのため相続により業務の用に供される資産を取得した際に支払う係争費用や登録免許税等については、これまでは、その業務に係る所得の金額の計算上必要経費に算入されませんでした。

　ところで、贈与により取得したゴルフ会員権の名義変更手数料が

譲渡所得の取得費に当たるとする平成17年2月1日最高裁判決を受け、相続、遺贈又は贈与（以下「相続等」といいます。）により取得した資産に係る登録免許税等について譲渡所得の金額の計算上取得費とされることとされました。

その結果、業務の用以外の用に供される資産については、相続等により取得した場合と購入により取得した場合の登録免許税等がいずれも取得費とされるのに対し、業務の用に供される資産については、相続等により取得した場合は取得費とされる一方、購入により取得した場合は必要経費に算入されるため、取扱いに差異が生じることとなります。

このため、平成17年1月1日以後に相続等により取得した業務の用に供される資産に係る登録免許税等は、その業務に係る所得金額の計算上必要経費に算入することとされました（基通37—5）。

なお、相続を巡る係争費用については、従来どおり、必要経費とはなりません。

42　相続により取得したアパートに係る固定資産税

> **問**　私は、父の死亡により父所有のアパートを相続により取得しました。
>
> 　私がこのアパートに係る固定資産税を支払うことになりますが、固定資産税の納税通知書はまだ届いておりません。
>
> 　父の準確定申告書を提出する際の不動産所得の金額の計算上このアパートに係る固定資産税を必要経費に算入することができるでしょうか。

答　固定資産税の納税通知書がお父さんの死亡の日において届いていませんので、アパートに係る固定資産税をお父さんの準確定申告における不動産所得の金額の計算上、必要経費に算入することはできません。アパートに係る固定資産税はあなたの確定申告における不動産所得の金額の計算上、必要経費に算入することになります。

解説　業務の用に供される固定資産税、登録免許税等は、各種所得の金額の計算上必要経費に算入されます（基通37―5）。

　これら租税の必要経費に算入される時期は、その年12月31日（年の中途において死亡又は出国をした場合には、その死亡又は出国の時）までに申告等により納付すべきことが具体的に確定した時とされています（基通37―6）。ただし、賦課課税方式による租税のうち納期が分割して定められている税額については、各納期の税額を

それぞれ納期の開始の日又は実際に納付した日の属する年分の必要
経費に算入することができることとされています（基通37―6(3)）。

　ご質問の場合、相続開始時にはまだ固定資産税の納税通知書が届
いていませんので、納付すべきことが具体的に確定したとはいえま
せん。

　したがって、このアパートに係る固定資産税は、お父さんの準確
定申告における不動産所得の金額の計算上、必要経費に算入するの
ではなく、あなたの確定申告における不動産所得の金額の計算上必
要経費に算入することになります。

　これを表にすると次のとおりになります。

固定資産税の通知の時期	被相続人の必要経費算入額	相続人の必要経費算入額
相続が開始する前	① 全額 ② 納期到来分〔選択〕 ③ 納付済額	左 記 の 残 額
相続が開始した後	算 入 額 な し	① 全額 ② 納期到来分〔選択〕 ③ 納付済額

第2節　支払利子

43　業務開始前の借入金の利子

> 　**問**　銀行からの借入金によってアパートを建築しました
> が、建築中の期間に対応する借入金の利子を今年の不動産所得
> の計算上必要経費に算入できますか。なお、このアパート以外
> に賃貸している不動産はありません。

答　新規貸付けの場合には、アパートの建築中の期間に対応す
る借入金の利子は、不動産所得の金額の計算上必要経費に算入する
ことはできませんが、当該固定資産の取得価額に算入することがで
きます。

解説　すでに不動産の貸付業務を営んでいる人が支払うその業務
に関連する借入金の利子は、その支払うこととなる年分の必要経費
（使用開始前の利子は取得価額との選択が認められます。）とされて
います（基通37—27）。

　ところで、新たにアパート業務を開始しようとする人が、アパー
トの建築資金を借り入れたことに伴い支払うこととなる借入金の利
子は、その業務の開始（アパートが完成し、たとえ入居者がいない
場合でもその賃貸に関し、募集広告や不動産仲介業者等に仲介を依

頼する等、アパートを賃貸する意思表示が客観的に行われた時と考えられます。）までの期間に対応するものは、そのアパートの取得価額に算入することになります（基通38—8）。

44　業務用資産の取得のために要した借入金の利子

> 　　問　　私は、自分の土地にアパートを建築して家賃収入を得
> ていますが、その土地にまだ余裕がありますので、もう1棟の
> アパートを建築しようと思っています。しかし、資金が足りま
> せんので新しいアパートの建築資金は銀行等から融資を受ける
> つもりです。
> 　この場合、その借入金の利息は私の以前から所有しているア
> パートの不動産所得の計算上必要経費に算入することができま
> すか。

　　答　　業務を営んでいる人が、その業務用の資産を取得するため
に要した借入金の利子は、当該業務に係る不動産所得の金額の計算
上必要経費に算入することができます。

　なお、このアパートの使用開始の日までの期間に対応する利息に
ついては、取得価額に算入することを選択することもできます。

　解説　　業務を営んでいる人が、その業務の用に供される固定資産
を借入金をもって購入する場合には、その借入金自体が業務上の運
転資金的性格のものとして、その借入金の利子はそのまま必要経費
に算入されます。

　ところで、ご質問の場合ですが、新しいアパートの建築費に係る
借入金利息は、そのアパートについてみれば、まだ家賃収入がない
ことになりますので、所得税法第37条を厳密に解釈する限り総収入

金額を得るため直接要した費用には該当せず、そのアパートの不動産所得の計算上必要経費に算入することはできないものと思われます。

　しかし、すでにアパートを 1 棟所有し、不動産所得を生ずべき業務を行っている場合には、新しいアパートを建築することもその業務の拡張行為であるとみることができます。したがって、以前から所有しているアパートと新しく建築するアパートとを区分して所得計算をする必要はなく、不動産所得を生ずべき業務の遂行上生じたものとして、その借入金利子を支払った年分の必要経費に算入することができます。なお、当該アパートの取得価額に算入することを選択することもできます（基通37―27）。

45 建替期間中の借入金の利子

> ［問］ 私は、アパートを1棟所有している不動産所得者です。ここにきて、アパートが老朽化してきたので一昨年から建替えを計画していたところ、昨年12月に賃借人がすべて立ち退いたので、直ちにアパートを取り壊し新しいマンションの建築に着手しました。マンションの建築資金は全額銀行借入により賄いました。
>
> このマンションの完成予定は来年1月ですので、本年の収入金額が0円となりますが、本年分の確定申告に当たり、マンションの建築資金に当てた借入金利子を必要経費とする不動産所得を申告することはできますか。
>
> なお、新入居者の募集については、すでに不動産業者に委託しています。

［答］ **不動産所得の計算に当たって、総収入金額を0円、マンション建築に係る借入金利息を必要経費として申告することもできますし、借入金利子をマンションの取得価額に算入することもできます。**

［解説］ 業務を営んでいる人が当該業務の用に供する資産の取得のために借り入れた資金の利子は、当該業務に係る各種所得の金額の計算上必要経費に算入します。ただし、当該資産の使用開始の日までの期間に対応する部分の金額については、選択により当該資産の

取得価額に算入することもできます（基通37—27）。

　不動産所得の場合、原則的には、賃借人がいなくなり、その後入居者の募集活動等も行わなくなった段階で不動産業務が終了し、そして、新たに賃貸用不動産を取得し、入居募集も行い、いつでも貸付けが行える状態になった時に、また新たに不動産業務が開始されたと考えられます。そうしますと、建替期間中は業務を営んでいるものではありませんので、借入金利子を必要経費にすることはできないこととなります。

　しかし、ご質問の場合、設計図等により、完成前から当該マンションが賃貸用物件であると認められれば、建替目的で計画的に立退きを行っていること、立退き完了後直ちにアパートを取り壊しマンションの建設に着手していること、すでに入居募集を行っていることなどから、建替期間中で不動産収入がなかったとしても、不動産業務は継続していると考えて差し支えありません。

　したがって、本年分の不動産所得の計算に当たって、総収入金額を0円、マンション建設に係る借入金利子を必要経費として申告することもできますし、選択により当該マンションの使用開始の日までの期間に対応する借入金利子を取得価額に算入することもできます。

46　経済的利益として課税された利息相当額

> 【問】　私は、勤務先から無利息により住宅資金を借り、住宅
> を建築しました。その住宅には当初、私が住む予定でしたが、
> 都合により賃貸しています。無利息による経済的利益は給与所
> 得として課税されましたが、この金額は不動産所得の必要経費
> になりますか。

【答】　**経済的利益として課税された利息相当額は、不動産所得の
必要経費となります。**

【解説】　給与所得者（役員等を除きます。）が、自己の用に供する
住宅などを取得するために、その使用者から無利息による貸付けを
受けた場合には、利息相当額が経済的利益として課税されます（措
法93②、基通36—28、36—49）。

　なお、令和3年度中に貸付けを受けた場合の利率は、年1.0％と
なります。

　このように、利息相当額が経済的利益として給与課税された場合
には、勤務先からその利息相当額の給与の支払いを受け、勤務先に
利息を支払ったのと同じことになります。

　したがって、ご質問の場合には、借入金により取得した資産を賃
貸していますので、あなたが勤務先に対して実際に利息を支払った
場合と同様に、その利息相当額は不動産所得の必要経費とされま
す。

47 固定資産の建替えのために要した借入金の利子

> ［問］ 私は、旅館及び喫茶店を営んでいますが、旅館が老朽化したため賃貸マンションに建て替えることとし、本年7月に旅館を取り壊し、来年1月に竣工する予定になっています。工事期間中、喫茶店は営業を続けています。
>
> 賃貸マンションの工事代金に充てた借入金の利子で本年中に支払うべきものが200万円ありますが、この借入金の利子は必要経費となりますか。

［答］ **不動産貸付業務開始以前の期間に対応する借入金の利子は、必要経費に算入することができません。しかし、賃貸マンション（建物）の取得価額に算入することになります。**

［解説］ 業務を営んでいる者がその業務の用に供される固定資産を借入金で取得する場合には、その借入金の利子は業務上の必要経費に算入されます。

しかし、ご質問の場合に、旅館を取り壊し、新たに借入金により賃貸マンションを建築して貸し付け、事業所得者が初めて不動産を生ずべき業務を開始することとなりますので、その不動産所得を生ずべき業務を開始するまでの期間に対応する借入金の利子は、不動産所得及び事業所得の計算上必要経費に算入することはできず、その建物の取得価額に算入することになります（基通38─8）。

48 譲渡した業務用資産に係る借入金の利子

> ┌─問─┐ 私は、取得時期の異なる賃貸用アパートを3棟所有し
> ていますが、そのうち借入金で取得した1棟を譲渡し、譲渡代
> 金で自己の居住用家屋を新築しました。
> 　この譲渡したアパートの取得に係る借入金の利子を今後も支
> 払うことになりますが、これを他の2棟から生じる不動産所得
> の必要経費に算入することができますか。

■答■ **譲渡により、業務用資産が存在しないことになるため、譲
渡した以後に支払う借入金の利子は、必要経費に算入することはで
きません。**

┌解説┐ 業務を営んでいる人がその業務の用に供する資産の取得の
ために借り入れた借入金の利子は、その業務に係る各種所得の金額
の計算上必要経費に算入されます（基通37―27）。

　ご質問の場合、その業務の用に供する資産（アパート）を譲渡し
ており、借入金の利子を必要経費に算入できる前提としてのその業
務用資産が存在しないことになりますから、譲渡した以後に支払う
当該借入金の利子は家事費となり、必要経費に算入することはでき
ません。

　なお、仮に、譲渡代金を不動産所得を生ずべき他の業務の用に供
する資産の取得資金に充てた場合には、当該借入金を譲渡代金で返
済し、新たな借入金によって業務の用に供する資産を取得したこと

と同様の結果となりますので、当該借入金の利息を必要経費に算入することができます。

49　廃業後に生じた借入金の利子

> 　**問**　　事業的規模の不動産貸付業を行っていましたが、建物
> の老朽化が著しいので、昨年末に不動産貸付業を廃止しまし
> た。しかし、業務用資産の取得に伴う借入金が甲銀行にあり、
> 今年に入ってからも毎月返済しています。聞くところによる
> と、業務廃止後に生じた費用についての所得計算の特例がある
> とのことですが、この借入金の利子についても、その特例が適
> 用になりますか。

　答　　事業的規模の不動産貸付業を廃業した後に支払う借入金の
利子は、不動産貸付業を廃止した後の期間に対応するものと認めら
れますので、不動産貸付業廃止後の必要経費の特例の適用は受けら
れません。

　解説　　事業的規模の不動産所得、事業所得等（以下「不動産所得
等」といいます。）を生ずべき事業を廃止した後において、その事
業に係る費用又は損失でその事業を廃止しなかったとしたならばそ
の人のその年分以後の各年分の不動産所得等の金額の計算上必要経
費に算入されるべき金額がある場合には、その人のその廃止した年
又はその前年分の不動産所得等の金額の計算上必要経費に算入する
ことができます（法63）。

　この特例は、廃業前に本来その業務に係る費用又は損失として計
上される可能性のあったものが、結果として廃業後に発生したた

め、その不動産所得等の費用又は損失として認められないのでは課税の上で不利になるので、廃業の年の不動産所得等の金額の計算上必要経費として再計算（更正の請求によります。）する趣旨であると考えられます。

　しかし、ご質問の場合の借入金の利子については、廃業前の期間に係るものを廃業後に追加払いしたような場合ならともかく、廃業後の期間に係る借入金利子ですから、それは、家事上の費用に該当することとなり、この特例の適用を受けることはできません。

50　相続により引き継いだ借入金の利子

> 　　問　　私の父は全額借入金により土地を取得し、青空駐車場として貸していました。本年３月父が死亡したため、相続人である私と母、弟の３人がその土地を相続しました（持分それぞれ３分の１）。駐車場収入は３人がそれぞれの持分により収受することになりましたが、父の借入金の残額は私１人が引き継ぐことになりました。この場合、借入金の利子は、相続人３人の不動産所得の必要経費にできますか。

答　**借入金の利子のうち３分の１相当額だけがあなたの不動産所得の必要経費となります。**

　　解説　　遺産分割協議においては、借入金により取得した資産であっても、当該資産と当該借入金とはそれぞれ独立して分割協議の対象になり、誰が相続するかは相続人間の合意により決まります。したがって、この時点で当該資産と当該借入金との紐付関係は切れることになりますので、被相続人が借入金により取得した事業用資産を相続人が当該借入金と共に相続したとしても、それは相続人間の合意によりたまたまそうなったにすぎず、当該借入金を相続人の事業用資産取得に要した借入金とみることはできません。

　しかし、相続による事業承継は、被相続人の事業の廃業及び相続人の事業の開業とはならず、事業は継続されていると考えられますので、被相続人が事業に投下したプラスの財産及びマイナスの財産

をそのまま継続して事業承継した相続人についてまで上記の考え方
を適用するのも問題があると思われます。

　そこで、被相続人が業務用資産を借入金で取得し、相続人が当該
資産を当該借入金と共に相続してその業務を承継した場合には、相
続人の不動産所得等の金額の計算上その引き継いだ借入金の利子を
必要経費として差し支えないと思われます。この場合、被相続人が
借入金によって取得した資産のうち、その一部しか相続されていな
い場合には、その相続した部分に対応する借入金の利子しか必要経
費とされません。

　ご質問の場合、あなたの相続した資産は3分の1ですので、借入
金の残額の3分の1に対応する利子しか不動産所得の必要経費とさ
れません。

　なお、あなたのお母さんや弟さんは、それぞれの持分により不動
産所得が発生しますが、借入金の債務を承継していませんので、借
入金利子を必要経費とすることはできないことになります。

51　買換資産を借入金によって取得した場合の借入金の利子

> ┌─────┐
> │　問　│　私は、不動産貸付業を営んでいますが、本年1月に事
> └─────┘
> 業用資産を譲渡し、その譲渡代金2億円のうち1億円を個人的
> な借入金の返済に充てました。
>
> 　また、本年10月に買換資産を2億円で取得し、事業の用に供
> しましたが、そのうち1億円は借入金によって充てました。
>
> 　譲渡所得の申告は事業用資産の買換えの特例を適用する予定
> ですが、買換資産を取得する際の借入金の利子は、不動産貸付
> 業の必要経費に算入してもかまいませんか。

■答■　**借入金が買換資産の取得資金に充てられている限り、必要経費に算入することができます。**

┌─────┐
│　解説　│　事業用資産の買換え（措法37）の適用要件は、①個人が、
└─────┘
事業の用に供している資産を譲渡し、原則として当該譲渡の日の属
する年の12月31日までに買換資産を取得し、かつ、②その取得の日
から1年以内に当該資産を所定の事業の用に供したとき又は供する
見込みであるときとされており、事業用資産の譲渡代金で買換資産
を取得することを適用要件とはしていません。

　したがって、ご質問の場合、事業用資産の買換えの適用を受けて
も、買換資産の取得に借入金が充てられたこと、及び買換資産を不
動産所得の基因となる貸付けの用に供したことが明らかである場合

には、その借入金の利子を不動産所得の金額の計算上必要経費に算入することができます。

52　借入金の一部を他に流用している場合の借入金の利子

> ┌──┐
> │ 問 │　私は、アパート賃貸業を営んでいますが、この度事業
> └──┘
> 拡張目的のため銀行から3億円の借入れを行いました。
>
> 　借入金のうち、2億円については土地の取得費に使用しまし
> たが、残りの1億円については、一時的に定期預金として銀行
> に預金しています。
>
> 　この場合、借入金の利子は全額必要経費の対象として認めら
> れるでしょうか。

**［答］　借入金の目的が、不動産所得を生ずべき業務の遂行上生じ
たものとして認められれば、必要経費に算入されます。**

［解説］　借入金の目的が定期預金の設定にあると客観的に認められ
る場合には、当然必要経費には算入されません。

　ただし、次のような事実が全て認められる場合には、借入金の利
子を不動産所得の生ずべき業務遂行上生じたものとして、支払利子
の全額を必要経費に算入できるものと思われます。

⑴　不動産業務を拡張する意思をもって綿密な計画を立て、その計
　画実行のために必要な資金を借り入れたところ、その後一部計画
　の変更等により、借入金について残余額が生じた場合で、その残
　余部分についても他の不動産投資をする予定があるため返済をし
　なかったと認められること

⑵　借入金が家事費又は家事関連費として使用された事実が認めら

れないこと

(3) 借入金の借入れ後にアパート用地を取得し、その後アパートを建築するなど順次事業を拡張している事実が認められること

(4) 借入金の残余額についてただ漫然と保有することなく、より効率的に運用するための一方法として一時的に定期預金等を利用したにすぎないと認められること

第3節　訴訟費用等

53　賃貸不動産の明渡訴訟費用

> 　問　借家人が家主の私に無断で借家を改築したので、契約
> を解除して家屋の明渡訴訟を起こしました。このため、この訴
> 訟関連の印紙代や弁護士の着手金などの費用を支払いました。
> このような費用は不動産所得の必要経費となりますか。

　答　**賃貸家屋について生じた紛争を解決するために支出する費
用は、その不動産所得の計算上必要経費となります。**

　解説　不動産貸付等、業務の用に供されている資産について生じ
た紛争を解決するために弁護士などに依頼し、そのために支出した
報酬その他の費用については、その資産の取得費とされるものを除
いて、その業務について生じた費用と考えられますので、その支出
した年分の必要経費となります（基通37—25）。

　ご質問の場合は、借家人の契約条件不遵守を理由として家屋の賃
貸契約を解除して、その明渡しを求めるものであり、その家屋が現
に貸付けの用に供されておりますので、その支出した費用は、支出
した年の必要経費に算入することになります。

54　不法占拠者を立ち退かせるために要した訴訟費用等

> 　**問**　無断で私の土地を使用していた者に対してその土地の明渡訴訟を提起していましたが、このほど強制執行（一部和解）により取り戻しました。このために、和解金、強制執行費用、弁護士費用その他の費用を支出しましたが、この費用を他の不動産から生ずる所得の必要経費とすることができますか。

　答　業務の用に供されていない資産について生じた紛争を解決するために支出する費用は、必要経費に算入することができません。

　解説　不法占拠（いわゆる違法性のある場合をいいます。）されている土地や家屋について、その不法占拠者を立ち退かせるために直接要した訴訟費用等は、その土地や家屋の所有権について争いがない限り、その土地や家屋の維持・管理の費用に該当すると考えられます（借地権の返還に当たる立退料等は第147問参照）。

　したがって、その土地や家屋が業務の用に供されているときは、その土地や家屋の維持・管理のために要した費用として、その業務に係る所得の計算上必要経費とされますが、その土地や家屋が業務の用以外の用に供されているときは、その訴訟費用等は家事費に該当することとなり、たとえ、他の不動産から生ずる所得があったとしても、その所得の計算上必要経費として控除することはできません（法45①一、令96）。

　なお、不法占拠者がいる土地や家屋を購入し、その不法占拠者を立ち退かせるために明渡訴訟を行った場合には、その明渡しに要した訴訟費用等は、その資産の取得に要した金額に該当することになります（基通38―2）。

55 マンション建設に伴い支出した弁護士費用

> 問　私は、サラリーマンですが相続で取得した土地に賃貸マンション1棟（10階建）を建築しようと計画していました。ところが近隣住民から日照権の問題で苦情が発生し紛争となりました。弁護士を通じて折衝したところ当初10階建の計画から7階建てに変更することとで和解し建築が開始されました。
>
> 　今年中に完成し入居が開始されますが、この弁護士費用は必要経費として控除することはできますか。

答　マンションの取得価額に算入することとなります。

解説　マンションの完成取得後に支出する付随費用（登記手数料、不動産取得税、完成披露の費用等）は減価償却資産の取得価額に算入せず、支出した年の必要経費となります。

　しかし、マンションの建築段階から支出することが明らかである住民対策費（日照権の補償）等は、たとえマンション完成後に支出したとしても建物の取得価額に算入することとなります（第137問参照）。

　次に、ご質問の弁護士費用ですが、あなたはサラリーマンでまだ不動産貸付業務を開始しておりませんので建物の取得価額に算入することとなります。また、たとえ業務を開始していたとしても、その取得の段階ですでに紛争等が生じている資産にかかる弁護士費用はその資産の取得価額に算入することとなります（基通37―25）。

56　物納のための立退料及び弁護士費用

> **問**　私は、相続税を支払うため相続により取得したアパートを物納する予定ですが、物納の許可を受けるためにはアパートの入居者を立ち退かせる必要があるとのことでした。
>
> アパート入居者を立ち退かせる際、立ち退きをスムーズに行うため弁護士を依頼することにしております。
>
> 立退料や弁護士費用は、アパートに係る不動産所得の金額の計算上必要経費に算入することができますか。

答　**物納するために支払う立退料や弁護士費用は、不動産所得の金額の計算上、必要経費に算入することはできません。**

解説　相続税の物納は、金銭で納付することが困難とする事由がある場合に申請により許可されるものです（相法41①）。

これは、物納の対象となる財産を譲渡し金銭に代えて納付をすることと同じ効果がありますので、相続税法第41条第1項《物納》の許可を受けて物納した場合には、原則として山林所得又は譲渡所得が生じることになります。

したがって、この物納に係る各種費用は資産を譲渡するために要する費用ということになります（法33③）。

ご質問の場合のアパート入居者を立ち退かせるための立退料や弁護士費用の支払いは、物納をするための費用となりますので、相続により取得したアパートに係る不動産所得の金額の計算上、必要経

費に算入することはできません。

　なお、物納により生じた山林所得又は譲渡所得については、これらに係る譲渡はなかったもの（物納財産の収納価額と相続税の差額である過誤納金が生ずる場合を除きます。）とみなされますので（措法40の３）、課税関係は生じないこととなります。

第4節　支払保険料等

57　アパート取得に伴う借入金の担保として締結する生命保険契約の掛金

> 　問　　私は、自己の所有地にアパートを建築し賃貸しています。このアパートの建築資金は甲銀行からの借入金によっていますが、借入れの際、保証人をたてるかわりに自己を被保険者、銀行を受取人とする生命保険契約を締結しました。
>
> 　この生命保険契約に基づく掛金の支払は、あたかも、保証人に対して保証料を支払うことと同じであり、このアパートの賃貸により生ずる不動産所得の金額の計算上必要経費に算入できると思いますが、いかがでしょうか。

答　**生命保険契約の受取人が銀行である場合には、掛金は必要経費に算入できます。**

解説　不動産所得の金額の計算上必要経費に算入されるものは、その基因となる不動産貸付業務の遂行上必要なものでなければなりません。

　この場合、次のいずれの要件をも満たしているときは、生命保険契約に係る保険料の支払いは業務上必要なものであると考えられます。

⑴　契約は、融資を受ける条件として締結されたものであること

⑵　保険金は、債権者（第三者である債務の保証人を含みます。）を受取人としていること等により、保険金が債務の弁済に充てられることが担保されていること

　ご質問のように、保険金の全額を貸付者である銀行が受け取ることとされており、かつ、生命保険契約がアパートの建築資金の借入れのための担保として締結されたものであることが明らかである場合には、その契約に係る支払保険料は借入金保証料等と同一の性格を持っているわけですから、不動産所得の必要経費に算入できることになります（基通38—8）。

　㊟　融資を受ける際、担保を別に徴し、保険契約が融資条件とされていない場合には、保険金受取人が債権者であってもその保険料は家事費とされます。これは、専ら自己の財産を保全するためのもの又は遺族等の生活保障を目的とするものと考えられるからです。

58　長期損害保険契約の保険料

```
　問　　貸店舗と自己の居住用とに併用しているビルに10年満
期で満期返戻金のある火災保険を掛け、保険料を支払っていま
す。この場合の必要経費の計算はどうなりますか。
```

**　答　　長期損害保険契約の保険料は、支払保険料のうち賃貸用部分に対応するもので、かつ、積立保険料に相当する部分以外の金額が必要経費になります。**

　解説　　通常の掛捨ての火災保険料は、支払うべき時に、賃貸用部分について必要経費に算入することになりますが、保険期間が10年とか20年とか長期間の火災保険については、払込保険料の一部又は全部が満期返戻金として契約者に支払われるものがあるため、その支払った保険料全額を支払ったときの必要経費に算入することはできないことになります。

　これは、払込保険料の内容が、満期返戻金の支払に充てられる積立保険料の部分と掛捨ての火災保険料の構成要素である危険保険料、付加保険料の部分とに分けられ、前者に対応する部分の金額については、保険期間の終了時までは資産として取り扱い、後者については、支払ったときの必要経費に算入（未経過期間分の調整を行った後）するという考え方に基づくものです（基通36・37共―18の2）。

　この場合、資産に計上した部分は、満期返戻金に係る一時所得の

計算上「収入を得るために支出した金額」として控除することになります（法34②）。

(参　考)

その年中に支払った保険料の金額
- ①賃貸用に係る部分の保険料の金額
  - ③積立保険料に相当する部分の金額……資産に計上
  - ④その他の部分の金額……必要経費に算入
- ②自己の居住の用に係る部分の保険料の金額……損害保険料控除の対象

59　賃借人に負担させた長期損害保険契約の保険料及び満期返戻金

> ┌───┐
> │ 問 │　私は、地方に転勤することになったため、自宅を賃貸
> └───┘
> することにしました。この建物については、以前から長期の損
> 害保険契約を結び、保険料を支払ってきましたが、賃貸期間中
> の保険料は賃借人に支払ってもらうことにしました。
> 　この場合、支払保険料、満期返戻金は所得税法上どのように
> 取り扱われますか。

┌─────┐
│ 答 │　**支払保険料については、その総額を不動産所得の収入金額**
└─────┘
とし、掛捨保険料部分の金額を必要経費に算入します。

　**満期返戻金については、その金額から居住期間の掛金の総額と賃
貸期間中の積立保険料部分の金額の合計額を控除し、一時所得の金
額の計算をします。**

┌─────┐
│ 解 説 │　業務の用に供されている資産に係る長期損害保険契約の保
└─────┘
険料については、その支払保険料の額を、積立保険料の部分と掛捨
保険料の部分に区分して、積立保険料の部分の金額は、満期又は解
約の時まで資産計上し、掛捨保険料の部分の金額は必要経費に算入
することとされています（基通36・37共―18の２）。ただし、ご質
問のように契約者、保険料負担者、被保険者が同一人でない場合は
取扱いが異なることがあります。

　通常、建物の長期損害保険契約の場合、その被保険利益は保険の

目的となっている建物の所有者にあると考えられることから、契約者が誰かにかかわらず、保険金の受取人はその建物の所有者となります。また満期返戻金の受取人は契約者となります。

したがって、賃貸人の所得計算上支払保険料及び満期返戻金は、その契約、支払の態様に応じて次のように取り扱われています。

(1)　支払保険料について

建物の所有者である賃貸人が契約者となり、その保険料を賃借人に負担させている場合は、その契約上の権利が全て賃貸人に帰属することになるため、負担させた保険料の全額を不動産所得の収入金額に計上し、そのうち掛捨保険料に相当する部分の金額を必要経費に算入します。

賃借人が契約者となり、かつ保険料を負担している場合は、将来賃借人が受け取ることになる満期返戻金に対する積立保険料の部分の権利については賃貸人に帰属しないものであるため、賃借人が負担した保険料のうち掛捨保険料の部分だけが不動産所得の収入金額となり、かつ同額が必要経費とされます（基通36・37共―18の5）。

(2)　満期返戻金について

満期返戻金の支払いを受けた場合の一時所得の金額の計算に当たっては、支払保険料のうち、不動産所得の計算上必要経費に算入された部分の金額を控除した残額を一時所得の金額の計算上控除します（基通36・37共―18の6）。

ご質問の場合は、建物賃貸人であるあなたが契約者であるため、賃借人に負担させた保険料については、その全額を不動産所得の収入金額に計上し、掛捨保険料相当額を必要経費とすることになりま

す。また、満期返戻金（剰余金、配当金を含みます。）について
は、支払保険料のうち、自己の居住の用に供していた期間中の保険
料の総額と、賃貸期間中の積立保険料の部分の総額を返戻金の額か
ら控除して一時所得の金額の計算をすることになります。

　なお、保険事故が発生し、あなたが保険金を受け取った場合は、
所得税法上非課税とされ（法9①十八、令30二）、積立保険料相当
額はいずれの所得の必要経費にもなりません。

第5節 減価償却資産

〔減価償却資産の範囲〕

60 マンションの敷地に樹木を植え付けた場合の費用

> 　問　　私は、不動産賃貸業を営んでいますが、このたび、賃貸マンションの美観と騒音防止の意味も兼ねてマンションの周囲に苗木を植え、この費用として150万円支払いました。この場合、植えた樹木は未成木ですが減価償却できますか。

　答　　賃貸マンションの敷地に樹木を植え付けた緑化施設は、未成木であっても減価償却ができます。

　解説　　植栽された樹木、芝生等が一体となって緑化の用に供されている場合のその植栽された樹木、芝生等を「緑化施設」といいます。緑化施設には、いわゆる庭園と称されるもののうち、花壇、植樹等植物を主体として構成されているものも含まれますが、泉水、池、とうろう等の主として植物以外のものによって構成されているものは除かれることになります（これらは、「庭園」に該当します。耐通2―3―8の2、2―3―9）。

　ところで植栽された樹木が未成木の場合、成木になるまでは償却できないのではないかという点ですが、この点については、緑化施

設を事業の用に供した日の判定は、一の構内と認められる区域に施設される緑化施設の全体の工事が完了した日によるものとされていますので（耐通2—3—8の5）、工事完了の日によることで割り切って取り扱われています。

　なお、緑化施設について取得価額が10万円未満の少額の減価償却資産であるかどうかの判定に当たっても、この「工事完了」という考えが基準となります。

61 少額減価償却資産の判定単位

問 私は、5階建て総戸数40戸のマンションを新築し、各部屋にカーテン及び蛍光灯を取り付けました。その費用は、カーテンは400万円（1部屋当たり5万円で1戸当たり10万円）、蛍光灯は24万円（1本当たり単価1,000円、1部屋当たり6本、合計240本）かかりました。このカーテン及び蛍光灯は、一時に必要経費に算入できるでしょうか。

答 カーテンは1部屋（室）ごとの取得価額で判定し、蛍光灯は1本当たりの取得価額で判定します。

解説 新たに業務の用に供した減価償却資産で、使用可能期間が1年未満であるもの又は取得価額が10万円未満であるもの（以下「少額減価償却資産」といいます。）については、事務の簡素化という観点から、償却計算を行わず取得した年に全額必要経費に算入することとされています（令138）。

この場合の取得価額が10万円未満であるかどうかは、通常1単位として取引される単位、例えば機械及び装置については1台又は1基ごとに工具、器具及び備品については1個、1組又は1そろいごと（単体では機能を発揮できないものは、社会通念上一の効用を有すると認められる単位ごと）に判定されます（基通49—39）。

ご質問のうち、カーテンは1枚では機能するものではなく、一つの部屋（室）で組み合わされて機能するものであると考えられます

ので、取得価額が10万円未満であるかどうかは、部屋ごとのその取得価額で判定するのが合理的であると考えます。そうすると、1戸当たり10万円ですので、一括償却資産として取得価額の合計額400万円の3分の1の額を業務の要に供した年以後3年間の必要経費に算入することを選択することができます（令139①）。

　これに対し、蛍光灯は、耐用年数省令別表第一「建物附属設備」の「電気設備（照明設備を含む。）」の設備に該当するのではなく、1個当たり1,000円の器具・備品に該当すると判断されますので、消耗品費として、必要経費に算入されるものと考えられます。

62　消費税等の経理処理の方法と少額減価償却資産の判定

> ［問］　私は、不動産貸付業をしていますが、家具付賃貸用マンションに設置する応接セットを購入しました。本体は98,000円、消費税及び地方消費税の合計税額は9,800円ですが、少額減価償却資産として購入した年の必要経費に算入してもよろしいでしょうか。なお、私は、消費税等については税込経理方式を採用しています。

［答］　**税込経理方式を適用している場合には、取得価額が10万円以上であるため、減価償却をすることになります。**

［解説］　前問で述べたとおり、取得価額が10万円未満である少額の減価償却資産については、購入した年の必要経費に算入されます（令138）。

　この場合の取得価額に、消費税等が含まれるかどうかが問題となります。事業者が消費税等について税抜経理方式を適用している場合の消費税等は仮受金又は仮払金で処理されますので、取得価額には含まれませんが、税込経理方式を適用している場合には消費税等を含むことになります。つまり、事業者が適用している消費税等の経理方式によって少額減価償却資産の判定が行われることになります（平成元.3.29直所3―8「9」）。

　なお、支出した金額が少額繰延資産（令139の2）とされるかどうかの判定も同様に行われます。

　また、取得価額が10万円以上20万円未満の場合には、一括償却資産として、その取得価額の３分の１の金額を業務の用に供した年以後３年間で各年分の費用として必要経費に算入することができ（第65問参照）、一定の青色申告者においては、取得価額が30万円未満の場合には一定の要件のもとでその全額をその年分の必要経費にすることができます（第67問参照）。

63 贈与により取得した少額減価償却資産

> 問 本年、賃貸用マンションを新築したところ、新築祝に得意先の不動産仲介業者より、賃貸用のマンションのロビーに置く9万円相当の応接セットと6万円相当の室内装飾用の絵画をもらいました。これらについて所得の計算はどうなりますか。

答 得意先からもらった応接セット等は収入金額に計上しなければなりませんが、一方これらのものは少額の減価償却資産に該当して、その年分の必要経費に算入されますので、課税関係は生じないことになります。

解説 物品その他の資産の譲渡を無償又は低い対価で受けた場合におけるその資産のその時における価額又はその価額とその対価の額との差額に相当する利益は、所得税法第36条第1項かっこ書に規定する「金銭以外の物又は権利その他の経済的利益」に該当するものとして取り扱われています（基通36—15(1)）。

したがって、あなたがもらった応接セット及び室内装飾用絵画は、不動産所得の計算上総収入金額に算入されることになり、その価額をもってこれらの資産を取得したことになります。

次に、応接セットはもちろん、絵画についても複製のようなもので、単に装飾目的にのみ使用されるようなものである限り、これらの資産は減価償却資産に該当するものと思われます。

　ところで、取得価額が10万円未満の減価償却資産については、い
わゆる少額減価償却資産として、その取得価額に相当する金額を、
それらの資産を業務の用に供した年分の必要経費に算入すること と
されています（令138）。

　したがって、ご質問の場合、受け取った資産の価額を不動産所得
の総収入金額に算入しても、その金額が必要経費にも算入され、結
果として課税関係は生じないことになります。

64 駐車場の新設に伴い支出した整地費用等

> ［問］ 空地を利用して駐車場として貸し付けることとしまし
> たが、その際、整地費用として30万円、アスファルト簡易舗装
> の費用として40万円を支出しました。
>
> これらの費用の取扱いはどのようになりますか。
>
> なお、アスファルトに替えて砂利を敷設した場合はどうなり
> ますか。

■答■ 駐車場の新設に際して支出する整地費用は原則として土地
の取得費となりますが、単にアスファルトの舗装路面を構築するた
めの地ならし程度のものなら簡易舗装費に含めて減価償却資産とす
ることができます。また、砂利敷設費用も減価償却資産です。

［解説］ 土地を駐車場等に利用するために、埋立て、土盛り、地な
らし、切土、防壁工事その他土地の造成又は改良のために要した費
用は、原則として土地の取得費とされますが、①建物、構築物等の
建設のために行う地質調査、地盤強化、特殊な切土等土地の改良の
ためのものでない費用は、建物や構築物の取得費に、また、②土地
を利用するための防壁、上水道、下水道、石垣積み等であっても規
模や構造等からみて土地と区分して構築物とすることが適当と認め
られるものの費用は構築物の取得費にそれぞれ算入してもよいこと
とされています（基通38—10(注1)。

したがって、ご質問の場合の整地費用30万円は、原則として土地

の取得費となりますが、単にアスファルトの舗装路面を構築するための地ならし程度の工事で、傾斜している土地を切り崩して平坦にしたとか、道路面より低い土地の盛土をした場合等土地の改良に至るものでなければ、構築物であるアスファルト敷の舗装路面の取得価額に含めて算入することができ、整地費用30万円はアスファルトの簡易舗装の費用40万円に加え合計70万円を減価償却資産（耐用年数10年）の取得費とすることができます。

　なお、アスファルトに替えて砂利を敷設した場合の取扱いですが、表面に砂利、砕石等を敷設した砂利道又は砂利路面は、別表第一の「構築物」の「舗装道路及び舗装路面」に掲げる「石敷のもの」に該当するものとされますので（耐通2—3—13）、砂利敷設費用は減価償却資産（耐用年数15年）の取得費となります。

65　一括償却資産の必要経費算入

> 　**問**　私は不動産賃貸業を営んでいますが、令和 4 年 5 月に
> エアコン（18万円）を 1 台設置しました。
> 　この場合、私の不動産所得の金額の計算上、エアコンの設置
> 費用は必要経費の計算上、減価償却費の計算をしなければなら
> ないのでしょうか。
> 　なお、備品の減価償却の方法については定額法を採用してい
> ます。

　答　エアコンの設備費用は、①**通常の減価償却資産として償却**
する方法、②**一括償却資産として償却する方法**、③**中小事業者の少**
額減価償却資産に該当する場合は、その全額を事務に供した年分の
必要経費に算入する方法、のいずれかを選択して必要経費に算入す
ることになります。

　解説　原則として、使用可能期間が 1 年未満又は取得価額が10万
円未満の減価償却資産を取得した場合は、業務に供した年分の必要
経費に算入します（令138）。

　①を選択した場合、ご質問の場合においては定額法（耐用年数 6
年、定額法の償却率0.167）を採用していますので、毎年の償却費
が同額となるように、次の算式で計算します（令120の 2 ①一イ
(1)）。なお、残存価額が 1 円になるまで減価償却が認められます
（令134①二）。

　取得価額×定額法による償却率＝その年分の償却費の額

【例】　1年目　180,000円×0.167×8/12＝20,040円

　　　　2年目　180,000円×0.167×12/12＝30,060円

　　　　3年目　180,000円×0.167×12/12＝30,060円

　　　　4年目　180,000円×0.167×12/12＝30,060円

　　　　5年目　180,000円×0.167×12/12＝30,060円

　　　　6年目　180,000円×0.167×12/12＝30,060円（残存価額　9,660
　　　　　　　　円）

　　　　7年目　180,000円×0.167×12/12＝30,060円＞9,660円－1円＝
　　　　　　　　9,659円

　　　　　　　　　　∴9,659円（残存価額　1円）

　　　　8年目　償却費の額　なし（残存価額　1円）

　②を選択できるのは、取得価額が10万円以上20万円未満の減価償却資産であることが要件となります。この場合、一括償却資産として取得価額の合計額の1/3の額を各年の必要経費とすることができます（令139）。また、使用月数の按分の必要はありません。また、残存価額を残す必要もありません。

　取得価額×1/3＝その年分の償却費の額

【例】　1年目　180,000円×1/3＝60,000円

　　　　2年目　180,000円×1/3＝60,000円

　　　　3年目　180,000円×1/3＝60,000円

　なお、この制度は一括償却資産を業務の用に供した日の属する年分の確定申告書に一括償却対象額の記載があり、かつ、その計算に関する書類を保存している場合に限り適用することとされていますが、具体的には決算書等の「減価償却費の計算」欄に簡記すること

として取り扱われています（令139②③）。

　③を選択できるのは、一定の中小事業者に該当する青色申告者が、平成18年4月1日から平成30年3月31日までの間に、取得価額10万円以上30万円未満の減価償却資産の取得等をしたことが要件となります。この場合、業務に供した年分の必要経費に算入することができます（措法28の2）。なお、その年に適用を受ける少額減価償却資産の合計額が300万円に達するまで必要経費に算入することができます。300万円を超えた資産については、通常の減価償却により計算した額を必要経費に算入します。また、この適用を受けるためには、確定申告書に少額減価償却資産の取得価額に関する明細書の添付が必要となります（措法28の2③）。

（例）

○減価償却費の計算（令和二年分以降用）

減価償却資産の名称等（繰延資産を含む）	面積又は数量	取得年月	取得価額（償却保証額）	償却の基礎になる金額	償却方法	耐用年数	⑨償却率又は改定償却率	本年中の償却期間	本年分の普通償却費（⑦×⑧×⑨）	割増（特別）償却費	本年分の償却費合計（⑩＋⑪）	事業専用割合	本年分の必要経費算入額（⑫×⑬）	⑭未償却残高（期末残高）	摘要
木造建物店舗	43㎡	平28・7	円 6,000,000	円 6,000,000	定額	22年	0.046	12/12月	円 276,000	円	円 276,000	100%	円 276,000	円 4,206,000	
重要変動	1	令1・9	600,000	600,000	〃	15	0.067	12/12	40,200		40,200	100	40,200	466,200	
一括償却資産	1	令4・	180,000	180,000	—	—	1/3	12/12	60,000		60,000	100	60,000	120,000	
		・	（　）					/12							
		・	（　）					/12							
		・	（　）					/12							
		・	（　）					/12							
		・	（　）					/12							
		・	（　）					/12							
計									376,200		376,200		376,200	4,792,000	

（注）平成19年4月1日以後に取得した減価償却資産について定額法を採用する場合には⑨欄のカッコ内に償却保証額を記入します。

○利子割引料の内訳（金融機関を除く）

支払先の住所・氏名	期末現在の借入金等の金額	本年中の借入利子割引料	左のうち必要経費算入額
	円	円	円

○税理士・弁護士等の報酬・料金の内訳

支払先の住所・氏名	本年中の報酬等の金額	左のうち必要経費算入額
	円	円

○地代家賃の内訳

支払先の住所・氏名	賃借物件	本年中の賃借料・権利金等	左の賃借料のうち必要経費算入額
		権・更 円	円
		賃	
		権・更	
		賃	

○本年中における特殊事情

66 相続があった場合の一括償却資産の必要経費算入

> **問** 私は、令和4年8月、父の死亡により父所有の賃貸マンション（全10室）を相続により取得し、このマンションを引き続き賃貸しております。
>
> この賃貸マンションの各室には、昨年父が、エアコンの設置（1室当たり15万円）をしており、父は、これらのエアコンを一括償却資産として、その取得価額の合計額150万円（15万円×10室）の3分の1の50万円を不動産所得の必要経費に算入して、昨年分の確定申告を行っています。
>
> このような場合、一括償却資産について必要経費に算入していない残りの100万円はどのように取り扱われるのでしょうか。

答 原則として、残りの100万円全額をお父さんが死亡した日の属する年分の不動産所得の計算上必要経費に算入することとなりますが、150万円の3分の1の50万円をお父さんが死亡した日の属する年分の不動産所得の計算上必要経費に算入し、残りの50万円をあなたの来年分の不動産所得の金額の計算上必要経費に算入することもできます。

解説 一括償却資産の取得価額の合計額の3分の1に相当する金額を業務の用に供した年以後3年間にわたって、必要経費に算入する方法の選択（令139①）し、その適用を受けている人が死亡し、その死亡した日の属する年以後の各年分において必要経費に算入さ

れるべき金額がある場合には、原則としてその金額は、死亡した日の属する年分の必要経費に算入するものとされています。

　ただし、その人が死亡した日の属する年以後の各年分において必要経費に算入されるべき金額があり、かつ、死亡した人の業務を承継した人がある場合のその金額の取扱いは、次によることもできることとされています（基通49—40の3）。

(1)　死亡した日の属する年

　　死亡した者の必要経費に算入する。

(2)　死亡した日の属する年の翌年以降の各年分

　　業務を承継した者の必要経費に算入する。

　したがって、ご質問の場合、残りの100万円全額をお父さんの本年分の不動産所得の計算上必要経費に算入するか、又は150万円の3分の1の50万円をお父さんの本年分の不動産所得の計算上必要経費に算入し、残りの50万円をあなたの来年分の不動産所得の金額の計算上必要経費に算入することとするかどちらかの方法を選択することになります。

67　中小事業者の少額減価償却資産の取扱い

> ┌─問─┐　私は、5階建て総10戸の不動産賃貸業を営んでいる青
> 色申告者ですが、平成29年3月に大型のエアコンを各室に設置
> しました。その費用は合計で225万円（1台25万円で10戸分）
> かかりました。
> 　このエアコンの設置費用は一時に必要経費にすることができ
> るでしょうか。

■答■　一定の青色申告者については、その設置費用（225万円）
の全額を必要経費に算入することができます。

┌─解説─┐　常時使用する従業員の数が1,000人以下の青色申告者が、
平成18年4月1日から令和6年3月31日までの期間内に取得価額が
10万円以上30万円未満の減価償却資産を取得して、業務の用に供し
た場合にはその業務の用に供した年に、その取得価額の全額を必要
経費に算入することができます。なお、少額減価償却資産の合計額
が300万円を超える場合には、その超える部分については通常の減
価償却をすることになります（措法28の2）。

　したがって、今回設置したエアコンは全額必要経費になります。

　また、必要経費にするためには、確定申告書に少額減価償却資産
の取得価額に関する明細書の添付が必要となります（措法28の2
③）。

　取引価額が30万円未満かどうかは通常1単位として取引される単

位、例えば機械及び装置については 1 台又は 1 機ごとに、工具、器具及び備品については 1 個、1 組又は 1 そろいごとに判定します（基通49―39）。

〔中小事業者の少額減価償却資産の判定等〕

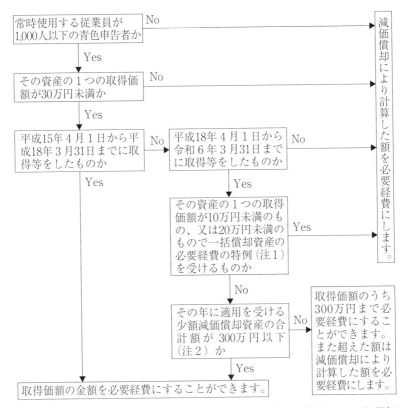

（注 1 ）　取得価額が20万円未満で一定の要件に当たる場合、その取得価額の合計額を 3 で除した額を取得年以後 3 年間必要経費に算入することができます（第65問参照）。

（注 2 ）　年を通じて業務を営んでいない場合には、300万円を12で除し、業務を営んでいた月数（端数切上げ）を乗じた額が限度額になります。

〔取 得 価 額〕

68　保険金等で建築した事業用資産の取得価額

> ［問］　所有しているアパートが焼失し火災保険の保険金
> 3,000万円を受け取りました。この保険金3,000万円に3,000万
> 円を加え6,000万円でアパートを新たに建築した場合の新築ア
> パートの取得価額はどのように計算するのでしょうか。

［答］　**新しいアパートの取得価額は、6,000万円となります。**

［解説］　所得税法では保険差益は非課税所得とされており（法9①
十八、令30）、法人税のように損壊等による保険金により取得した
資産の圧縮記帳の制度はありませんので、新たに建築したアパート
の取得価額は、保険金を含めた実際の取得のために要した金額（ご
質問の場合は6,000万円）によることになります。

69　事業の用に供した後に値引きがあった場合の取得価額

> 問　私は不動産賃貸業（事業的規模）を営んでいますが、昨年1月に賃貸用マンション1室を購入し、賃貸用として使用していました。ところが入居者から苦情があり改修するよう販売業者に要求していたところ、本年2月、先方から「改修できないため100万円値引きする」との申入れがあり、これを承認しました。
>
> 　この場合、賃貸用マンションの取得価額はどうなるのでしょうか。なお、このマンションの取得価額は2,000万円、昨年の減価償却費は76万円です。

答　**値引きのあった本年分で賃貸用マンションの帳簿価額を減額することができます。**

解説　業務の用に供している減価償却資産について、値引き、割戻し又は割引（以下「値引き等」といいます。）があった場合には、原則として、その値引き等の額の全額をその値引き等のあった日の属する年の不動産所得の金額の計算上、総収入金額に算入することになります（法36）。

　しかし、次の算式により計算した金額の範囲内でその値引き等のあった日の属する年の1月1日におけるその減価償却資産の取得価額及び未償却残額を減額することができるものとされています（基通49―12の2）。

$$\text{値引き等の額} \times \frac{\text{その減価償却資産のその年1月1日における未償却残額}}{\text{その減価償却資産のその年1月1日における取得価額}}$$

　したがって、ご質問の場合には、次のとおり、取得価額及び未償却残高を962,000円減額することができます。

$$100万円 \times \frac{2{,}000万円 - 76万円}{2{,}000万円} = 962{,}000円$$

　なお、1,000,000円－962,000円＝38,000円については、本年分の総収入金額に算入することになります。

70　土地付で購入した建物の取得価額

<blockquote>

[問]　分譲マンションの一部（店舗用）を総額2,500万円で購入して不動産賃貸業を開業しましたが、このマンションは、購入先が個人のため消費税等が課されていなく、また、建物の価額と土地の価額が区分されていません。このような場合、減価償却費の計算に当たって建物の取得価額はどのようにして求めたらよろしいでしょうか。

</blockquote>

[答]　**土地と建物部分との価額を合理的に分けることが必要です。**

[解説]　土地と建物を一括購入した場合における建物の取得価額の算出に当たっては、売買価額に消費税等が含まれている場合は、土地の譲渡については、消費税等は課税されないことから、｛（消費税等の額÷10％）＋消費税等の額＝消費税等込みの建物価額｝とする方法が合理的と考えられます。しかし、ご質問の場合のように個人間の取引で、この方法が採れない場合は、一括購入した資産の取得価額の総額を、その取得した時における土地及び建物のそれぞれの通常の状態における取引価額の比等によって按分して計算するのが合理的な方法であると考えられます。

　そこで、その建物部分の取得価額を求める方法としては、次のような方法が考えられます。

(1)　そのマンションの分譲業者が分譲までに要したそのビルに係る

費用の合計額のうち、建物に係る部分の金額を基礎として、次の算式で計算します。

$$分譲価額 \times \frac{分譲業者が支出した建物関係費用}{分譲業者が支出した総費用} = 建物の取得価額$$

(2)　土地の価額が判明している場合には、次の算式で計算します。

　　　分譲価額 − 土地価額 = 建物の取得価額

(3)　中古住宅の場合には、相続税の評価額、公示価額、建築費の統計等を参考に土地と建物の見込時価を算出し、次の算式により建物の取得価額を合理的に推計します。

$$一括購入価額 \times \frac{建物の見込時価}{土地の見込時価 + 建物の見込時価}$$

　㊟　建物の見込時価は、例えば、建物の再取得価額を基礎として計算する方法（新築価額 − 減価償却費）があります。

71　落成式の費用

> ＿問＿　私は、マンション1棟を新築した際、落成式を行い、
> その費用として20万円支出しました。この落成式の費用は不動
> 産所得の必要経費としてよいでしょうか。なお、不動産業者等
> から新築祝として現金15万円もらっています。

＿答＿　**落成式費用が社会通念上相当な範囲内のものであれば、支
出した年分の不動産所得の必要経費に算入して差し支えありませ
ん。なお、新築祝は不動産所得の総収入金額に算入することになり
ます。**

＿解説＿　建物などの減価償却資産の取得価額には、建築費のほかそ
の資産を業務の用に供するために直接要した費用も含まれます（令
126①）。したがって落成式の費用も、原則としては建物の取得価額
に算入することになります。

　しかし、法人税法の取扱いでは、新工場の落成、操業開始等に伴
って支出する記念費用等のような減価償却資産の取得後に生ずる付
随費用の額は、その取得価額に算入しないことができることとされ
ています（法基通7―3―7）ので、ご質問の場合もこれに準じ、
不動産所得の必要経費に算入して差し支えないと考えられます。

　なお、新築祝として不動産業者等からもらった現金15万円は、事
業に関連してもらったものですから、不動産所得の総収入金額に算
入することになります。

72　業務用不動産の取得に際して支出した仲介手数料

> 　**問**　私は、本年賃貸用の土地付建物を取得しました。取得に際して、仲介手数料、不動産取得税及び登記費用を支払いましたが、これらの費用も土地及び建物の取得価額に含めなくてはならないのでしょうか。

答　**仲介手数料は土地及び建物の取得価額に含め、不動産取得税及び登記費用は支出した年分の必要経費に算入します。**

解説　減価償却資産の取得価額については次のように定められています（令126、127）。

1　購入した減価償却資産

$\left(\begin{array}{l}購入\\代価\end{array}+\begin{array}{l}引取運賃、荷役費、運送保険料、購入手数料、\\関税その他購入のために要した費用の額\end{array}\right)+$

$\left(\begin{array}{l}業務の用に供するため\\に直接要した費用の額\end{array}\right)+〔資本的支出の額〕$

2　自己の建設、製作又は製造に係る減価償却資産

$\left(\begin{array}{l}建設等のために要した原材料費、\\労務費及び経費の額（建設原価）\end{array}\right)+$

$\left(\begin{array}{l}業務の用に供するため\\に直接要した費用の額\end{array}\right)+〔資本的支出の額〕$

3　自己が成育させた牛馬等

$\left(\begin{array}{l}購入代価等又は種付\\費及び出産費の額\end{array}+\begin{array}{l}成育のために要した飼料\\費、労務費及び経費の額\end{array}\right)+$

$\left(\begin{array}{l}成育後業務の用に供するた\\めに直接要した費用の額\end{array}\right)$

4　自己が成熟させた果樹等

$$\left(\begin{array}{l}\text{購入代価等又}\\\text{は種苗費の額}\end{array}+\begin{array}{l}\text{成熟のために要した肥料}\\\text{費、労務費及び経費の額}\end{array}\right)+$$

$$\left(\begin{array}{l}\text{成熟後業務の用に供するた}\\\text{めに直接要した費用の額}\end{array}\right)$$

5　贈与、相続（限定承認に係るものを除きます。）、遺贈（包括遺
　　贈のうち限定承認に係るものを除きます。）又は時価の２分の１
　　未満で譲渡により取得した資産で譲渡者のその譲渡に係る所得の
　　計算が赤字となるもの

　　　その譲渡者が引き続き所有していたとみなした場合の１～４に
　　基づいて計算した取得価額

　　また、事業用固定資産のうち土地等の非減価償却資産の取得価額
についても、原則として、減価償却資産に準じて取り扱われます
（法基通７―３―16の２）。

　　ご質問の仲介手数料については、購入のための手数料ですから、
当然に土地及び建物の取得価額に含まれます。この場合、仲介手数
料を土地に係る部分と建物に係る部分とに合理的に按分する必要が
あります。

　　また、不動産取得税及び登記費用は、取得価額に算入しなければ
ならないとも考えられますが、これらの租税等が、資産の取得後に
納付するものであること、それが減価償却資産である場合には償却
期間で費用化されるのに対して、土地である場合には、その土地を
利用している限り費用化できないこと等を考慮して、必要経費に算
入することとされています（基通37―５）。

73 親族間で低額譲渡をした場合の取得価額

> **問** 私は、令和4年1月に父からアパート（平成28年10月建築：耐用年数22年）1棟を購入（土地は使用賃借）する売買契約を締結し、引き続き賃貸の用に供しています。
>
> このアパートの令和4年分の減価償却を計算する場合の取得価額はどうなりますか。
>
> | | 譲渡価額 | 父の取得価額 | 令和3年12月末の建物帳簿残高 | 譲渡費用 | 譲渡時の時価 |
> |---|---|---|---|---|---|
> | 建物 | 8,000,000円 | 25,000,000円 | 18,962,500円 | 1,000,000円 | 20,000,000円 |

答 譲渡時の時価の2分の1未満の対価により取得したので、譲渡による取得価額8,000,000円ではなく父の取得価額25,000,000円が減価償却費の取得価額となります。

償却方法は、アパートを平成28年10月に取得していますので、定額法になります。

なお、耐用年数は当初22年でしたが、5年3か月経過していますので、簡便法により残存耐用年数は17年として計算することもできます。

解説 通常の売買契約で第三者から購入した減価償却資産の取得価額は、①購入の代価（購入のために要した費用の額を含みます。）、②業務の用に供するために直接要した費用の額の合計額となります（令126①）。

　しかし、次の形態で取得した減価償却資産の取得価額は、その減価償却資産を取得した者が以前から引き続き所有していたとみなして、取得価額を計算することとなります（法60①、令126②）。

1　贈与、相続（限定承認に係るものを除きます。）及び遺贈（包括遺贈のうち限定承認に係るものを除きます。）

2　譲渡時の時価の２分の１未満の対価により取得したので、譲渡者に譲渡損が生じ、その損失がなかったものとみなされる場合

　したがって、お父さんの建物取得価額25,000,000円が減価償却の基礎となる取得価額となります。

　なお、ご質問の場合、譲渡時の時価（20,000,000円）の２分の１未満の対価（8,000,000円）でお父さんから購入していますので、お父さんの譲渡損12,000,000円はなかったものとみなされます（法59②）。

《計算式》

　①　簡便法による耐用年数の計算……（第79問参照）

$$\begin{pmatrix}\text{法定耐用}\\\text{年　　数}\end{pmatrix}\quad(\text{経過年数})$$

$$(\ 22年\ -\ 5年3か月)+5年3か月\times20\%$$

$$=(264月-\ 63月)+(63月\times0.2)$$

$$=17.8年\Rightarrow\ 17年\ \cdots\cdots\ 残存耐用年数$$

　　※　１年未満の端数は切捨てます。

　②　減価償却費の計算

$$25,000,000円\times0.059\times\frac{業務の用に供した月数※}{12}$$

　　※　月数は、暦に従って計算し、１月に満たない端数はこれを１月とします。

74 外貨建てによる減価償却資産の取得価額

> 〔問〕 私は、本年ハワイに賃貸用の建物を36万ドルで購入し
> たいと思っていますが、その支払方法は次のように2つの方法
> を考えています。建物の減価償却の基礎となる取得価額は、ど
> のように算定したらよいのでしょうか。
>
> 　　第1案　本年　 8月10日　手付金　　　　3万ドル
>
> 　　　　　　本年　 9月10日　中間金　　　 12万ドル
>
> 　　　　　　本年　10月10日　残金（引渡日）21万ドル
>
> 　　第2案　本年　10月10日　引渡日に一部支払 18万ドル
>
> 　　　　　　以後残金を6回に別けて支払う。

〔答〕 第1案の場合、各々支払った日の為替相場により円換算を
行い、その合計額が取得価額になります。

　また、第2案の場合は、すでに引渡しが済んでいることから、そ
の引渡しがあった日の為替相場により円換算を行い、取得価額を算
定します。

〔解説〕 個人が外貨建取引を行った場合のその外貨建取引の金額の
円換算額は、その外貨建取引を行った時における外国為替の売買相
場により換算した金額により、所得金額の計算を行うこととされて
います（法57の3）。

　外貨建ての取引に係る売上金額その他の収入金額又は仕入金額そ
の他の費用の額の円換算は、これらの額として計上する日の電信売

買相場の仲値によるものとされています（基通57の3―2）。

　また、その取引に関して受け入れた前受金又は支払った前渡金があるときは、その前受金又は前渡金に係る部分については、その前受金又は前渡金の帳簿価額をもって収入金額又は費用の額等とし、改めてその計上日における為替相場による円換算を行わないことができるとされています（基通57の3―5）。

　ご質問の場合の減価償却資産の取得も「費用の支出」ですので、その費用の計上すべき日はその不動産の引渡しがあった日となり、その日の為替相場によって円換算することになりますが、あなたの場合、手付金及び中間金を支払っており、その手付金及び中間金は、引渡しをもって清算されるものですから、上記でいう前渡金と考えられますので、その手付金及び中間金の円換算は、その手付金及び中間金を支払った日の為替相場で行い、その後の引渡日にその手付金及び中間金の帳簿価額をもってそのまま資産の取得価額に振り替えるだけとなります。

　したがって、ご質問の場合の仕訳は、次のようになります。

　第1案

　　1　手付金を支出した日（1ドル130円）

　　　　前渡金　3,900,000円　　　　　現金　　　3,900,000円

　　2　中間金を支出した日（1ドル132円）

　　　　前渡金　15,840,000円　　　　現金　　15,840,000円

　　3　現金を支出した引渡日（1ドル135円）

　　　　建物　　48,090,000円　　　　現金　　28,350,000円

　　　　　　　　　　　　　　　　　　前渡金　19,740,000円

第2案

　残金を支出した引渡日（1ドル135円）

建物	48,600,000円	現金　24,300,000円
		未払金　24,300,000円

　なお、第26問でも解説しましたが、今後の不動産所得等の計算においては、継続適用を条件として、売上その他の収入については取引日の電信買相場、仕入その他の経費については電信売相場によることができます（基通57の3―2ただし書）。

〔耐 用 年 数〕

75　緑化施設の耐用年数

> ┌ 問 ┐　私は、都内に賃貸マンションを営む者ですが、そのマ
> ンションの周囲に植樹を行いました。この費用は、どのように
> 取り扱ったらよろしいでしょうか。

答　減価償却資産に該当し、減価償却資産の耐用年数等に関す
る省令（以下「省令」といいます。）の別表第一の「構築物」の
「緑化施設及び庭園」の「その他の緑化施設及び庭園」の耐用年数
「20年」で償却することになります。

解説　省令別表第一の「構築物」の緑化施設とは、植栽された樹
木、芝生等が一体となって緑化の用に供される場合の植栽された樹
木、芝生等をいい、ゴルフ場や運動競技場の芝生等のように緑化以
外の本来の機能を果たすために植栽されたものは含まれませんが、
並木や生垣等はもとより、緑化の用に供する散水用配管、排水溝等
の土木施設も含まれます（耐通2─3─8の2）。

　したがって、ご質問の費用は、減価償却資産に該当し、省令別表
第一の「構築物」の「緑化施設及び庭園」の「その他の緑化施設及
び庭園」の耐用年数20年で償却することになります。

　なお、その緑化施設を事業の用に供した日の判定については、一
の構内と認められる区域に施設される緑化施設の全体の工事が完了
した日によるものとされています（耐通2─3─8の5）。

76　2以上の目的に使用されている建物の耐用年数

> 　問　　4階建鉄筋コンクリート造のビルを新築し、1階を店舗、2階を住居として使用し、3階を事務所、4階を住宅として賃貸することにしましたが、この建物の減価償却費は耐用年数何年で計算するのでしょうか。

　答　　2以上の目的に使用されている建物の耐用年数は、その主たる使用目的により判定するよう取り扱われていますので、この場合には建物全体について住宅用の耐用年数「47年」で計算することになります。

　解説　　建物のように同一の減価償却資産について、その用途により異なる耐用年数が定められている場合において、その建物が2以上の用途に共通して使用されているときの耐用年数は、次のように取り扱われています（耐通1―1―1、1―2―4）。

(1)　同一の減価償却資産について、その用途により異なる耐用年数が定められている場合において、減価償却資産が2以上の用途に共通して使用されているときは、それぞれの用途ごとに個別に減価償却を行うのではなく、その建物の主たる使用目的が何であるかを使用状況等より勘案して合理的に判定し、一の用途、つまり一の耐用年数を適用することとされています。

　　この場合、適用する耐用年数の判定は、各年ごとに行うのではなく、その判定となった事実が著しく異ならない限り、継続して

適用することとされています。

⑵　(1)の例外として、一つの建物を２以上の用途に使用するため、建物の一部について特別な内部造作その他の施設をしている場合、例えば、鉄筋コンクリート造の６階建てのビルのうち、１階から５階までを事務所に使用し、６階を劇場に使用するため、６階について特別な内部造作をしている場合には、耐用年数別表第一の「建物」の「細目」に掲げる２以上の用途ごとに区分して、その用途について定められている耐用年数をそれぞれ適用することができることとされています。ただし、鉄筋コンクリート造のビルの地階等に附属して設けられている電気室、機械室、車庫又は駐車場等のようにその建物の機能を果たすのに必要な補助的部分（専ら区分した用途に供されている部分を除きます。）についてはこれを用途ごとに区分しないで、主たる用途について定められている耐用年数を適用することとなっています。

　したがって、ご質問の場合は、１階を店舗、２階を住居として自用し、３階を事務所、４階を住宅として賃貸することから、他に特別な事情がない限り用途別床面積からみて、建物全体について住宅用の耐用年数47年を適用すべきものと判断されます。

77　賃借建物にした造作の耐用年数

> ┌─┐
> │問│　不動産賃貸業を営んでいますが、建物（鉄筋コンクリ
> └─┘
> ート造）の一部を他の不動産業者から賃借し、これを店舗に改
> 装して転貸借を行う予定です。この造作に要した費用について
> は、資産に計上し減価償却の対象とすべきものと思われます
> が、この場合、適用する耐用年数は何年になりますか。

■答■　賃借建物について行った造作の耐用年数は、建物の耐用年
数、施設した造作の種類、用途等を参考にして、合理的に見積もっ
た年数によります。

┌──┐
│解説│　他人の建物を賃借し、自己の用に供するために造作をした
└──┘
場合、又は現に使用している用途を他の用途に変更するために造作
をした場合のその造作に要した金額については、減価償却資産とし
て処理することになります。

　この場合の耐用年数は、その造作が建物についてされたときは、
その建物の耐用年数、現に施設した造作の種類、用途、使用材質等
を総合的に勘案して、合理的に見積もった年数により、また、その
造作が建物附属設備についてされたときは、その建物附属設備の耐
用年数によることとなります。ただし、その建物について賃借期間
の定めがあるもの（賃借期間の更新ができないものに限られます。）
で、かつ、有益費の請求又は買取請求をすることができないものに
ついては、その賃借期間をもって耐用年数とすることができること

とされています。

　なお、同一の建物（一の区画ごとに用途が異なる場合には、同一の用途に属する部分）についてした造作は、そのすべてを一の資産として償却することになりますから、その耐用年数は、その造作全部を総合して見積ることになります（耐通1─1─3）。

　具体的なその造作の耐用年数の見積り方法ですが、まず造作工事費を個別に分類し、各部分ごとにそれぞれの造作工事費の金額を確定し、次に各部分ごとに使用可能期間を見積った上で総合耐用年数の算定方式に従って行うのが原則です。

　例をあげて説明しますと、次のとおりです。

造　作　の　費　用　①	使用可能期間②	年要償却額 $\dfrac{①}{②}$
ガラス戸、ショーウインド　240,000円	8年	30,000円
その他の木造内装部分　100,000円	5年	20,000円
床防水タイル工事　300,000円	10年	30,000円
計　　　　　640,000円	……	80,000円

上記表から求める耐用年数は、

　　640,000円÷80,000円＝8年となります。

78　建物と区分することが困難な附属設備の耐用年数

　┌─────┐
　│　問　│　不動産賃貸用に木骨モルタル造のアパートを建築しま
　└─────┘
したが、工事が一括請負のため、建物と建物附属設備の取得価
額を区分することが困難です。このような場合、この建物附属
設備の耐用年数はどうなりますか。

**■答■　木骨モルタル造の建物等の場合には、建物附属設備を建物
と一括してその建物の耐用年数により償却することができます。**

　┌─────┐
　│　解説　│　建物附属設備については、耐用年数省令別表第一において
　└─────┘
建物と別に耐用年数が定められていることでも明らかなように、原
則として建物本体と区分して建物附属設備の耐用年数を適用するこ
とになります。したがって、建物全体の工事が一括請負の工事で、
建物と建物附属設備の建築費用が一本になっているような場合であ
っても、工事見積書、明細書等によってこれをそれぞれに区分し、
それぞれの耐用年数を適用することが必要になります。

　しかし、木造、合成樹脂造又は木骨モルタル造の建物の附属設備
については、建物と一括して、その建物の耐用年数を適用すること
ができることとされています（耐通2—2—1）。

　したがって、ご質問の場合には、建物と建物附属設備とを区分し
ないで、その取得価額の全部を対象として省令別表第一の「建物」
の「木骨モルタル造のもの」の「住宅用のもの」の耐用年数20年を
適用して減価償却をすることもできます。

79　中古資産を取得した場合の耐用年数の見積り（簡便法）

> 　問　　私は、中古のアパートを取得しましたが、この建物
> は、建築後11年を経過している中古資産です。減価償却費の計
> 算をするに当たって耐用年数を何年としたらよいでしょうか。
> 　なお、この建物の法定耐用年数は22年で、使用するに当たり
> 特に修理、改良等を行っていません。

　答　　中古のアパートの耐用年数は、見積りした耐用年数による
ことができ、ご質問の場合は、「13年」となります。

　解説　中古資産を取得して業務の用に供した場合に、その中古資
産に係る減価償却費の計算上適用する耐用年数は、取得後のその中
古資産の使用可能期間を見積り、その年数によることができます
（耐令3①一）。しかし、取得した中古資産が建物、構築物等のよう
に個別耐用年数が定められている資産で、その取得の時以後の使用
可能期間（残存耐用年数）を見積ることが困難な場合においては、
次の(1)又は(2)によって計算した年数をその資産の残存耐用年数とす
ることができることとされています（耐令3①二）。

(1)　その中古資産が法定耐用年数の全部を経過したものである場合
　　には、その法定耐用年数の20％に相当する年数

(2)　その中古資産が法定耐用年数の一部を経過したものである場合
　　は、その法定耐用年数から経過年数を控除し、その控除後の年数
　　に経過年数の20％に相当する年数を加算した年数

　この場合に、その計算した年数に１年未満の端数があるときは、その端数を切り捨てた年数とし、その計算した年数が２年に満たない場合には、２年をその資産の残存耐用年数とします。

　なお、「耐用年数の見積りが困難な場合」とは、その見積りのために必要な資料がないため技術者等が積極的に特別の調査をしなければならない場合や耐用年数の見積りに多額の費用を要する場合等が考えられます。

　また、(1)、(2)にいう経過年数が不明な場合には、その構造、形式、表示されている製作の時期等を勘案してその経過年数を適正に見積ることとされています（耐通１—５—５）。

　ところで、ご質問の中古のアパートについては、上記の(2)に該当することとなりますので、残存耐用年数は次のとおり計算されます。

$$(22年 - 11年) + \left(11年 \times \frac{20}{100}\right) = 13.2\cdots\cdots13年$$

　したがって、耐用年数を13年として減価償却費の計算を行って差し支えないことになります。

80 中古資産に多額な資本的支出を行った場合の耐用年数

　問　私は、本年、1,000万円で購入した中古アパートに、更に600万円かけて改良を加え、これを賃貸しています。

　この建物は、法定耐用年数22年で建築後11年経過しています。なお、改良後のアパートの再取得価額は1,600万円程度です。

　この場合に、耐用年数は何年としたらよいでしょうか。

　答　中古アパートの耐用年数は、見積もった耐用年数によりますが、ご質問の場合は「15」年となります。

　解説　個人が中古資産を取得した場合において、その減価償却資産を事業の用に供するに当たって、多額の資本的支出をした場合には、その中古資産の耐用年数の見積りについては、前問で述べた簡便法によることができず、資本的支出の程度に応じてそれぞれ次のように取り扱うこととされています。

(1)　業務の用に供するため行った資本的支出の額がその中古資産の取得価額の50%相当額を超える場合には、その改良後の中古資産について実際に見積った耐用年数によることになります。ただし、次の算式により計算した年数によることも認められます（耐通1－5－6）。

（算式）

$$\text{その中古資産の取得価額（資本的支出の額を含む。）} \div \left(\frac{\text{その中古資産の取得価額（支本的支出の額を含まない。）}}{\text{その中古資産につき耐令第3条第1項第2号の規定により算定した耐用年数（第79問参照）}} + \frac{\text{その中古資産の資本的支出の額}}{\text{その中古資産に係る法定耐用年数}} \right) = \text{残存耐用年数}$$

㊟　この算式により計算した年数に1年未満の端数がある場合には、

これを切り捨てます。

(2)　その支出した資本的支出の金額がその中古資産の再取得価額の

50％相当額を超えている場合には、中古資産の見積り耐用年数を

見積ることはしないで、法定耐用年数によることになります（耐

通1―5―2）。

ところで、ご質問の場合には、その支出した資本的支出の金額が

再取得価額の50％相当額を超えていませんが、取得価額の50％相当

額を超えていますので(1)の方法によって耐用年数を見積ることにな

ります。そうしますと、次のとおり、15年に計算されます。

$$(1{,}000\text{万円} + 600\text{万円}) \div \left(\frac{1{,}000\text{万円}}{13\ (\text{年})} + \frac{600\text{万円}}{22\ (\text{年})} \right) = 15\text{年}$$

㊟　簡便計算による残存耐用年数（第79問参照）

$$(22\text{年} - 11\text{年}) + \left(11\text{年} \times \frac{20}{100} \right) = 13\text{年}$$

なお、見積り耐用年数により減価償却費を計算している中古資産

について、その後に資本的支出をした場合に、その資本的支出のた

めに支出した金額がその資産の再取得価額の50％相当額を超えるこ

とになるときは、上記(2)と同様に、その資本的支出をした後の減価

償却費の計算は、その採用していた見積り耐用年数によることはで

きず、その資産について定められている法定耐用年数によることに

なります（耐通1―5―3）。

81　有刺鉄線の耐用年数

> 　問　　私は、不動産貸付業を営んでいますが、最近駐車場の近くで子供が遊び危険ですので、その周りに木製の柱を建て、有刺鉄線を張りました。有刺鉄線の長さは300mで、費用は70万円程かかりました。有刺鉄線は減価償却資産に該当すると思いますが、耐用年数は何年になりますか。

　答　　耐用年数省令別表一の「構築物」の「木造のもの」の「へい」の「10」年になります。

　解説　　耐用年数省令別表一では、減価償却資産の種類を建物、建築附属設備、構築物、船舶、航空機、車輌及び運搬具、工具、器具及び備品の8種に分けています。そして、この場合の構築物とは、ドック・橋等のほか土地に定着する木工設備又は工作物をいうものとされています（令6二）から、ご質問の場合の木製の柱に張った有刺鉄線は構築物に当たることになります。

　ところで、ご質問の有刺鉄線は木柱と鉄線とで構成されておりますから、構築物の構造が金属造りに該当するか木造に該当するかで耐用年数が異なることになりますので、主としていずれの構造であるかが問題となります。木柱と有刺鉄線とは一体として物の効用をなしており、かつ、有刺鉄線の現状は木柱部分のウェイトが高いと考えられますから、木造に該当すると解するのが相当だと思われます。

　最後に「細目」の判定になりますが、有刺鉄線の効用を考えると、「へい」に類似するものとみるのが妥当ではないかと思います。

　したがって、ご質問の場合の有刺鉄線は、耐用年数省令別表一の「構築物」の「木造のもの」の「へい」に該当すると考えるのが最も合理的のようです。

82　ソーラーシステムの耐用年数

> ［問］　私は、不動産賃貸業を営んでいますが、ある会社の従業員寮として一括貸付けしている建物にソーラーシステムを取り付けました。このソーラーシステムは、貯湯槽・補助ボイラーも設置されているものですが、耐用年数は何年とすればよいでしょうか。

［答］　給排水設備として、「15年」の耐用年数を適用することになります。

［解説］　ソーラーシステム（太陽熱温水器）は、その装置の状況によって次のように区分できますが、耐用年数は、その状況によって異なります。

⑴　集熱器（貯湯槽内蔵）で暖めた湯を配管により直接浴槽等に入れる装置

　　耐用年数省令別表第一「器具及び備品」の「11　前掲のもの以外のもの」の「その他のもの」の「主として金属製のもの」に該当しますので、10年の耐用年数を適用することになります。

⑵　集熱器のほか、貯湯槽・補助ボイラーを設置した装置

　　耐用年数省令別表第一「建物附属設備」の「給排水設備」に該当しますので、15年の耐用年数を適用することになります。

　　したがって、ご質問のソーラーシステムは、上記⑵に該当すると思われますので、耐用年数は15年となります。

　なお、発電を目的としたソーラーパネル（太陽光発電）の耐用年数は、耐用年数省令別表第二「機械及び装置の耐用年数表」の「31　電機業用設備」の「その他の設備」の「主として金属製のもの」に該当し、17年となりますので注意が必要です。

83　減価償却資産（金属造）の耐用年数の判定

> | 問 |　私はＡ社の施工によりアパート１棟を建築し貸付けを行っています。
>
> 　Ａ社の仕様書によると、軽量鉄骨造りで構造は「柱はりラーメン構造」、ラーメン架構を構成する柱の鉄骨の肉厚は3.2mm、はりの鉄骨の肉厚は2.3mm（加重平均した鉄骨の肉厚は2.7mm）となっています。
>
> 　金属造りの建物は骨格材の厚みと細目によって耐用年数が異なるとのことですが私の場合、耐用年数は何年となりますか。

| 答 |　**耐用年数は19年となります。**

| 解説 |　建物の耐用年数を判断する場合、まず建物の構造を区分することとなります。建物がどの構造に属するかは、その主要柱、耐力壁又ははり等その建物の主要部分により判断することとなっています（耐通１―２―１）。

　ご質問の場合、軽量鉄骨造りとなっていますので建物の構造は金属造りに該当することについては問題ありませんが、金属造りの場合、骨格材の肉厚によって耐用年数が異なりますので、骨格材の肉厚を判断することとなります。

　使用している骨格材が同一の肉厚であれば問題はありませんが、「柱はりラーメン構造」のラーメン架構を構成する柱の鉄骨の肉厚は3.2mm、はりの鉄骨の肉厚は2.3mmと異なっていますので、その建

物の主要部分により判断することとなります。柱の肉厚3.2㎜のみで判断しますと耐用年数は27年、はりの肉厚2.3㎜で判断すると耐用年数は19年と8年も異なってしまいます。

「柱はりラーメン構造」は、柱のみでは基礎と固定されていないため独立して荷重に耐えることはできず、はりと固定接合されたラーメン架構（門状の架構体）が荷重を支え、いわゆる柱とはりが一体化し基礎の上に乗っていると考えられる建物ですので、柱、はりを個別に建物の主要部分と判断するのは適当ではなく、ラーメン架構の柱とはりの構成から鉄骨の肉厚平均を求めることが建物の主要部分を判断するのに合理性があると思われます。

したがって、加重平均した鉄骨の肉厚は2.7㎜とのことですので、このアパートの耐用年数は19年となります。

84　中古住宅取得後、居住期間がある場合の耐用年数

> 　**問**　私は、令和３年１月に自宅用として建築後５年経過している木造住宅を3,000万円（土地代金2,000万円）で取得しましたが、令和４年１月より他人に貸すことにしました。この建物の耐用年数は何年となりますか。

　答　この建物の耐用年数は**18年**となります。

　解説　中古資産を取得して業務の用に供した場合、その中古資産に係る減価償却費の計算上、適用する耐用年数は、その取得後の使用可能期間を見積りその年数によることができます（耐令３①一）。しかし、取得した中古建物の使用可能期間を見積ることが困難な場合は、中古資産の耐用年数の見積り簡便法を適用することとなります（耐令３①二、第79問参照）。

　この場合、その中古資産を取得後直ちに業務の用に供しなかった期間については中古資産を取得した時から業務の用に供したものとして使用可能期間を見積耐用年数とすることとなります（耐令３①一かっこ書）。

　したがって、ご質問の場合、令和３年１月の取得の時に見積耐用年数を計算することとなります。

　なお、中古資産の耐用年数の見積り簡便法を適用する場合は次のようになります。

　（22年－５年）＋５年×20％＝18年

〔償却の方法〕

85　減価償却方法の変遷

> 　**問**　平成21年1月に賃貸アパート1棟を新築・取得し、同年同月から不動産賃貸業を営んでいます。建物については、定額法で減価償却費を計算していました。令和4年7月に、2棟目の賃貸アパートを新築・取得し、同年同月から賃貸していますが、この賃貸アパートについては、どのように減価償却をすればよいのでしょうか。

答　**平成19年4月1日以後に取得した建物の減価償却方法は、定額法のみとなっています。**

　お尋ねの賃貸アパートは、令和4年7月に取得していますので、定額法による償却方法しかありません。なお、これに係る付属設備・構築物についても、償却方法は定額法となります。

解説　建物、付属設備及び構築物の減価償却方法は、取得等の時期により、次表のとおりとされました。

　建物については、平成10年4月以降は旧定額法、平成19年4月1日以降は定額法による償却方法となりました。

　付属設備及び構築物については、平成28年3月31日までは定額法又は定率法のいずれかを選択することができましたが、平成28年4月1日以後は定額法による方法のみとなりました。

取得等の時期	建　　物	付属設備・構築物	備　　考
平成10年3月31日以前	①届出により選択できる方法 旧定額法、旧定率法 （令120①一、123①②） ②法定償却方法 旧定額法 （令125一イ）	①届出により選択できる方法 旧定額法、旧定率法 （令120①二、123①②） ②法定償却方法 旧定額法 （令125一イ）	
平成10年4月1日以後	旧定額法 （令120①一ロ）	①届出により選択できる方法 旧定額法、旧定率法 （令120①二、123①②） ②法定償却方法 旧定額法 （令125一イ）	この日以後、建物の減価償却方法は、旧定額法によるものとなりました。
平成19年4月1日以後	定額法 （令120の2①一ロ）	①届出により選択できる方法 定額法、定率法 （令120①二、123①②） ②法定償却方法 定額法 （令125一イ）	この日を境に、平成19年3月31日までの償却方法を旧定額法・旧定率法と呼称し、平成19年4月1日以後の償却方法を定額法・定率法と呼称することになりました。
平成28年4月1日以後	定額法 （令120の2①一ロ）	定額法 （令120の2①一ロ）	この日以後、建物に係る付属設備・構築物の減価償却方法は、定額法によるものとなりました。

○　旧定額法と旧定率法並びに定額法と定率法との計算方法の比較

　所得税法の改正により、平成19年3月31日以前の定額法を旧定額法と呼称し、定率法を旧定率法と呼称することになりました。そして、それぞれの計算方法も以下のとおり異なります。

償却方法	算　　　式　　　等
①　旧定額法 （令120①一イ(1)）	毎年の償却費が同額となるように、次の算式で計算する方法です。 $\{($取得価額$)-($残存価額$)\}\times\left(\begin{array}{c}\text{その資産の耐用年数について定め}\\\text{られている旧定額法による償却率}\end{array}\right)=\left(\begin{array}{c}\text{その年分の}\\\text{償却費の額}\end{array}\right)$
②　定額法 （令120の2①一イ(1)）	毎年の償却費が同額となるように、次の算式で計算する方法です。 $($取得価額$)\times\left(\begin{array}{c}\text{その資産の耐用年数について定}\\\text{められている定額法による償却率}\end{array}\right)=\left(\begin{array}{c}\text{その年分の}\\\text{償却費の額}\end{array}\right)$
③　旧定率法 （令120①一イ(2)）	初期に償却費を多くし、年が経つに従って償却費が一定の割合で逓減するように、次の算式で計算する方法です。 $($前年末の未償却残高$)\times\left(\begin{array}{c}\text{その資産の耐用年数について定め}\\\text{られている旧定率法による償却率}\end{array}\right)=\left(\begin{array}{c}\text{その年分の}\\\text{償却費の額}\end{array}\right)$
④　定率法 （令120の2①一イ(2)）	初期に償却費を多くし、年が経つに従って償却費が一定の割合で逓減し、更に逓減後の償却費が一定の償却保証額に満たなくなると、その後の償却費が同額となるように、次の算式で計算する方法です。 $($前年末の未償却残高$)\times\left(\begin{array}{c}\text{その資産の耐用年数について定}\\\text{められている定率法による償却率}\end{array}\right)=\left(\begin{array}{c}\text{定率法の償却率}\\\text{による償却費の額}\end{array}\right)$…ア $($取得価額$)\times\left(\begin{array}{c}\text{その資産の耐用年数につ}\\\text{いて定められている保証率}\end{array}\right)=($償却保証額$)$…イ i　ア≧イのとき 　（定率法の償却率による償却費の額）＝その年分の償却費の額 ii　ア＜イ又は前年において改定取得価額を基として償却費の額を計算しているとき $($改定取得価額（※）$)\times\left(\begin{array}{c}\text{その資産の耐用年数につい}\\\text{て定められている改定償却率}\end{array}\right)=\left(\begin{array}{c}\text{その年分の}\\\text{償却費の額}\end{array}\right)$

※　改定取得価額とは、次の(i)又は(ii)となります。

(i)　前年において改定取得価額を基として償却費の額を計算していないとき

（前年末の未償却残高）＝（改定取得価額）

(ii)　(i)以外のとき

（前年の改定取得価額）＝（改定取得価額）

86　法人成りした場合の償却方法

> **問**　私は、平成12年1月に新築取得したマンション1棟（1階は5室のテナント、それ以外は50室の賃貸用住宅）を所有し、また平成8年7月に父から引き継いだ自動車販売業を別棟の事務所で営業し、この事業所得と不動産所得を合算して毎年確定申告しています。
>
> 　令和4年4月に、別棟で営業している自動車販売業を法人成りすることとなりました。個人事業部分で使用していた器具・備品等は法人に現物出資しますが、事業用建物（耐用年数38年）は法人に引き継がずに貸し付けることとしました。いままで、自動車販売業と不動産賃貸業とは全く別の経理処理（減価償却の方法も自動車販売業の事業用建物については旧定率法、不動産賃貸業については旧定額法を適用）を行っており、金銭管理等も別途管理となっております。法人成りに伴い、事業用建物（別棟）も従来の不動産賃貸業の経理処理で管理したいと考えていますが、何らかの届出を改めて提出する必要がありますか。

答　**何の届出書も提出する必要はありません。**

解説　減価償却の償却方法は資産ごとに、かつ、建物等については省令で定める区分ごとに選定することとなっています（令123①②）。

　この区分は、具体的には減価償却資産の耐用年数等に関する省令に規定されており、建物・建物附属設備・構築物・車両等の区分により選定することとなります。

　ご質問の場合、個人所有の事業用建物（自動車販売業）については、その所有形態が変わるものではないですから、自動車販売業の減価償却方法である旧定率法を引き続き適用することとなります。

〔減価償却費の計算〕

87　資本的支出があった場合の減価償却費の計算

> **問**　私は、アパート経営をしていますが、令和4年7月に、アパートの一棟について300万円の資本的支出をしました。この場合、減価償却費の計算はどうなりますか。
>
> 　なお、このアパートの明細は、次のとおりです。
>
> 　　平成24年10月建築　木造二階建
> 　　取得価額　　　　　2,000万円

答　(1)　平成19年4月1日以後に資本的支出があった場合、原則として、その資本的支出を行った減価償却資産と種類及び耐用年数を同じくする減価償却資産を新たに取得したものとして、その資本的支出を取得価額として減価償却を行うことになります（令127①）。

(2)　平成19年3月31日以前に取得した減価償却資産に資本的支出を行った場合は、上記(1)の原則にかかわらず、その資本的支出を行った減価償却資産の取得価額に、その資本的支出を加算して減価償却を行うことができます（令127②）。

解説　減価償却資産に資本的支出があった場合は、その資本的支出の部分の減価償却資産についても、その本体について適用している耐用年数で減価償却をすることになります（耐通1—1—2）。

　したがって、ご質問の場合の資本的支出の耐用年数は「木造建物、住宅用」の耐用年数「22年」が適用になります。

(1)　令127①が適用される場合の減価償却費の計算

　　この場合、資本的支出部分と本体部分は別々に減価償却の計算を行います。なお、減価償却方法はいずれも定額法となります。

　（本年分の額）

①　$3,000,000円 \times 0.046 \times \dfrac{6}{12} = 69,000円$　→　資本的支出部分

②　$20,000,000円 \times 0.046 \times \dfrac{12}{12} = 920,000円$　→　本体部分

　　合計額　①＋②＝989,000円

　（翌年分の額）

①　$3,000,000円 \times 0.046 \times \dfrac{12}{12} = 138,000円$　→　資本的支出部分

②　$20,000,000円 \times 0.046 \times \dfrac{12}{12} = 920,000円$　→　本体部分

　　合計額　①＋②＝1,058,000円

(2)　令127②が適用される場合の減価償却費の計算

　　この場合、いずれも旧定額法で計算します。

　（本年分の額）

①　$3,000,000円 \times 0.9 \times 0.046 \times \dfrac{6}{12} = 62,100円$　→　資本的支出部分

②　$20,000,000円 \times 0.9 \times 0.046 \times \dfrac{12}{12} = 828,000円$　→　本体部分

　　合計額　①＋②＝890,100円

　（翌年分の額）

$(20,000,000円 + 3,000,000円) \times 0.9 \times 0.046 \times \dfrac{12}{12} = 952,200円$

(注)　平成10年3月31日以前に本体を取得し、旧定率法を適用して減価償

却費の計算を行っている場合、平成24年4月1日以後に資本的支出により取得した資産と一の減価償却資産として計算することはできないものとされました（令127④）。

88　耐用年数の全部を経過している減価償却資産について資本的支出をした場合の減価償却費の計算

> [問]　私は、賃貸している倉庫（平成 2 年 1 月建築、耐用年数15年、取得価額800万円）について、令和 4 年10月に150万円の資本的支出を行いました。なお、減価償却については定額法を採用しており、未償却残高は 1 円です。
>
> 　この場合、減価償却費の計算はどのように行ったらよいですか。

[答]　賃貸している倉庫については、耐用年数の全部を経過しており、未償却残高は 1 円となっていますから、資本的支出を行った分のみを取得価額として、新たに減価償却の計算を行います。

[解説]　ご質問の事例の場合には、次のように計算します（令120の 2 ①）。

〔減価償却費の計算〕

　（資本的支出額）　（耐用年数15年、定額法の償却率）

　1,500,000円　×　0.067　×　$\frac{3}{12}$　＝　25,125円

89　相続等により取得した建物の減価償却

> ┌ **問** ┐　令和3年12月に父が死亡し、父が所有していた木造ア
> パートを相続しました。父は、このアパートを平成22年1月に
> 60,000,000円で新築・取得し、旧定額法により減価償却の計算
> をして確定申告をしていました。令和3年12月末の未償却残高
> は24,120,000円です。
>
> 　私が令和4年分の確定申告をする場合、この木造アパートの
> 償却方法・耐用年数・取得価額は、どのように減価償却の計算
> をすればよいのでしょうか。

■**答**■　相続により取得した減価償却資産は、被相続人が引き続き
所有していたものとみなし、取得価額・取得時期を引き継ぐことと
されています（令126②）。

　また、償却方法については、平成19年4月1日以後に取得した建
物の償却方法は定額法に限ることとされ、この場合の「取得」には
相続による取得も含まれることとされています（令120の2①一、
基通49―1）。

　したがって、お尋ねの相続した木造アパートの減価償却は平成22
年1月に新築・取得していますので、定額法、耐用年数は22年、取
得価額は60,000,000円で計算します。なお、減価償却費の計算は、
次のとおりとなります（第73問参照）。

$$60,000,000円 \times 0.046 \times \frac{12}{12} = 2,760,000円$$

→　**令和4年分の減価償却費**

$$24,120,000円 - 2,760,000円 = 21,360,000円 \quad →$$ 　**令和4年末の未償却残高**

解説　令126②は、相続により取得した減価償却資産の取得価額・取得時期を引き継ぐ旨を規定していますが、償却方法を引き継ぐことまでは規定されていません。しかし、基通49─1において、相続による減価償却資産の「取得」も、自己の購入や建設による「取得」と同様に、令120の2①の「取得」に含まれるとしていますから、定額法により減価償却費の計算をすることになります。

90　減価償却の始期

> 　　　**問**　　建築中のマンションが11月に完成し、入居者募集の広告も出しましたが、立地条件が悪いためか年末まで入居者がありませんでした。このような場合でも、減価償却費を必要経費としてよいのでしょうか。

答　　**建物が完成し、入居者の募集を始めた賃貸建物については、減価償却費をその年分の必要経費に算入することができます。**

解説　　減価償却費は、現に不動産所得、事業所得、山林所得又は雑所得を生ずべき業務の用に供している減価償却資産について計上できるのであって、業務を開始していない場合の減価償却資産や業務を開始していても使用していない減価償却資産においては、減価償却をすることはできません。これは、減耗、損耗が業務に結びつくという費用性がないからです。

　しかし、現に稼働していないいわゆる遊休資産については、現実に稼働していない場合であっても、業務の用に供するために常時維持補修が行われていて、いつでも稼働し得る状態にある場合には、減価償却を行うことができることとして取り扱われています（基通2—16）。

　したがって、マンションの1棟全部を貸付けの目的としている場合で、現に使用されていない部屋が一部あったとしても、それがいつでも貸し付けることができる状態で維持補修が行われている場合

は、その部屋を含めてそのマンション全体について償却費を計上することができるものと解されます。

　ご質問の場合のように、いつでも入居できる状態に整備し、入居者募集の広告も出して入居者にいつでも引き渡せる状態にしているのであれば、その年中に結果として入居者がなかったとしても、業務の用に供したものとして減価償却をすることができます。

91 建築中の建物の減価償却

> **問** 本年の5月に5階建て（1階は、貸店舗、2階以上は賃貸用マンション）の建物の建築に着手しましたが、年末になっても全体は完成していません。しかし、既にでき上がって業者から引き渡しを受けた1階の貸店舗部分は貸店舗として賃貸しています。この場合、既に貸店舗として使用している部分については減価償却をすることはできませんか。

答 現に完成した部分が業務の用に供されていれば、その部分については減価償却が認められます。

解説 業務の用に供される建物は、建物の全部が一体としてその用に役立つのが通常ですから、建築の途中で部分的に業務の用に供したとしても、原則として、減価償却はできないことになっています。

しかし、建築の中途で、そのでき上がった部分が独立した建物と同様な状態にあるような場合には、このようなものまでも減価償却ができないとすることは実情に即さないことになります。したがって、建築中の建物について、独立してその効用があり、その効用を充分に果たすことができる程度に完成していると認められる部分をその用に供した場合には、その効用を果たす部分を限度として減価償却を行っても差し支えないものとして取り扱われています（基通2—17）。

　ご質問の場合も、建築中の建物のうち、貸店舗として賃貸した 1 階部分が、内部的に施設され、施錠等がほどこされ、貸店舗としての機能を充分果たす状態にあって、しかも、建物の全体が完成した後も引き続きそのまま貸店舗として使用する見込みであれば、1 階部分の取得価額を合理的に見積り減価償却をすることができます。

92　非業務用資産を業務の用に供した場合の減価償却費の計算

> ［問］　令和 4 年10月の転勤に伴って、私が今まで住んでいた家屋を同年11月から月 7 万円で賃貸しました。不動産所得の計算上、この建物を減価償却する場合のその計算方法はどうなりますか。
>
> 　なお、この建物は木造瓦葺で、平成25年 8 月に2,000万円で建築し、居住の用に供していたものです。

［答］　非業務用資産を業務の用に供した場合の減価償却費の計算方法は次のとおりです。

［解説］　非業務用（家事用）の減価償却資産を業務の用に供した場合には、その業務の用に供した後におけるその資産の償却費の額は、その資産の取得に要した金額並びに設備費及び改良費の額の合計額（取得価額）につき、その資産の耐用年数に1.5を乗じて計算した年数（ 1 年未満の端数がある場合は切り捨てます。）により定額法の方法で計算した金額にその資産を取得した日から業務の用に供した日までの期間（ 1 年未満の端数が生じた場合は、 6 か月以上は 1 年とし、 6 か月未満の端数は切り捨てます。）に係る年数を乗じた金額を取得価額から控除した金額を未償却残高として計算します。なお、償却可能限度額の計算に当たっては、取得価額と未償却残高との差額はその資産の償却費としてその人の各年分の不動産所得の金額、事業所得の金額、山林所得の金額、雑所得の金額の計算

上必要経費に算入された金額とみなされます（令135）。

　したがって、ご質問の場合は、次のように計算されます。

(1)　非業務用の期間の耐用年数

　建物の耐用年数を22年とすると、

$$22 \times 1.5 = 33 \text{（年）} \rightarrow 1 \text{ 年未満の端数がある場合にはその端数を}$$

$$\text{切り捨てる。}$$

(2)　非業務用の期間（定額法による）の償却費の合計額

$$\underset{\text{（取得費）}}{2{,}000\text{万円}} \times \underset{\genfrac{}{}{0pt}{}{\text{耐用年数33}}{\genfrac{}{}{0pt}{}{\text{年の定額法}}{\text{の償却率}}}{0.031} \times \underset{\text{（期間）}}{\underline{9\text{ 年}}} = 5{,}580{,}000\text{円}$$

端数は、6 か月以上
は 1 年とし、6 か月
未満は切り捨てる。

(3)　業務開始の時の未償却残高

$$20{,}000{,}000\text{円} - 5{,}580{,}000\text{円} = 14{,}420{,}000\text{円}$$

(4)　令和 4 年分の償却費の計算（定額法）

$$\underset{\text{（取得費）}}{20{,}000{,}000\text{円}} \times \underset{\genfrac{}{}{0pt}{}{\text{耐用年数22}}{\genfrac{}{}{0pt}{}{\text{年の定額法}}{\text{の償却率}}}{0.046} \times \frac{2}{12} = 153{,}334\text{円}$$

(5)　令和 4 年末の未償却残高

$$14{,}420{,}000\text{円} - 153{,}334\text{円} = 14{,}266{,}666\text{円}$$

93　不動産所得に係る割増償却制度の改正

> **問**　不動産所得を計算する際には、住宅等の減価償却費を計算して必要経費に算入することになっており、これについて割増償却制度があるそうですが、どのような内容のものでしょうか。

答　貸付対象の住宅等に係る減価償却の割増償却は、租税特別措置法に規定されています。

その主なものとしては、次のようなものがあります。

①　特定都市再生建築物の割増償却（措法14①）

②　倉庫用建物等の割増償却（措法15）

解説　従来あった「サービス付き高齢者向け賃貸住宅」に係る割増償却は、平成29年3月31日までに新築された物件が対象でしたが、令和3年3月31日をもって廃止されました。

本問においては、特に事例が多いと思われる②を解説します。

《倉庫用建物等の割増償却》

青色申告者である個人で、流通業務の総合化及び効率化の促進に関する法律に規定する認定又は確認を受けたものが、昭和49年4月1日から令和6年3月31日までの間に一定の区域内において、一定の倉庫用建物等で、その建築の後使用されたことのないものを取得し、又は建設してその個人の貸付の用に供した場合には、その貸付

の用に供した日以後5年以内の各年分の不動産所得の金額の計算上その倉庫用建物等の償却費として必要経費に算入する金額は、その用に供している期間に限り、普通償却費の額の110％に相当する金額以下の金額を、その個人が必要経費として計算した金額とすることができます（措法15①、措令8）。

　なお、償却不足額については、翌年に繰り越して必要経費に算入することができます（措法15②）。

94 被災代替資産等の特別償却の特例（特定非常災害に起因するもの）

> ［問］　私は、特定非常災害に指定された「令和2年7月豪雨」の発生から2年経過した令和4年7月に、当該特定非常災害に基因して不動産貸付事業の用に供することができなくなったアパートに代わるものとして、新規のアパートを50,000,000円で取得しました。
>
> 　この場合、新規のアパートについては特別償却ができると聞きましたが、その内容はどのようなものでしょうか。

［答］　これまで特定非常災害に指定された災害には、阪神淡路大震災（1995年）、新潟中越地震（2004年）、東日本大震災（2011年）、熊本地震（2016年）、西日本豪雨（2018年）などがあります。ご質問にある「令和2年7月豪雨」も特定非常災害に指定された災害です。そうすると、ご質問の新規取得した50,000,000円のアパートについては、以下の解説のとおり、中小事業者が、かつ、発災後3年経過日以後以外の取得等に該当しますので、通常の償却費以外に取得価額の18％に当たる特別償却費を加えた任意償却をすることができます。

［解説］　個人が、特定非常災害発生日からその翌日以後5年を経過する日までの間に、次表に掲げる減価償却資産で、特定非常災害に基因して事業の用に供することができなくなったものに代わるもの

として、一定のものの取得等をして、これを事業の用に供した場合
又は次表に掲げる減価償却資産の取得等をして、これを被災区域及
びその被災区域である土地に付随して一体的に使用される土地の区
域内において事業の用に供した場合には、その用に供した日の属す
る年における不動産所得の金額の計算上、これらの被災代替資産等
の償却費として必要経費に算入する金額は、通常の償却費の額とそ
の被災代替資産等ごとに定められた特別償却割合を乗じて計算した
特別償却費の額との合計額以下の金額でその個人が必要経費として
計算した金額とすることができます（措法11の2①、措令6）。

　なお、償却不足額については、翌年に繰り越して必要経費を算入
することができます（措法11の2②）。

対象資産	特別償却割合			
	発災後3年経過日以後に取得等（注1）		左記以外の取得等	
	中小事業者（注2）	左記以外の者	中小事業者（注2）	左記以外の者
①建物	12%	10%	18%	15%
②構築物				
③機械及び装置	24%	20%	36%	30%

（注1）　「発災後3年経過日」とは、特定非常災害発生日の翌日から起

算して 3 年を経過した日をいいます（措法11の 2 ①）。

（注 2 ）「中小事業者」とは、常時使用する従業員の数が1,000人以上の個人をいいます（措法11の 2 ①、10⑧六、措令 5 の 3 ⑩）。

（注 3 ）　所有権移転外リース取引により取得したものは適用されません（措法11の 2 ①）。

（注 4 ）　他の特別償却等の減価償却の特例の適用を受けるものは適用対象から除かれます（措法19①）。

95　被災代替資産等の特別償却（東日本大震災に起因するもの）

> ［問］　平成23年 3 月11日に発生した東日本大震災により賃貸用アパートが損壊しました。その後、令和 4 年 7 月になって、損壊した賃貸用アパートに代わる新規のアパートを60,000,000円で建設しました。
>
> 　この新規のアパートについては特別償却ができると聞きましたが、その内容はどのようなものでしょうか。

［答］　**東日本大震災により被災代替資産の取得等をして事業の用に供した場合には、供した年分の減価償却費は通常の償却費に加えて、特別償却をすることができます。**

［解説］　平成23年 3 月11日から令和 5 年 3 月31日までの間に、

①　東日本大震災により滅失又は損壊した建物、構築物に代わるこれらの資産の取得等をして不動産貸付事業の用に供した場合

②　建物、構築物の取得等をして被災区域内（東日本大震災に起因して事業又は居住の用に供することができなくなった建物等の敷地等の区域をいいます。）においてその事業の用に供した場合

には、次表のとおり、これらの減価償却資産の取得価額にその取得の時期等に応じた一定の償却割合を乗じた金額の特別償却ができます（東日本震災特例法11の 2 、東日本震災特例令13の 2 ）。

　この適用を受ける場合には、確定申告書に特別償却により必要経費に算入される金額についてのその算入に関する記載があり、かつ、「被災代替資産等の償却費の額の計算に関する明細書（震災特例法の適用を受ける場合）」を添付する必要があります（東日本震災特例法11の2③）。

　ご質問の場合、通常の償却費の額に加えて7,200,000（60,000,000×12％）円の特別償却費の額を必要経費に算入することができます。

　なお、償却不足額については、翌年に繰り越して必要経費に算入することができます（東日本震災特例法11の2②）。

取得等 　　　　　の時期等 資産の種類	平23.3.11～平28.3.31		平28.4.1～令5.3.31	
	中小事業者 (注)	左記以外の 個人	中小事業者 (注)	左記以外の 個人
(1)　建物又は 　　　構築物	18％	15％	12％	10％
(2)　機械及び 　　　装置	36％	30％	24％	20％

(注)　中小事業者（「常時使用する従業員の数が1,000人以下の個人」をいいます。）が取得等する場合の償却率です。

96　割増償却額の経費計上

> ［問］　私は、令和3年7月に割増償却の対象となる倉庫用建物を新築・取得し、同年同月から賃貸しております。令和3年分の確定申告では、割増償却を適用して通常の減価償却額の110％を必要経費として計上しましたが、令和4年分以降についても同様に計算しないといけないのでしょうか。

［答］　**倉庫用建物等の割増償却に限らず他の割増償却についても、割増償却分について必要経費に計上するかどうかは、納税者が任意に選択できますので、必要経費に計上しなくても差し支えありません。**

［解説］　倉庫用建物等の割増償却を適用した必要経費に計上できる金額は、租税特別措置法第15条第1項に規定されているとおり、通常の減価償却額の110％（耐用年数35年未満の場合）となります。

　しかし、同項但書には所得税法第49条第1項の通常の減価償却費（強制償却）を下回ることはできないと規定されていますから、割増償却分に当たる10％分（任意償却）を計上するかどうかは、納税者の選択ということになります。

　そうすると、令和4年分以後の割増償却の適用可能年分（令和3年7月以降5年間）においても、同様の考え方で対処すればよいということになります。

第6節　繰延資産

97　公共下水道の受益者負担金

> 問　私は、Ａ市にアパートを所有していますが、このたび、Ａ市が都市計画事業として公共下水道を設置することになったことに伴い、いわゆる受益者負担金を支払うことになりました。この受益者負担金は、不動産所得の金額の計算上どのように取り扱われますか。

答　**公共下水道の設置に伴う受益者負担金は、繰延資産とし、その償却費を不動産所得の必要経費に算入することになります。**

解説　地方公共団体が都市計画事業等として、公共下水道を設置しますと、周辺の土地所有者等は、その設置によって著しく利益を受けることになりますので、このような土地所有者は、都市計画法等の規定に基づいて一定の受益者負担金を負担することになることがあります。このような受益者負担金はその土地が業務の用に供されている場合は、業務遂行に関連して負担するものであると考えられ、また、その支出の効果は将来にも及ぶと考えられますから、その負担金は、繰延資産に該当することとなります（令7①三イ）。

したがって、その支出の効果の及ぶ期間に応じて計算した償却費を不動産所得の金額の計算上必要経費に算入することになります

（令137）。

　ところで、この場合の支出の効果の及ぶ期間ですが、この受益者負担金により設置される公共下水道は、負担者が専ら使用するものではありませんから、その償却期間は原則として対象資産である下水道施設の法定耐用年数の40％に相当する年数となりますが（基通50―3表3）、公共下水道の受益者負担金については、特にその償却期間を6年とすることとされています（基通50―4の2）。

　これは、地方公共団体により、建設費用の全部を負担させるところと、一部を負担させるところがあり、償却期間がまちまちになりますのでそれを統一する必要があるところから、下水道施設の管渠、ポンプ場、汚水処理場の施設の全部を負担した場合の総合耐用年数17年の40％、すなわち6年（1年未満の端数切捨て）としているものです。

　なお、公共下水道が計画している下水の排水量を上回る使用をするために、排水設備の新設又は拡張をする必要が生じて負担することとなった工事負担金（下水道法19、同令11）は、公共下水道を使用するための権利ですので、水道施設利用権と同様に無形減価償却資産に該当し15年の償却期間になります（基通2―21、50―4の2注書、耐令別表第三「水道施設利用権」）。

98　業務開始前に支出した地代

> 　問　　私は、本年4月賃貸用ビルを建築するために土地を借
> りました。当該ビルの収入は翌年の8月から生じる予定です
> が、本年4月から翌年7月までに支払う地代は、どのように処
> 理したらよいでしょうか。なお、他に不動産所得の収入はあり
> ません。

　答　　他に不動産所得の収入がない場合には、開業費とすること
が合理的であると考えます。

　解説　　以前から不動産貸付けの業務を行っている人が、新たに貸
ビルを建築するために土地を借りている場合、建築期間中に支払う
地代は不動産所得の必要経費とされます。これは、不動産貸付業務
の拡大と考えられるからです。

　繰延資産の開業費は、不動産所得、事業所得又は山林所得を生ず
べき事業を開始するまでの間に開業準備のために「特別に支出する
費用」（令7①一）と規定されています。法人税でも同様に「特別
に支出する費用」という規定（法令14①二）となっており、経常的
に発生する地代等は「特別に支出する費用」とは言えず繰延資産で
はなく一般管理費等の損金となります。

　しかし、ご質問の場合のように、個人の方が新たに不動産貸付業
務を行う場合には、建築期間中に支払う地代はあくまでも業務の開
始を前提として発生しているものであり、借入金の利子と異なり建

物の取得と直接に関連するものでなく建物の取得費にもなりません
ので、不動産所得の収入から控除すべきであり、「新たな業務を開
始するまでの間に特別に支出した費用」と考え、繰延資産とする方
法が合理的であると思われます（法2二十、令7①一）。

　なお、支払うこととなる地代は、開業後は空室が続いても支払地
代として必要経費となり、繰延資産とする必要はありません。した
がって、開業の日がいつかという問題はありますが、入居募集を始
めた日とするのが一般的のようです（基通38—8の2(1)イ）。

99 開業費等の任意償却

> **問** 開業前にかかった地代、開業準備のためのアルバイト費用など100万円は開業費に該当し5年間（60か月）で償却すると伺いましたが、3年間は赤字でした。そのため、必要経費に入れていません。
>
> これまで必要経費に入れなかった部分は、必要経費に算入することはできないのでしょうか。

答 繰延資産のうち、開業費や開発費は、5年（60か月）の均等割償却か任意償却できますので、100万円はいつでも必要経費に算入することができます。

解説 繰延資産の償却方法は、繰延資産によって次のとおりとなっています（令137）。

① 開業費、開発費……5年（60か月）の均等割償却又は任意償却

② ①以外の繰延資産……5年（60か月）の均等割償却又は支出の効果の及ぶ期間（具体的には基通50―3 表3）

開業費の場合には、均等割か任意償却のいずれかで必要経費とします（令137①一、③）。

任意償却とは、未償却となっている金額について、任意に必要経費とすることができるということです。また、均等割の5年を経過後に必要経費に算入できないとする規定もありませんので、任意償

却の場合には、いつでも必要経費にすることができます。

　したがって、ご質問の場合、必要経費に算入していない（均等割償却をしていない）ということですので、開業費の未償却額100万円は、４年目で全額を必要経費とすることもできますし、その後の年分において必要経費にすることもできます。

　ところで、個人事業を開始する前に開業準備のために特別に支出した費用は、開業費として繰延資産となります（法２二十、令７①一）。この規定は、法人税と同じく「特別に支出した費用」となっており、一般的には家賃、電気水道料、給与賃金など経常的に発生する費用は、これに当たらないとされています。法人企業の場合、法人が事業のために支出する経常的費用は支出した事業年度の損金となりますが、個人の方が開業前に支出した経常的費用は、この規定を厳格に適用すると必要経費とすることができないことになります。

　しかし、開業前に必要であった費用は、その事業のために支出したものであり家事費（事業以外の私的な支出）ではありませんので、必要経費として取り扱うことが合理的であるとして、実務上は開業前に支出した経常的費用も開業費に含める取扱いになっています。

100　信用保証協会に対して支払う保証料

> ［問］　私は、不動産貸付けを行っていますが、この度アパート建築資金を借りるに当たって、信用保証協会の保証を受けることになり、保証料として1,000万円を支払いました。借入金の返済期間は20年です。この保証料は一括して必要経費に算入できますか。

［答］　**前払費用又は繰延資産として経理することとなり、一括して必要経費に算入することはできません。**

［解説］　繰延資産は、「支出する費用のうち支出の効果がその日以後1年以上に及ぶもの」（法2①二十）とされており、前払費用は除かれています（令7①本文かっこ書）。前払費用は、「個人が一定の契約に基づき継続的に役務の提供を受けるために支出する費用のうち、その支出する日の属する年の12月31日においてまだ提供を受けていない役務に対応するもの」（令7②）とされています。

　したがって、前払費用に該当すれば繰延資産には該当しないことになります。そして、繰延資産は、役務の提供が既に行われておりその効果がその後に継続しているものであり、前払費用は、役務の提供がまだ行われていないものということになります。

　「信用保証料は一定の契約に従い継続して役務の提供を受けるため支出した費用に当たる」として前払費用としている裁決がある一方、「保証料の効果が支出以後、保証期間にわたって及ぶものであ

り繰延資産に当たる」とする考え方もあります。いずれにしても、
ご質問の保証料は、返済期間を通じて保証を受けるものですから、
一括して必要経費とすることはできません。

　なお、前払費用とするか繰延資産とするかの税務上の主な違い
は、20万円未満の繰延資産の場合には支出した年分に一括して必要
経費に算入する「少額の繰延資産」の規定（令139の２）があるこ
とです。

　ところで、信用保証協会によっては、繰上完済すれば保証料の一
部が返済されることになっている場合が多いかと思います。そこ
で、このような場合には、継続適用を要件として次のいずれかによ
る経理が認められるものと思われます。

(1)　前年に繰上返済したとした場合に返済を受ける保証料の額と本
　年に繰上完済したとした場合に返済を受ける保証料との差額を本
　年の必要経費に算入する（前払費用として経理する方法）。

　（例）　返済を受ける保証料の額は個々の信用保証協会について確認す
　　　る必要がありますが、例えば、A信用保証協会の場合、次の算式
　　　により計算した額が返済を受ける保証料の額となります。

$$返済を受ける保証料＝保証料\times\left(\frac{未経過期間}{当初の保証期間}\right)^2$$

(2)　保証期間に応じて均等配分する（繰延資産として経理する方
　法）。

　なお、繰上返済しても保証料の一部が返済されない保証契約につ
いては上記(2)によることになります。

101　少額繰延資産の判断単位

> ［問］　私は、1～3階までを店舗用、4階以上を居住用とするマンションを賃貸していますが、商店街のアーケードを改築することになり、工事費用のうち60万円を負担することになりました。この負担金は最大3年の分割で支払うこともできます。アーケード工事分担金は、繰延資産に当たり5年で償却するそうですが、20万円以下の場合には、少額繰延資産として一括で必要経費にするということを聞きました。3年の分割支払をした場合には、年間20万円となりますので、少額繰延資産として支払った年分の必要経費に算入できますか。

［答］　**少額繰延資産には当たらず、一括で必要経費に算入することはできません。**

［解説］　繰延資産のうち20万円以下の少額繰延資産に当たるかどうかは、次の単位で判断する取扱いとなっています（基通50—7）。

① 　自己が便益を受ける公共的施設又は共同的施設の設置又は改良のために支出する費用……（例）公共下水道の受益者負担金、商店街のアーケード工事負担金

　　⇒ 　一の設置計画又は改良計画につき支出する金額とし、2回以上に分割して支出する場合には、その支出する時において見積もられる支出金額の合計額

② 　資産を賃借し又は使用するために支出する権利金、立退料その

他の費用……（例）建物を賃借するための権利金

　　⇒　契約ごとに支出する金額

③　役務の提供を受けるために支出する権利金その他の費用……

（例）ノーハウの頭金

　　⇒　契約ごとに支出する金額

④　製品等の広告宣伝の用に供する資産を贈与したことにより生ず

る費用……（例）特約店等への広告宣伝用の看板、陳列棚の贈与

又は低廉譲渡

　　⇒　その支出の対象となる資産の１個又は１組ごとに支出する

　　金額

　ご質問のアーケード工事分担金は、上記①の「共同的施設の改良
のために支出する費用」ですので、分割して支出した場合には支出
金額の合計額の単位で判断することになりますので、少額繰延資産
にはなりません。

　なお、当初少額繰延資産に該当していた支出金額であった場合、
その後追加工事によって追加金が発生し、合計額で20万円を超える
こととなっても、「その支出する時において見積もられる支出金額
の合計額」で判断しますので、当初の処理を変更する必要はなく、
少額繰延資産としていた場合には追加金額に相当する部分は新たな
繰延資産となり、少額繰延資産としなかった場合には次の分割払の
扱いとなります。

　繰延資産に該当する支出を分割払とする場合には、次の取扱いと
なっていますので留意する必要があります。

　　A　上記①から④（その他自己が便益を受けるために支出費用を
　　含みます。）のもの

　支出の総額が確定していてもその総額を「未払金」に計上して償却することはできません。ただし、その分割して支払う期間がおおむね3年以内である場合には、総額を基礎として償却することになります（基通50—5）。

（事例）　アーケード分担金総額100万円を毎年20万円ずつ5年の分割払い

　　1年目の判断は、

　　　・総額が100万円　⇒　総額が確定していますが、3年以内の分割払いでないため少額繰延資産になりません。

　　　・支払期間が5年　⇒　未払金80万円は繰延資産の総額に加算して償却することができません。

（償却額）　（繰延資産の残高）

1年目　20万円 × $\dfrac{1}{5}$ ＝　　4万円　　残16万円

2年目　（20×2）万円 × $\dfrac{1}{5}$ ＝ 8万円　　残28万円

3年目　（20×3）万円 × $\dfrac{1}{5}$ ＝12万円　　残36万円

4年目　（20×4）万円 × $\dfrac{1}{5}$ ＝16万円　　残40万円

5年目　（20×5）万円 × $\dfrac{1}{5}$ ＝20万円　　残40万円

6年目　（20×5）万円 × $\dfrac{1}{5}$ ＝20万円　　残20万円

7年目　（20×5）万円 × $\dfrac{1}{5}$ ＝20万円　　残0万円

B　上記①のもの

　次のすべてに該当する場合には、支出した年分の必要経費に算入できます（基通50—5の2）。

⑴　その負担金の額が、その繰延資産の償却期間以上の期間にわたり分割して徴収されるものであること。

⑵　その分割して徴収される負担金の額がおおむね均等額であること。

⑶　その負担金の徴収がおおむねその支出に係る施設の工事の着工後に開始されること。

第7節　資産損失

102　火災にあった店舗の損失の計算

> 　問　私は、事業的な規模で不動産貸付業を営んでいます
> が、その貸付不動産の一つである貸店舗が、隣家からのもらい
> 火で半焼しました。
>
> 　この店舗の取得価額等は、次のとおりですが、必要経費に算
> 入できる損失の金額はいくらになるでしょうか。
>
> 　　取得年月　　　　　　　平成××年4月
>
> 　　取得価額　　　　　　　2,500万円
>
> 　　半焼する前の帳簿価額　1,800万円
>
> 　　半焼直後の時価　　　　 500万円
>
> 　　受け取った火災保険金　1,000万円

　答　**必要経費に算入できる損失の金額は、300万円となります。**

　解説　不動産貸付けの事業の用に供している資産について、取壊
し、除却、滅失等の事由によって損失が生じた場合には、その損失
の金額は、その事業に係る所得の計算上必要経費に算入すること
とされています（法51①）。この場合の損失の金額とは、資産そのも
のについて生じた損失の金額をいいますが、その損失の金額は、損
失の生じた日のいわゆる未償却残高から、その損失の基因となった

事実の直後におけるその資産の価額（時価）と発生資材の価額（時価）との合計額を控除した残額に相当する金額（保険金、損害賠償金その他これらに類するものにより補てんされる部分の金額を除きます。）とされています（法51①、令142一、基通51―2）。

（算式）

$$\left(\text{未償却残高} - \left(\genfrac{}{}{0pt}{}{\text{損失の基因事実の発生}}{\text{直後のその資産の時価}} + \genfrac{}{}{0pt}{}{\text{発生資材}}{\text{の時価}}\right)\right) - \text{保険金等} = \genfrac{}{}{0pt}{}{\text{資産損失}}{\text{の金額}}$$

したがって、ご質問の場合をこの算式にあてはめると、次のようになります。

$$\left\{\genfrac{}{}{0pt}{}{\text{半焼する前}}{\text{の帳簿価額}} - \left(\genfrac{}{}{0pt}{}{\text{半焼直後}}{\text{の時価}} + \genfrac{}{}{0pt}{}{\text{発生資材}}{\text{の時価}}\right)\right\} - \genfrac{}{}{0pt}{}{\text{（保険金）}}{} = \genfrac{}{}{0pt}{}{\text{資産損失}}{\text{の金額}}$$
$$\{1,800万円 - (500万円 + 0円)\} - 1,000万円 = 300万円$$

なお、不動産の貸付けが事業としての規模で行われていない（業務規模）場合には、不動産所得の金額が損失の算入限度額となります。例えば、損失金を含めないで計算した不動産所得の金額が100万円で火災による損失の金額が150万円であるときには、損失の金額のうち100万円が必要経費として算入できますが、残りの50万円は切り捨てられることになります。

　一方、資産損失として必要経費にすることなく、損失の金額の全額を雑損控除の対象とすることもできます（法72）。

　ただ、雑損控除は、損失の原因が災害、盗難、横領に限定されていること、災害関連支出の有無によって、所得控除額にできる金額の計算が異なり総所得金額の10％などの限度があることを踏まえると、業務規模の不動産貸付けで不動産所得の金額を超える資産損失が発生した場合には、資産損失として必要経費にするか、雑損控除にするか検討することをお勧めします。

103　地盤沈下した土地の地盛り費用

> ［問］　駐車場として貸し付けている土地の一部が、近くの工場の地下水の汲み上げが原因で地盤が沈下したので、地盛りをし元どおりに回復させました。この場合の地盛りの費用は、土地の取得価額に算入するのですか、それとも必要経費になりますか。

［答］　**業務の用に供されている土地が地盤沈下したために支出する地盛り費用は、原状回復の程度であれば、必要経費となります。**

［解説］　通常土地の地盛りに要した費用の額はその土地の取得価額に算入されます（基通38—10）が、地盤沈下した土地について地盛りを行った場合には、次に掲げる場合を除き、沈下した土地を沈下前の状態に回復する部分に対応する地盛り費用は原状回復の費用として必要経費に算入することができます（基通51—3、37—10(2)、37—11(3)かっこ書）。

① 　地盤沈下が起きている土地を取得しその取得後直ちに地盛りを行った場合……既にその取得価額が地盤沈下の現況を反映していると考えられること等から資本的支出となり、土地の取得価額に算入されます。

② 　土地の利用目的の変更その他土地の効用を著しく増加するための地盛りを行った場合……資本的支出となり、土地の価額に算入されます。

③　地盤沈下による損失の金額を必要経費に計上している土地について地盛りを行った場合……損失の金額を資産損失として既に必要経費に算入しているので、その土地の帳簿価額は地盤沈下の現況を示していることになりますから、既に必要経費に算入した損失の金額に対応する部分の金額は資本的支出となり、土地の取得価額に算入されます。

ところで、ご質問の場合は、駐車場としている土地の地盤が沈下したので、地盛りをして元どおりに回復させたということですから、上記①〜③のいずれにも当たらず、価値を高めるほどの工事方法でなければ原状回復費用として必要経費になります。

なお、実務上は難しいことですが、理論上はその地盛りに要した費用が資本的支出になるのか、原状回復費用（修繕費）としての必要経費になるのかは、その土地の取得価額と地盤沈下後の時価と比較して「資産損失」の金額が生じているかどうかを見極める必要があります。地盤沈下後の時価が取得価額を超えていれば、その地盛り費用は、原状回復費用として全額必要経費となり、また、地盤沈下後の時価が取得価額より低下していれば、その低下分に相当する金額は資産損失の金額として計算されますので、地盛り費用のうち、この資産損失の金額に相当する部分の金額は資本的支出となり、その他の部分が修繕費として必要経費となります。

104 建築後使用されたことのない建物の取壊し損失

> ┃問┃ 私は、事業的規模で不動産の貸付けを行っている者ですが、この度、賃貸の工場用として建築した建物が建築基準法に違反していること等のため、事業の用に供さないまま取壊しを余儀なくされました。このような場合の取壊し損失は不動産所得の必要経費になりますか。

■答■ **事業の用に供されることが客観的に明らかであると認められる工場建物を取り壊した場合には、取り壊した年分の必要経費に算入することができます。**

┃解説┃ 事業の用に供される固定資産について、取壊し、除却、滅失等の事由によって生じた損失の金額は、保険金等により補てんされる部分を除き、その損失の生じた年分の必要経費に算入することとされています（法51①）。この場合の「事業の用に供される固定資産」には、①現に事業の用に供されているもののほか、②一時的に遊休中のもの及び③事業の用に供するために貯蔵中のものも含まれますが、更に、④「事業の用に供されることが明らかであると認められる建設、製作中又は製造中の固定資産」も含まれることとされています（基通51―1）。

　したがって、ご質問の場合も、建築した賃貸用の工場建物が建築基準に違反すること等を原因として、その不動産貸付けの事業の用に供されないまま取り壊したものでありますが、その取り壊した工

場建物がその仕様、構造、性質等からみて専ら事業又は業務の用に
供されるものであり、家事の用に使用できないものであることが客
観的に明らかであると認められる場合には、その損失は、そのこと
が生じた日の属する年分の必要経費に算入することができます。

105　マンション建築のために取り壊した居住用建物の損失

> 　**問**　今まで居住していた家屋を取り壊し、その跡地に貸マンションを建築しました。この場合、その家屋の取壊しによる損失は、新築した貸マンションの取得価額に算入して減価償却の対象とすることができますか。それとも貸マンションに係る不動産所得の必要経費に算入することができますか。

　答　**居住用建物の取壊し損失等は、必要経費にもなりませんし、新しい建物の取得価額にも算入されません。**

　解説　建物を取り壊した場合の損失については、それが土地を譲渡するために行われたものであるときは、取壊し費用、取壊し損失が、土地の譲渡経費として譲渡所得の計算上控除されることになっており、それが事業用の建物であるか居住用の建物であるかは問題とされていません（基通33―8）。

　譲渡以外の目的で取り壊した場合、事業用の建物又は業務用の建物については、その不動産所得又は事業所得の計算上必要経費に算入されますが、そのうち業務用の建物については不動産所得の金額が限度となります（法51④）。

　事業用又は業務用の建物の取壊し損失（譲渡所得の金額の計算上控除されるものは除かれます。）が必要経費に算入されるのは、その減価償却費が必要経費に算入されるのと裏腹の関係にあり、取壊しがあったときに一時に償却があったものとみなすことにほかなり

ません（基通51―9）。ところが自分で住んでいた建物について
は、単なる自己の財産の任意の処分と考えられるため、それが認め
られません。

　また、そのような居宅の取壊し損失等は新しく建てられる事業用
（業務用）の建物の取得価額にも算入することができません。

106　共有の賃貸用建物の資産損失の取扱い

> 　**問**　父の死亡に伴って賃貸アパートを母と共同相続し、持分をそれぞれ2分の1としました。アパートは、3階建で、いわゆる3DKの部屋が12戸あります。家賃は、各部屋とも月額10万円です。
>
> 　ところで、この建物が古くなり、取壊しを行うこととなった場合に生じる損失は、その全額を必要経費に算入できるのでしょうか。

答　**アパートの賃貸を、事業的規模で行っていると認められる場合には、その取壊しの損失金額の全額が必要経費となります。**

解説　不動産貸付けが事業的規模で行われている場合には、その不動産の取壊し、滅失、除却等の損失金額が全額必要経費となり、事業的規模で行われていない場合には、その不動産所得の金額が損失の算入限度となって、その損失額が不動産所得の金額を超えるときは、その超える部分の損失額は打ち切りとなります（法51①④）。

　したがって、ご質問の取壊し損失が不動産所得の金額を超える場合でも全額必要経費に算入されるのは、あなた方の不動産賃貸が事業的規模として行われていることが前提要件となります。

　そこで建物の貸付けが事業的規模として行われているかどうかですが、それは社会通念上事業といえる程度の規模で建物の貸付けを行っているかどうかによって判定されます。この判定において、次

に掲げる事実のいずれか一つに該当する場合又は賃貸料の収入の状況、貸付資産の管理の状況等からみてこのような場合に準ずる事情があると認められる場合には、特に反証のない限り、事業（事業的規模）として行われているものとして取り扱われています（基通26―9）。

(1)　貸間、アパート等については、貸与することができる独立した室数がおおむね10以上であること。

(2)　独立家屋については、おおむね５棟以上であること。

　ところで、この取扱いの適用上、その貸間、アパート、独立家屋等が２人以上の人によって共有されている場合の「10以上」又は「５以上」は、その共有持分によって室数又は棟数をその持分によって按分し、その按分したところの室数又は棟数によって判定するのかどうかが問題となりますが、原則として、共有持分で按分した室数又は棟数ではなく、実際の室数又は棟数により判定します。

　ご質問の場合、お母さんと２人でそれぞれ２分１ずつ共有しておられますが、３ＤＫの部屋が12室あり、家賃も月額（合計）120万円とのことですから、その貸付規模は、上記取扱いにより、事業という程度のものと認められます。

　したがって、不動産の貸付けを事業的規模で行っていると認められるあなたとお母さんについて、建物を取り壊した場合の損失は、全額必要経費となります。

107　一括貸付けの賃貸用建物の資産損失の取扱い

> **問**　私は、アパート（22室）を不動産管理会社に一括して貸し付け、賃貸料収入を得ています。このアパートを取り壊して、マンション（30室）を建築する予定ですが、取壊しによる資産損失はその全額を必要経費に算入することはできますか。

答　貸付室数がおおむね10室以上であれば、特に反証のない限り事業的規模で行っていると認められますので、取壊しによる資産損失は全額が必要経費となります。

解説　建物の貸付けが不動産所得を生ずべき事業として行われているかどうかの判定に当たって、貸間、アパート等については、貸与することができる独立した室数がおおむね10以上であれば、特に反証のない限り、事業として行われているものとされます（基通26—9）。

　この取扱いは、建物の規模のみを形式的な要件としているものであり、一定の規模以上であれば原則としてその貸付けは事業として行われているものとするのであって、この場合、一括貸付けであるかどうかを問いません。

　したがって、アパートを取り壊して生ずる資産損失（取壊し時の建物の未償却残高）は、その全額を取壊しを行った年分の必要経費に算入することができます。

108　事業的規模の建物を取り壊し業務的規模の建物に建て替えた場合の資産損失の取扱い

> 　**問**　私は、木骨モルタル造りのアパート（12室）を所有しておりますが、老朽化が激しいことからこれを取り壊し鉄筋コンクリート造りのアパート（8室）に建て替えようと考えております。
>
> 　この場合、木骨モルタル造りのアパートの未償却残高を全額除却損失として不動産所得の金額の計算上必要経費に算入することができるでしょうか。

　答　事業的規模のアパートの除却損失は、新たに建てたアパートの規模が業務的規模になった場合でも、もともと事業的規模のアパートに係る損失ですので、除却損失全額を不動産所得の金額の計算上、必要経費に算入することができます。

　解説　不動産所得、事業所得又は山林所得に生ずべき事業の用に供される固定資産について、取壊し、除却、滅失等により生じた損失の金額は、損失の生じた日の属する年分の不動産所得、事業所得又は山林所得の金額の計算上、必要経費に算入されます（法51①）。

　また、不動産所得又は雑所得を生ずべき業務の用に供される資産の損失の金額は、損失の生じた日の属する年分の不動産所得又は雑所得の金額を限度として不動産所得又は雑所得の金額の計算上、必要経費に算入されます（法51④）。

　したがって、不動産貸付けが業務的規模の場合には、不動産所得の金額を上回る資産の損失の金額はなかったもの（0円）となりますので損益通算の対象となる金額はないことになります。

　すなわち、建物の貸付けの規模が事業的規模か業務的規模かにより各種所得の金額の計算上必要経費に算入される固定資産等の取壊しや除却による損失の金額の取扱いが異なることになりますが、この規模の判定は、固定資産の取壊しや除却を行った時によります。

　ご質問の場合については、取壊した時のアパートの貸付けの規模を形式基準により判定しますと、事業的規模による貸付けを行っていたこととなります。したがって、建て替え後の不動産貸付けの規模が業務的規模になったとしても事業的規模に係る不動産の取壊し損失となりますので、取壊し損失全額を不動産所得の金額の計算上、必要経費に算入することができます。

109　損失額を上回る保険金の受取り

> ［問］　私は、事業的規模の不動産貸付業を営んでいますが、
> 貸し付けている店舗のうち2店舗が隣家からのもらい火でA店
> 舗は全焼、B店舗は半焼してしまいました。
>
> 　A店舗については、損失額1,000万円を上回る火災保険金
> 1,100万円を受け取り、B店舗については、損失額300万円に対
> して火災保険金250万円を受け取りました。
>
> 　この場合、損失額総計1,300万円を上回る火災保険金総計
> 1,350万円を受け取っているので、100万円を不動産所得の雑収
> 入として申告するのでしょうか。

［答］　B店舗の損失額50万円（300万円－250万円）は必要経費に
算入することになりますが、A店舗の損失を上回る100万円（1,100
万円－1,000万円）は非課税対象の所得ですので、申告に入れる必
要はありません。

［解説］　不動産所得を生ずべき事業（事業的規模）の用に供されて
いる固定資産に取り壊し、除去、滅失、その他の事由によって生じ
た損失の金額は、損失の発生した年分の必要経費に算入する（法51
①）ことになります。

　この場合、損失の金額は、固定資産の種類別に通算することはせ
ず、個々の固定資産ごとに計算します。

　そして、損失額を上回る保険金については、突発的な事故による

資産に加えられた損害に対して損害保険契約等に基づいて支払われる保険金等は非課税となります（法9①十七、令30）。

　A店舗100万円のプラス……非課税

　B店舗50万円の損失 ……必要経費

　なお、損失を補てんする保険金、損害賠償金等の額は、損失の生じた年分の確定申告で損失の金額から控除しますが、確定申告書を提出する時までにその金額が確定していない場合があります。その場合には、保険金等を見積もって申告することになりますが、後日、保険金等の確定額と当該見積額とが異なることとなったときは、金額が確定した年分で対処するのではなく、損失の生じた年分の確定申告を修正申告又は更正の請求によって訂正することになります（基通51―7）。

110　未回収となった家賃収入

> 　**問**　私は、不動産貸付業を営んでいますが、今年の初めか
> ら家賃の振込がないまま4月に行方が知れなくなり、保証人に
> も連絡が取れないものがあります。この未回収となった家賃は
> どのようになりますか。
> 　なお、家賃の月額は10万円で、捜索等に要した費用が5万円
> あります。

答　事業的規模の場合には、未収家賃40万円（10万円×4か
月）を総収入金額に計上した上で、回収不能額として40万円と捜索
等の額5万円を必要経費に算入します。

　事業的規模でない（業務規模）場合には、未収家賃40万円は総収
入金額に計上せず、捜索等の額5万円を必要経費に算入します。

解説　不動産所得の家賃が回収できなくなったことが明らかとな
った場合の処理方法は、不動産の貸付けが事業的規模として行われ
ているのか、事業的規模でない（業務規模）のかによって異なりま
す。

　不動産の貸付けが事業的規模として行われている場合には、家賃
は収入すべき時期に計上（法36、基通36—5）した上で、回収不能
が明らかとなった家賃は回収不能となった日の属する年分の必要経
費（「資産損失」として処理）になります（法51②、令180）。

　事業的規模でない（業務規模）場合には、収入がなかったものと

して、つまり、未収家賃40万円を総収入金額に計上しないことになります（法64①）。

　なお、未収家賃が前年分以前のものであり、総収入金額に計上して申告を済ませている場合には、回収不能が明らかになった日の翌日から2か月以内に更正の請求をすることができます（法152）。

　捜索等に要した費用については、不動産所得を得るために生じた費用ですので、不動産の貸付け規模にかかわらず必要経費になります（法37①）。

　また、これらの処理は、家賃の全部又は一部が回収不能が明らかとなった場合に行うものですので、月遅れで支払われている状態であるなど回収見込みがあるものについては適用できません。ご質問の場合、未回収の期間が4か月間も続きその後行方不明となり、かつ、保証人とも連絡が取れないということですので、4か月の家賃回収ができなくなったことは明らかであると判断されます（基通64－1、51－12）。

111　土地とともに取得した建物の取壊し費用等

> ┌ **問** ┐　私は、前年の11月に、土地と建物（店舗）を取得し、
> 賃貸を開始したのですが、この店舗がかなり老朽化していたこ
> と及び土地の有効利用のため、新しい賃貸用ビルを建築するこ
> ととなり、本年3月に、賃貸人には一時立ち退いてもらい、そ
> の店舗を取り壊し、新しい賃貸用ビルを建築しました。この旧
> 店舗の取得価額及び取壊し費用は、本年の不動産所得の必要経
> 費に算入することはできないでしょうか。

答　土地を建物とともに取得してその建物を取得後おおむね1
年以内に取り壊した場合には、その建物の取得価額及び取壊し費用
等は、土地の取得価額に算入します。

┌ **解説** ┐　土地と建物とを取得した場合は、建物及び土地の取得価額
をそれぞれ資産に計上します。しかし、自己の所有する土地の上に
存する借地人の建物を取得した場合とか、建物の存する土地（借地
権を含みます。）をその建物とともに取得した場合に、例えば、建
物が朽廃して全く利用できないような状況にあるとか取得後おおむ
ね1年以内にその建物の取壊しに着手する等、その建物の取得が、
建物自体を利用するためでなく、当初から建物を取り壊し土地を利
用する目的であることが明らかである場合には、その建物の取壊し
の時における帳簿価額及び取壊し費用の額（廃材等の処分により得
た金額があるときは、この金額を控除した金額）は土地の取得価額

に算入すべきものですから、土地の帳簿価額に加算しなければなりません（基通38―1）。

　ご質問の場合、当初から建物を取得してその土地を利用する目的で取得したものであり、取壊しの時まで遊ばせておくのは不経済なので貸店舗として利用していたものであれば、その建物の取得価額、取壊し費用等は必要経費にはならず、全額土地の取得価額に算入すべきことになります。

第8節　修繕費及び資本的支出

112　資本的支出と修繕費の区分

> 　**問**　私は、本年賃貸マンションの修理改良等の費用を支出
> しました。ところで、固定資産について支出した費用は、修繕
> 費となる場合と資本的支出になる場合とがあるそうですが、そ
> の区分はどのようにするのでしょうか。

　答　資本的支出と修繕費の区分は、通常、その固定資産の使用
可能期間が延長されたか否か、又は価値が増加したか否かによって
区分します。

　解説　固定資産について支出する費用には、(1)維持費、(2)取替補
修費、(3)改造費、(4)増設費などがあります。

　これらの費用が資本的支出になるか修繕費になるかですが、所得
税法上、資本的支出とは、修理、改良等その名義の如何を問わず、
固定資産について支出する金額のうち、次に掲げる金額をいうもの
とされ、それ以外は修繕費となります。この場合において、次の①
にも②にも該当するときは、そのいずれか多い方の金額が資本的支
出の金額となります（令181）。

①　固定資産の取得時において通常の管理又は修理をするものとし
　た場合に予測される使用可能期間を延長させる部分に対応する金

額

（算式）

$$資本的支出の金額 = 支出金額 \times \frac{\left(\begin{array}{c}支出後の使\\用可能年数\end{array}\right) - \left(\begin{array}{c}支出をしなかった場合の支出の\\時以後における使用可能年数\end{array}\right)}{支出後の使用可能年数}$$

② 固定資産の取得時において通常の管理又は修理をするものとした場合に予測されるその支出の時の価額を増加させる部分に対応する金額

（算式）

$$資本的支出の金額 = 支出直後の価額 - \left(\begin{array}{c}通常の管理、修理をした場合\\に予測される支出時の価額\end{array}\right)$$

しかし、この原則に従って判定することは実際問題として非常に困難な場合もありますので、実務上は、次に掲げる金額は、原則として資本的支出に該当するものとされています（基通37—10）。

㈣ 建物の避難階段の取付け等物理的に付加した部分に係る金額

㈡ 用途変更のための模様替え等改造又は改装に直接要した金額

㈢ 機械の部分品を特に品質又は性能の高いものに取り替えた場合のその取替えに要した金額のうち通常の取替えの場合にその取替えに要すると認められる金額を超える部分の金額

㈣ 既に使用しているソフトウエアにつき、新たな機能の追加、機能の向上等に該当する部分の金額（基通37—10の2）

なお、建物の増築、構築物の拡張、延長等や、既に業務の用に供しているソフトウエア、購入したパッケージソフトウエア等の仕様を大幅に変更して、あらたなソフトウエアを製作するための費用は、原則として新たな減価償却資産の取得価額になることに留意する必要があります（基通37—10注書、37—10の2注書）。

　上記の支出の態様でみますと、(3)改造費と(4)増設費が資本的支出に当たり、(2)取替補修費は資本的支出に当たる場合とそうでない場合とがあると考えられます。

　次に、修繕費ですが、固定資産本来の用途及び用法を前提として、通常予定される効果をあげるために行われる維持、補修の費用であって、その固定資産の使用可能期間を延長させたり、その価額を増加させたりしないものは修繕費に当たるということができます（令181）。

　したがって、上記(1)の維持費がこれに当たりますが、この原則に従って判定することは非常に困難な場合もありますので、上記の基準によって明らかに資本的支出に当たるとされた部分以外の支出や第117問の形式的区分基準で修繕費とされるものは支出年分の必要経費として取り扱うこととされています。

113 少額又は周期の短い修繕等費用

> 問 私は、不動産貸付業を営んでいますが、入居者が退室した後に老朽化した2室分のフローリングを張り替え、一室当たり9万円で総額18万円を支払いました。
>
> フローリングは保温性、耐久性を考慮して材質を変えましたので、全額建物への資本的支出として処理することになるのでしょうか。

答 **全額を修繕費として支出した年分の必要経費とすることができます。**

解説 一の計画に基づき同一の固定資産について行う修理、改良等が次のいずれかに該当する場合で、その金額を修繕費の額として不動産所得の金額等を計算し、それに基づいて確定申告を行っているときは、それが認められる取扱いとなっています（基通37―12）。

(1) その一の修理、改良等のために要した金額（その一の修理、改良等が2以上の年にわたって行われるときは、各年ごとに要した金額）が、20万円に満たない場合

(2) その修理、改良等がおおむね3年以内の期間を周期として行われることが既往の実績その他の事情からみて明らかである場合

　つまり、一つの固定資産に行われた一回の修理や改良等について、その総額が20万円未満又はおおむね3年以内の期間の周期で行われているものは、資本的支出と修繕費に区分することなく、その

支出した全額を必要経費として申告していれば認められるということです。

　この取扱いで注意を要するのは、「同一の固定資産」がどういった内容かということです。一の設備が2以上の資産によって構成されている設備や総合償却資産である場合には構成する「個々の資産」とし、送配管、送配電線、伝導装置等のように一定規模でなければその機能を発揮できないものについては、その最小規模として合理的に区分した区分ごとの資産とされています（基通37―12注書）。

　そして「個々の資産」とは、通常1単位として取引されるその単位、例えば、機械及び装置については1台又は1基ごとに、工具、器具及び備品については1個、1組又は1そろいごとに判定し、構築物のうち例えば枕木、電柱等単体では機能を発揮できないものについては一の工事等ごとに判定します（基通49―39準用）。

　例えば、建物に造り込むキッチン設備と、据え置き型のシステムキッチンをそれぞれ複数台取り替える場合、「同一の固定資産」が異なることになります。前者は、建物に密着して設置され全部が建物と一体となっており建物そのものですので改修した全部が「同一の固定資産」となり、後者は建物に据え置かれるものでそれぞれが1組（1セット）ごとに取引されますので器具及び備品となり、それぞれが一つの固定資産となります。

　ご質問の場合、フローリングは建物の一部でその合計額が20万円未満となりますので、全額を修繕費として必要経費に算入して申告することが認められます。

114　ビルの壁の改修費用

> 　**問**　私は、このたび建築後10年を経過した賃貸ビルのモルタル壁が著しく損傷したことにより、雨水が浸透したり、見苦しくなったため、全面的にタイル張りにすることにしました。これに要する費用は、全額修繕費として必要経費に算入してもよいでしょうか。

　答　ビルの壁の改修費用は、原状回復のためと認められる部分は修繕費となりますが、その他の部分は資本的支出となります。

　解説　減価償却資産の耐用年数は、通常考えられる維持補修を行うことを前提に規定されています（「固定資産の耐用年数の算定方式」（昭和26年大蔵省主税局））。この「通常考えられる維持補修」は、裁決などによると、「固定資産の形状、構造などの同一性を維持しながらそこに加えられる維持補修であり、かつ、通常の効果が低下しないようにその平常性を維持確保する程度のもので…、骨格的存在とも考えられる構成部分（構造体）の取替えは通常考えられる維持補修に入らない」（平成11年8月27日裁決）とされています。

　壁の塗替え費用やその他次のような費用は、一般的に修繕費として認識されていますが、それも通常の維持補修の程度を前提としてのことです。

① 　家屋の床のき損部分の取替え

② 　家屋の畳の表替え

③　き損した瓦の取替え

④　き損したガラスの取替え又は障子、襖の張替え

　ただし、これらの費用でも、新たに取得した資産を事業の用に供する場合、現に使用していなかった資産について新たに使用するために支出した場合は、取得費となりますので除かれます。

　したがって、例えば、モルタル壁の一部がはげ落ちたためにその部分とその周辺の塗替えをする程度のものであれば、当然修繕費となりますが、ご質問の場合のように、壁の全面について手を加え、しかもモルタル壁からタイル壁に取り替えている等の場合には、通常の維持補修の限度を超えているとみるのが相当と考えられます。このような場合、その要した費用の全額を修繕費とすることは妥当ではありませんので、支出した費用のうち、原状回復のための費用として修繕費となるものを除いて、資本的支出とされます。

　例えば、雨漏りの箇所が特定されていてその箇所のモルタル壁を修繕した場合の金額に相当する部分は原状回復のための費用として修繕費とし、それ以外の金額を資本的支出とすることが考えられます。

　しかし、雨漏りの箇所が特定できない場合には、資本的支出と修繕費を明らかに区分することが困難となりますので、全額を「資本的支出であるか修繕費であるかが明らかにできない金額」として形式基準によることになると考えます。

115　災害等の場合の原状回復費用の特例

> 　**問**　今年の夏、台風のためアパートの屋根が損壊しました。そのため復旧工事をしましたが、この工事のために要した費用が資本的支出になるのか、修繕費になるのかの区分は、なかなか難しくて、その判断に困っています。何かよい方法はないでしょうか。

　答　**災害等の場合の原状回復費用については、支出総額の30％相当額を原状回復のための支出とする簡便法が認められています。**

　解説　災害等によって建物等が損壊したために、その建物等を復旧させる場合には、ただ単に、その原状回復工事にとどまらず、損壊前より価値を増加させるような改良工事が行われるのが通常のようです。その場合は、その費用のうちいくらが資本的支出となっているのかの判定が困難な場合が多いと思われます。

　そこで、このような場合には、その支出総額の30％を原状回復のための支出とし、残りの70％を資本的支出とする簡便法が認められています（基通37─14の2）。

　ただし、この場合、その損壊によって生じた損失（資産損失）の金額を、業務に係る所得の計算において必要経費に算入している金額がある場合には、この簡便法によって計算された原状回復のために支出した費用の額であっても、その必要経費に算入した資産損失の金額に相当する部分の金額は、資本的支出とされ必要経費に算入

されないことになります（基通37―14（注１）、51―３）。

　これを、計算例で示しますと、次のとおりとなります。

┌─〔設　例〕─────────────────────────
│損壊直前におけるその資産の帳簿価額　　　　　　　　　100万円
│損壊直後におけるその資産の価額（時価）　　　　　　　 60万円
│その資産について支出した費用　　　　　　　　　　　　500万円
└──────────────────────────────────

① 　まず、この損壊による資産損失の必要経費算入額は、

　　帳簿価額（100万円）－損壊直後の価額（60万円）＝40万円と

　なります（基通51―２）。

② 　次に、この資産についての支出費用のうち、資本的支出とな

　るのは、支出費用（500万円）×70％＝350万円となり、

　　原状回復費用となるものは、

　　支出費用（500万円）×30％＝150万円となります。

③ 　更に、この原状回復費用（150万円）の支出のうち、①によ

　り資産損失とされた部分は、資本的支出とされますから、

　　原状回復費用（150万円）－資産損失（40万円）＝110万円だけ

　が必要経費になります。

④ 　また、この資産の帳簿価額は、

　　損壊直後の価額（60万円）＋資本的支出（②による350万円＋

　③による40万円）＝450万円となります。

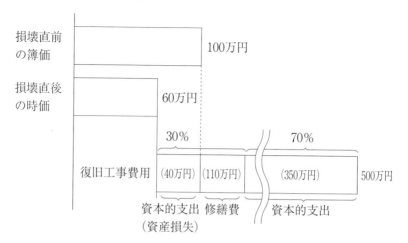

損壊直前
の簿価　　　　　　　　　　100万円

損壊直後
の時価　　　　　　　60万円

　　　　　　　　　　　30%　　　　　　　　70%

復旧工事費用　(40万円)　(110万円)　　(350万円)　500万円

　　　　　資本的支出　修繕費　　資本的支出
　　　　　（資産損失）

116　建物の移築費用

> ┌問┐　貸店舗が道路拡張工事の予定地とされましたので、裏
> の空地に移築することにしました。この場合の移築費用は、必
> 要経費に算入できますか。

■答■　**建物の移築費用は、一定の要件のもとに必要経費に算入で
きます。**

┌解説┐　業務の用に供されている建物の解体移築のような場合に
は、一般的には解体の段階において、建物の未償却残額から、建物
の解体により生じた資材の価額を控除した残額（資産損失）と解体
費用との合計額を必要経費に算入し、移築の費用を新しい建物の取
得価額とすべきことになります。しかし、旧資材の70％以上がその
性質上再使用できる場合であって、その旧資材をそのまま利用して
従前の建物と同一の規模及び構造の建物を再建築する場合には、旧
建物の帳簿価額はそのままにして移築に要した費用はすべて修繕費
として必要経費に算入することができることになっています（基通
37―11(1)ただし書）。

　したがって、ご質問の場合でも旧資材の70％以上をそのまま利用
して移築した場合であれば、その移築費用は必要経費に算入するこ
とができます。この場合、旧資材の範囲には、基礎工事や土壁等も
含まれますので、全体の資材の30％超を基礎工事が占めるような場
合には、上物だけを解体移築してそのまま再建築したとしてもこの

取扱いは適用されませんからご注意ください。

　なお、建物を移えいする場合には、移えいを予定して取得した建物についてした場合を除いて、その費用は全額必要経費に算入することができます（基通37─11(1)）。

117　形式基準による買換資産の修繕費の判定

> **問**　私は、不動産賃貸業を営んでいますが、事業用資産の買換特例を適用して取得した中高層耐火建物を所有しています。この建物の減価償却の償却の基礎となる取得価額は実際に支払った取得対価の額である1億円ではなく、旧所有資産からの引継価額である2,500万円を基礎として計算しています。
>
> 　この度、この建物に資本的支出か修繕費かは明らかでない修繕を行い業者に200万円支払いました。この費用は支払った年の必要経費に全額計上できますか。

答　**修繕費として、支払った年の必要経費となります。**

解説　一の修理、改善等のために要した金額のうち、資本的支出か修繕費かは明らかでない金額があるとき、その金額が次のいずれかに該当する場合は、その業務の所得計算上、修繕費として計上しているときはこれを認めるとされています（基通37—13）。

(1)　その金額が60万円に満たない場合

(2)　その金額がその修理、改良等に係る固定資産の前年12月31日における取得価額のおおむね10％相当額以下である場合

　ご質問の場合、(2)に該当するかどうかの判断が必要となります。

　「固定資産の前年12月31日における取得価額」には固定資産について前年末までに資本的支出が行われている場合には、その資本的支出の金額が含まれることとされています（基通37—13(2)(注)、37—

12（注2））。

　また、「取得価額」とは所得税法上の取得価額を意味していますので、事業用資産の買換えに伴い、旧所有資産の引継価額を取得価額とした資産については引継価額が取得価額となります（令126、措法37の3、37の5③）。

　したがって、おおむね10%相当額以下かどうかの判断は実際の建物取得対価の額である1億円ではなく、2,500万円を基礎として判断することとなりますので、200万円全額が修繕費として支払った年の必要経費となります。

　なお、形式基準による判定の流れを示すと次のようになります。

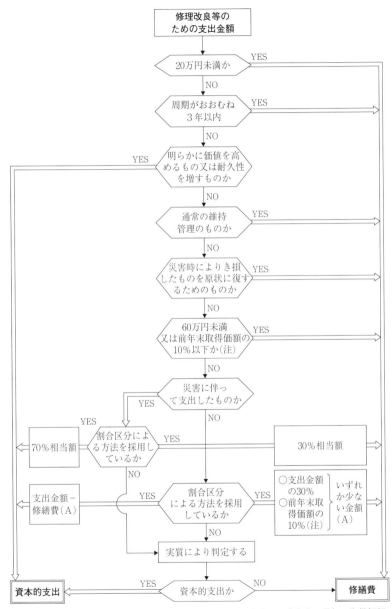

(注)　「前年末取得価額」とは、原則として前年12月31日に有する固定資産の最初の取得価額
　　に既住のその固定資産につき支出された資本的支出額を加算したものです。

118　区分所有するマンションを修繕した場合の少額修繕費の判定

> 　問　　Aは、義父B（生計は別）と共同で出資（1：4）
> し、アパート1棟（前年12月31日における取得価額500万円）
> を建築して貸付けを行っています。この度、資本的支出か修繕
> 費かは明らかでない修繕を行い業者に90万円支払いました。
> 　業者への支払は、出資金の割合に基づいて各人が振り込みま
> したが今年の不動産所得の計算はどのようになりますか。

　答　　修繕費か資本的支出かの判断は、出資の割合で按分した後の金額で判断することとなります。

　解説　　不動産所得はその不動産の所有者ごとに所得を計算することとなっています。

　ご質問の場合、AとBとは共同出資により区分所有としたアパートを建築していますので、各出資割合に応じてそれぞれが収入金額及び必要経費を計算することとなります。

　したがって、今回支出した修繕費も各人の負担（区分所有）割合に応じて資本的支出となるか修繕費となるか判断することとなります。

　なお、共有の場合には全体を一の工事として判断することになると考えます。

　Aさんの場合、負担した金額は18万円ですのでその一の修理、改

良等のために要した金額が20万円に満たないこととなりますので、全額が支出した年の必要経費となります（基通37─12(1)）が、Ｂさんの場合は負担した金額が72万円となりますので、継続して「資本的支出と修繕費の区分の特例」（基通37─14）に基づいて確定申告を行っていれば、72万円の30％相当額（21.6万円）とその修理、改良等をした固定資産の前年12月31日における取得価額（500万円）の10％相当額（50万円）とのいずれか少ない金額（21.6万円）を修繕費の額とし、残余の額（50.4万円）を資本的支出の額とすることができます。

　Ｂさんの場合、資本的支出とした金額は支出した年以降のアパートの減価償却費の計算に含めて計算することとなります（第87問参照）。

第9節　青色事業専従者給与（事業専従者控除）

119　親族に支払う給与の取扱い

> ［問］　私は、都内に貸ビルを5棟所有する不動産所得者ですが、その貸ビルの管理人を、兄の長男（甥）に住込みでお願いしています。待遇等は他の住込み管理人と全く同一ですが、この場合、甥に支払う給与は必要経費になりますか。

［答］　**あなたと甥御さんとが生計を一にしていない場合には、甥御さんに支払う給与は必要経費となります。**

［解説］　親族が事業に従事する場合の所得計算については、その親族が「生計を一にする」人であるかどうかにより、その取扱いが異なるものとされています（法56）が「生計を一にする」人に当たるかどうかについては、「その親族が夫婦、親子などを中心として有無相扶けて共同の生活を営んでいる人」であるかどうかという見地から、諸般の情況を総合して判断すべきものと考えられます（基通2—47）。

　ご質問の場合についても、他の管理人と待遇が同一であるかどうか、又は、食事代や衣服費やその他について、事業主の生計と区別されているかどうかというような点等から具体的に生計を一にするものであるかどうかを判定することになります。したがって、あな

たと甥御さんとが生計を一にしていないと判定できる場合には、甥御さんに支払う給与は必要経費となります。

120　年の中途で事業に従事できなくなった場合の青色事業専従者と扶養控除

> ［問］　私は、不動産貸付けを事業的規模で営んでいますが、青色事業専従者の長女が、専門学校に入学したいということで、受験勉強のため今年の5月から事業に従事しなくなりました。
>
> 　そのため、本年中は専従者給与を4か月分しか支給していません。
>
> 　長女を私の扶養控除の対象とすることができますか。

［答］　**専従者給与以外の所得金額などの他の要件に該当すれば扶養控除の対象とすることができます。**

［解説］　「青色事業専従者に該当するもので、専従者給与の支給を受けている」場合は、控除対象配偶者又は扶養親族とすることはできません（法2①三十三、三十四）。

　一方、青色事業専従者は、その事業に専ら専従する期間が年を通じて6か月を超えるものでなくてはなりませんが、その事業に従事する人の死亡、長期にわたる病気、結婚等の理由により、事業専従者としてその年中を通じてその事業に従事することができなかったことによる場合には、その事業に従事することができる期間を通じてその2分の1に相当する期間を超える期間をその事業に専ら従事すれば青色事業専従者に該当することになります（令165）。

　ご質問の場合、娘さんは、「その事業に専ら専従する期間が年を
通じて6か月を超える」場合に該当せず、また、「受験勉強」のた
めでは、「事業専従者としてその年中を通じてその事業に従事する
ことができなかった」場合にも該当しないことから、「青色事業専
従者に該当するもので、専従者給与の支給を受けている」者にはな
りません。したがって、扶養控除の対象から除外されず、所得金額
など他の要件に該当すれば扶養控除の対象となります。

　なお、娘さんは専従者に該当しないこととなるため、支給した4
か月分の給与は当然に必要経費に算入することはできません。

121　年の中途で結婚する場合の青色事業専従者と配偶者控除

> 　問　青色事業専従者であった娘が、今年の6月に結婚しました。結婚前に支払っていた青色専従者給与は必要経費として認められますか。また、結婚後に私の娘は配偶者控除が受けられますか。

　答　青色事業専従者が年の中途で結婚する場合は、その結婚するまでの期間、専らあなたの不動産貸付けの事業に従事していれば、青色事業専従者給与の必要経費算入が認められます。また、結婚後でも、あなたの娘さんが控除対象配偶者に該当すれば、配偶者控除を受けることができます。

　解説　事業専従者に該当するかどうかは、原則として、その不動産貸付けの事業に専ら従事する期間が年を通じて6か月を超えるものでなければなりませんが、青色事業専従者の場合は、①その従事する事業が、年の中途において開業、廃業、休業又は事業主の死亡、季節営業であること等の理由によって、その年中を通じて営まれなかったこと、又は、②その事業に従事する人の死亡、長期にわたる病気、結婚等の理由により、事業専従者としてその年中を通じてその事業に従事することができなかったことによる場合には、その事業に従事することができる期間を通じてその2分の1に相当する期間を超える期間をその事業に専ら従事する青色専従者給与は認められることになっています（令165）。

　ご質問の場合は、②に当たるものとして、その年の6月までの2分の1を超える期間専らその事業に従事していれば、青色専従者給与は認められます。

　次に、控除対象配偶者は、「青色事業専従者に該当するもので給与の支払を受けるものを除く。」（法2①三十三、三十三の二）とされていますが、この場合の「青色事業専従者に該当するもので給与の支払を受けるもの」とは、事業主の配偶者や親族がその事業主又は事業主と生計を一にする者の控除対象配偶者又は扶養親族に該当するかどうかを判定する場合に、その配偶者や親族が事業に従事していたことにより青色事業専従者として給与の支払を受けていたものに該当するものをいうものとされています。

　したがって、娘さんの夫と事業主のあなたが生計を一にしていないときには、娘さんの合計所得金額が48万円以下で、かつ、夫の合計所得金額が1,000万円以下であれば、配偶者控除を受けることができます。

122 年の中途で就職する場合の青色事業専従者

> 問　私は、月極駐車場を営んでおり、長女を青色事業専従者として駐車料金の徴収事務及び帳簿への記帳事務に従事させていますが、英会話学校に就職が決まり今年4月から勤務することになりました。
>
> 　今年1月から3月まで青色事業専従者給与を支払うこととしていますが、不動産所得の金額の計算上この青色事業専従者給与を必要経費に算入することができるでしょうか。

答　**就職するまでの青色事業専従者給与は、あなたの不動産所得の金額の計算上必要経費に算入することができます。**

解説　事業専従者に該当するかどうかは、原則として、その事業に専ら従事する期間が年を通じて6か月を超えるものでなければなりません（令165①）。

しかし、青色事業専従者の場合は、その者の死亡、長期にわたる病気、婚姻その他相当の理由によりその年を通じて6か月を超える期間その事業に従事することができなかった場合でも、その従事可能期間の2分の1を超える期間専ら従事すれば足りることになっています（令165①二）。

この場合における「その他相当の理由」に該当するかどうかは、社会通念に照らし、その実態に応じて判断されることになりますが、例えば、縁組、離婚等による身分関係の異動、疾病又は傷害に

よる心身の重大な傷害、就職等がこれに当たるものと考えられます。

　ご質問の場合の青色事業専従者給与が、1月から3月までの間に事業に専ら従事することにより支払われるものであれば、必要経費に算入できるものと考えられます。

123　不動産所得と事業所得がある場合の事業専従者控除

> 　**問**　私は、建設業を営む白色事業所得者ですが、他にアパートを持っており不動産所得があります。妻は建設業の経理とアパートの管理にも従事しています。このような場合の専従者控除はどのように計算しますか。

　答　事業専従者が2以上の事業に従事する場合における事業専従者控除額は、従事分量に応じて計算し、それが明らかでない場合は、それぞれ事業に均等に従事したものとして計算します。

　解説　1人の事業専従者が2つ以上の事業に従事している場合の専従者控除は次のように計算します（令167）。

(1)　事業の従事分量が明らかな場合は、その事業専従者がそれぞれの事業に従事した従事分量に応じて専従者控除額（配偶者である事業専従者の場合は86万円）を配分します。

　　［例］　建設業に80％、アパートの業務に20％従事している場合

　　　事業所得分　　　860,000円×80％＝688,000円　┐
　　　不動産所得分　　860,000円×20％＝172,000円　┘控除額

(2)　事業の従事分量が明らかでない場合は、それぞれの事業に均等に従事したものとして計算した金額によります。

　　［例］　事業所得分　　　$860{,}000円×\dfrac{1}{2}＝430{,}000円$　┐
　　　　　不動産所得分　　$860{,}000円×\dfrac{1}{2}＝430{,}000円$　┘控除額

以上のように専従者控除額を計算しますが、不動産所得について

は、その業務が事業として行われている場合に限って、専従者控除の適用がありますから、不動産所得が事業として行われていない場合は、専従者控除額の全額を事業所得から控除することになります（法57③）。

　なお、事業者の営む事業が複数ある場合、専従者がすべての事業に従事しているか、いずれかの事業に従事しているかを問わず、事業者の営む事業のうち、事業専従者が従事する事業の所得金額の合計と事業専従者の合計人数を基にして限度額を計算します（令166②）。

　また、事業専従者が従事する不動産所得、事業所得と山林所得のうち、2つ以上事業を営み、これらの事業の所得金額に赤字の所得の金額がある場合の「事業専従者控除の限度額の計算」は、他の黒字の所得と相殺して計算することになります（基通57—2）。

（事例）　配偶者の事業専従者は②に従事し、その他の事業専従者1名が①に従事。

①　事業所得の金額　△1,000,000円

②　不動産所得の金額　3,000,000円（①、②とも専従者控除額を差引く前の金額）

③　所得の金額による限度額

　　（①＋②）÷（2＋1）＝666,666円

　配偶者の事業専従者控除額は666,666円、その他の事業専従者控除額は500,000円となります。

124　共有建物の貸付けに係る事業専従者控除

> **問**　私は、貸家（10棟）を弟と共同相続し、共同事業とし
> て不動産貸付業を営んでいますが、私たちと同居している母に
> この貸家物件の維持管理等の一切を任せています。
>
> 　この場合、事業専従者控除額は、私と弟の各々から50万円づ
> つ控除できますか。それとも私たち兄弟を通じて50万円の控除
> になりますか。

答　**あなたか弟さんのいずれか一方の事業専従者とすることに
より50万円の控除が認められます。**

解説　事業に専従する親族がある場合の必要経費の特例は、青色
事業専従者に対する給与については労務の対価として相当と認めら
れるものを必要経費とし、白色申告の事業専従者については50万円
（配偶者は86万円）又は所得基準額を限度として控除するものです
から、1人の専従者について控除できる金額は上記の金額が限度と
なります（法57①③）。

　また、事業専従者は「専らその居住者の営む事業に従事するも
の」とされており、2人以上の居住者が同一の人を事業専従者とす
ることはできません。

　したがって、ご質問の場合、あなたか弟さんのいずれか一方の事
業専従者とすることになりますが、そのいずれかとするのは、確定
申告書に記載することによって選択してください。

㊟　自ら共有持分を有する人は、他の共有持分者の事業に専ら従事し
　たことにならないため、他の共有持分者の事業専従者となることは
　できないと考えられます。

125　青色事業専従者給与が事業主の所得を上回る場合

> ［問］　私は、貸家を10棟以上所有する不動産所得者ですが、本年は台風による損害等もあり、修繕費等がかさんだため所得はだいぶ少なくなる見込みです。青色事業専従者給与は、事業主の所得より多くてはいけませんか。また仮に赤字の場合でも必要経費に算入できますか。

［答］　**所得が減少したり、赤字になったことについて相当の事由がある場合は、その青色事業専従者給与の金額が適正なものである限り必要経費に算入できます。**

［解説］　事業主の所得は、事業主自身の労務に対するものだけではなく、資本の運用に対するものが含まれているものと考えられ、一般的には、事業主の所得の方が青色事業専従者給与の額よりも多くなることが通常であると思われます。

　しかし、①事業主が老齢、病弱などのため、事業主に代わる重要な職務に従事する専従者であるとか、②事業主の所得が災害、貸倒れなど偶発的損失により著しく減少したり損失が生じた場合などのときには、専従者の給与の金額（その勤務の状況などからみて、適正なものであることが前提となります。）が事業主の所得を上回ることがあり得るものと考えられます。

　このため、仮に不動産所得に赤字が生じた場合であっても、それが上記のように、貸倒れや災害、その他偶発的な損失によるものな

ど相当な事由があるときは、その給与の金額が勤務の状況などから
みて適正なものである限り、必要経費に算入できます（法57①、令
164）。

　しかし、通常の経営で毎年赤字になっているような場合には、そ
の支給の是否、給与の金額が適正であるかどうかを検討する必要が
あります。

126　青色事業専従者給与の未払金の取扱い

> ［問］　青色事業専従者給与が未払になっている場合、また、帳簿上支払ったこととして、これを直ちに事業資金として借入れた場合はどのように取り扱われますか。

答　**青色事業専従者給与は、現実に給与を支給したものでなければ、必要経費に算入できません。**

［解説］　青色事業専従者給与の必要経費算入は、青色事業専従者がその事業から実際に給与を受けた場合に限り認められることになっています（法57①）。

そこで、ご質問のように、青色事業専従者給与が未払になっている場合、青色事業専従者給与の未払額がその年分の必要経費に算入されるかどうかは、未払になった経緯に相当の理由があり、かつ短期間に現実の支払が行われているような場合（例えば、月未払の青色専従者給与を月末の資金繰りの関係で翌月の10日に支払った等の場合）を除いて、当該青色事業専従者給与を必要経費に算入することはできません。

次に、支払った青色事業専従者を直ちに事業資金として借り入れた場合、その借入れが真実の借入れかどうかが問題となります。

親族間における金銭の貸借は、多くの場合、返済期限、利率等の定めもなく、いわゆる「ある時払いの催促なし」で、実態は贈与と認められることが多いところから、その借入れが、贈与を受けたと

同様の事情にあるときは、青色事業専従者給与の支払債務の免除を受けた場合と実態はかわらず、それをもって、給与の支払があったと考えるのは問題があると思われます。

　したがって、現実に給与の支払をしていないのに、あたかも支払ったように経理したときに過ぎないと認められるような場合には、必要経費に算入できないことになります。

127　事業に従事していない期間に係る青色事業専従者給与

> ┌─────┐
> │　問　│　青色事業専従者である妻が病気で入院し、2 か月間私
> └─────┘
> の不動産貸付けの事業に従事していませんでした。
>
> 　妻に対してこの 2 か月分の青色事業専従者給与を支払いまし
> た。これについて、私の不動産所得の必要経費として認められ
> るでしょうか。
>
> 　なお、私は、不動産の貸付けを事業的規模で行っています。

［答］ **事業に従事していない期間に対して支払った青色事業専従者給与は、不動産所得の必要経費として認められません。**

［解説］　青色事業専従者がその事業主から「青色事業専従者給与に関する届出書」に記載されている方法に従い、その記載されている金額の範囲内において給与の支払を受けた場合には、その給与の金額がその労務に従事した期間、労務の性質及びその提供の程度、その事業の種類及び規模、その事業と同種の事業でその規模が類似するものが支給する給与の状況、その他の状況に照らし労務の対価として相当であると認められる金額を、事業主の不動産所得の計算上必要経費に算入することができます（法57①、令164①）。

　ところで、全く事業に従事していない期間に対して支払われた金額は、労務の対価ではなく、妻に対する贈与と考えられますので、あなたの不動産所得の計算上、必要経費に算入することはできません。

128　青色事業専従者給与の自己否認

> ［問］　私は、貸ビルを5棟所有する青色申告者ですが、毎年、事業専従者給与を控除する前の不動産所得（以下「専従者控除前所得」といいます。）が700万円で、妻に対して青色事業専従者給与を200万円支給していました。しかし、本年は、入居者が減少したこと及び修繕費が多額にかかり、専従者控除前所得が大幅に減少し300万円となり、結果として、私より青色事業専従者である妻の方が所得が多くなってしまいました。そこで、妻の青色事業専従者給与の全額を必要経費とせず、支給した給与も妻から取り戻し、控除対象配偶者としたいと思いますが、青色事業専従者給与の自己否認は認められますか。

［答］　**その年においてあなたの奥様が青色事業専従者に該当して専従者給与を受ける場合は、控除対象配偶者とすることは認められず、専従者給与を自己否認することも認められません。**

［解説］　控除対象配偶者及び扶養親族は、「青色事業専従者に該当するもので給与の支給を受けるものを除く。」（法2①三十三、三十四）とされていますが、この場合の「青色事業専従者に該当するもので給与の支給を受けるもの」とは、事業主の配偶者や親族がその事業主又は事業主と生計を一にする者の控除対象配偶者や扶養親族に該当するかどうかの判定する場合において、その配偶者及び扶養親族が事業に従事していたことにより青色事業専従者として給与の

支払を受けていたものに該当するものとされています。

　したがって、ご質問の場合、あなたの奥様は、12月までは青色事業専従者として給与の支払を受けていますので、あなたの控除対象配偶者にすることはできません。

　なお、第125問で述べましたように所得が減少したり、赤字になったことについて相当の事由がある場合には、その専従者給与の金額が適正なものである限り必要経費に算入することになります。

129　賃貸用土地の規模と青色事業専従者給与

> ［問］　私は、不動産所得を有していますが、貸付不動産は土地（宅地8,000㎡、契約件数60件）のみであり、その収入金額は1,800万円あります。私はこの不動産所得を青色申告で申告していますが、私の妻が、賃貸料の集金、契約書等の作成等の事務に従事しているので、妻に青色事業専従者給与を支払いたいと考えています。この場合、不動産貸付けが事業的規模で行われていないと青色事業専従者給与は認められないと聞きましたが、土地のみの貸付けの場合には、事業的規模かどうかの判定はどのように行うのでしょうか。

［答］　土地だけの貸付けも賃貸料の収入の状況、貸付資産の管理に特別の人的、物的施設を設けているかどうかなど諸般の事情を勘案して、社会通念上、事業的規模で行われているかどうかを判定しますが、この判定が困難な場合は、所得税基本通達26―9に掲げる建物の貸付けの場合の形式基準を参考として判定し、事業的規模として奥様に青色事業専従者給与を支払うことが可能であると考えます。

［解説］　不動産貸付けの規模が事業的規模に該当するか否かによって、課税上の取扱いが異なります。例えば、青色事業専従者給与の支払は、不動産所得を生ずべき業務が事業として行われている場合に限って適用されます（法57①）。

　そこで、不動産貸付けが「事業」に該当するかどうかは、それが社会通念上の事業に該当するかどうかによるので、「土地」だけの貸付けも、貸付資産の規模、賃貸料収入の状況、貸付資産の管理に特別の人的、物的施設を設けているかどうかなど諸般の事情を勘案して事業に該当するかどうかを判定することになります。

　なお、その判定が困難な場合には、所得税基本通達26―9に掲げる建物の貸付けの場合の形式基準（これに準ずる事情があると認められる場合を含みます。）を参考に判定することが考えられますが、この場合、①貸室1室及び貸地1件当たりのそれぞれの平均賃貸料の比、②貸室1室及び貸地1件当たりの維持・管理及び債権管理に要する役務提供の程度等を考慮し、地域の実情及び個々の実態等に応じて検討する必要がありますが、1室の貸付けに相当する土地の貸付件数を、「おおむね5」程度として判定することが相当であると考えられます。

　そうした場合、例えば、貸室8室と貸地10件を有する場合には事業として行われているものとして判定することになります（8＋（10÷5）＝10室相当）。

　ご質問の場合、貸付けている土地の所在地周辺の貸室1室及び貸地1件当たりのそれぞれの平均的賃貸料の比などについて詳しく考慮する必要がありますが、形式基準を基に判定した場合、12室（60÷5＝12）相当の貸付けを行っていることになりますので不動産所得を生ずべき事業に当たると考えて差し支えないと思われます。

130　青色事業専従者が支払うべき社会保険料を事業主が支払った場合

> ［問］　私は、不動産賃貸業（事業的規模）を営んでおり妻を青色事業専従者としていますが、妻に係る国民健康保険及び国民年金の保険料を妻に代わり私が負担しています。妻の国民健康保険及び国民年金の保険料を私の確定申告において社会保険料控除の対象にすることができるでしょうか。
>
> 　また、この金額は、妻の青色事業専従者給与の額に算入することができるでしょうか。

［答］　あなたが負担した奥様の国民健康保険料及び国民年金の保険料は、あなたの確定申告に係る社会保険料控除の対象とすることができます。

　しかし、奥様の国民健康保険料及び国民年金の保険料に相当する額を青色事業専従者給与に算入することはできません。

［解説］　自己又は自己と生計を一にする配偶者その他の親族の負担すべき社会保険料を支払った場合には、その支払った金額を、総所得金額、退職所得金額又は山林所得金額から控除することとされています（法74）。

　ご質問の場合、あなたの奥様は、青色事業専従者であるとのことですので、生計を一にする親族となります。

　したがって、あなたが負担した奥様に係る国民健康保険及び国民

年金の保険料は、あなたの確定申告に係る社会保険料控除の対象とすることができます（法74）。

　しかし、あなたの奥様が負担すべき国民健康保険及び国民年金の保険料をあなたが負担したことは、青色事業専従者に対する青色事業専従者給与の支払ではありませんので、あなたの不動産賃貸業に係る不動産所得の金額の計算上、青色事業専従者給与として必要経費に算入することはできません。

131　非居住者が支払う青色事業専従者給与

> 　**問**　私は、給与所得者ですが、この度2年の予定で海外駐在員として単身赴任することになりました。
>
> 　ところで、私はアパート（15室）を所有しており、妻をこのアパート賃貸に係る青色事業専従者にしています。
>
> 　今後、妻を納税管理人として不動産所得を申告することになると思いますが、不動産所得の金額の計算上妻への青色専従者給与を今までと同様に必要経費に算入することができるでしょうか。

　答　**あなたが非居住者に該当することとなっても、奥様に支払う青色事業専従者給与はあなたの不動産所得の金額の計算上必要経費に算入することができます。**

　解説　あなたは、2年の予定で出国するとのことですので、非居住者に該当しアパートから生じる不動産所得は、総合課税による確定申告を毎年行うこととなります（法164①）。

　また、非居住者の総合課税に係る所得税の計算における課税標準（雑損控除、寄付金控除及び基礎控除以外の所得控除を除きます。）、税額等の計算（外国税額控除を除きます。）は、居住者の規定に準じて計算することとされています（法165）。

　したがって、非居住者であるあなたの所有するアパートの賃貸に
従事する奥様に支払う青色事業専従者給与については、不動産所得
の金額の計算上、必要経費に算入することができることになりま
す。

第10節　青色申告特別控除

132　青色申告特別控除制度の内容

> ［問］　青色申告をすると青色申告特別控除が適用されるとのことですが、どのような内容なのか教えてください。

［答］　**青色申告特別控除は、55万円（一定の要件を満たす場合は65万円）、又は10万円を所得金額から控除できるというものです。**

［解説］　青色申告特別制度の内容は次に述べるとおりです。

(1)　55万円の青色申告特別控除

イ　適用要件

　　青色申告書を提出することにつき税務署長の承認を受けている人で不動産所得又は事業所得を生ずべき事業を営む人（現金主義を選択する人は除かれます。）が、その事業につき帳簿書類を備え付けて、不動産所得の金額又は事業所得の金額に係る一切の取引の内容を正規の簿記の原則に従って記録し、かつ、作成している場合には、これらの所得の金額から次の金額のうちいずれか低い金額を青色申告特別控除として控除することができます（措法25の2③、措規9の6①）。

(イ)　55万円

(ロ)　不動産所得の金額又は事業所得の金額の合計額

（注 1 ） 正規の簿記

「正規の簿記」とは、「資産、負債及び資本に影響を及ぼす一切の取引を正規の簿記の原則に従い、整然と、かつ、明瞭に記録し、その記録に基づき、貸借対照表及び損益計算書を作成しなければならない」との規定（規57①）に基づく記帳方法を称しています。したがって、「正規の簿記」とは、損益計算書と貸借対照表が導き出せる組織的な簿記の方式が正規の簿記といえ、一般的には複式簿記をいいます。

したがって、日々の継続的な記録及び棚卸資産の棚卸しやその他の決算整理を行うことにより、貸借対照表と損益計算書を作成できる程度の組織的な簿記も「正規の簿記」に該当すると考えられることから、簡易帳簿を利用した正規の簿記の方法も認められています（規56①ただし書）。

（注 2 ） 簡易簿記による55万円の青色申告特別控除の適用

簡易帳簿では、次の 5 つの帳簿の記帳でもよいことになっています（昭和42年 8 月31日大蔵省告示第112号）。

① 現金出納帳

② 売掛帳

③ 買掛帳

④ 経費帳

⑤ 固定資産台帳

ただし、上記 5 つの簡易帳簿だけでは、記帳されない預金・手形・元入金・その他の債権債務について不明となり貸借対照表が作成できませんので、55万円の青色申告特別控除を適用することができないことになります。

したがって、適用を受けるためには、上記５つの簡易帳簿に加えて「債権債務等記入帳」等を備え付ける必要があります。債権債務等記入帳には、例えば、預金出納帳や受取手形記入帳などがあります。

(注３)　青色申告者が整理保存すべき帳簿書類

青色申告者は、次の帳簿及び書類を整理し、保存する必要があります（規63）。

①　帳簿　収入金額や必要経費を記載した帳簿（法定帳簿）……… 7 年間

　　　　仕訳帳、総勘定元帳、現金出納帳、売掛帳、買掛帳、経費帳、固定資産台帳など

②　書類　イ　決算関係書類……… 7 年間

　　　　損益計算書、貸借対照表、棚卸表など

　　　　ロ　現金預金取引等関係書類……… 7 年間

　　　　領収書、小切手控、預金通帳、借用証など

　　　　ハ　その他の書類……… 5 年間

　　　　取引に関して作成し、又は受領した上記以外の書類（請求書、見積書、契約書、納品書、送り状など）

ロ　手続き

この特別控除は、不動産所得の金額又は事業所得の金額から順次控除するものとされており、また、この特別控除の適用を受けようとする人は、確定申告書に、

(イ)　この特別控除の適用を受けようとする旨及びこの特別控除の適用を受ける金額の計算に関する事項

の記載があり（具体的には、申告書の「青色申告特別控除」欄に

控除額を記載）、また、

㈹　上記により記録された帳簿書類に基づき作成された貸借対照
　　表、損益計算書その他不動産所得の金額又は事業所得の金額の
　　計算に関する明細書の添付があり、かつ、

㈻　確定申告書を提出期限（原則として3月15日）までに提出し
　　た場合に限り、適用することとされています（措法25の2⑤
　　⑥、措規9の6⑦）。

　　なお、控除される金額は、その後の修正申告や更正により不動
　産所得の金額又は事業所得の金額が異動した場合には、その異動
　後の控除額により計算することになります（措通25の2—4）。

(2)　65万円の青色申告特別控除

　　上記(1)の要件をすべて満たし、次のいずれかに該当するときに
　は、最高65万円の青色申告特別控除を適用できます（措法25の2
　④、措規9の6②)。

　イ　仕訳表及び総勘定元帳について、電子帳簿保存していること
　ロ　確定申告書、貸借対照表及び損益計算書等を電子申告してい
　　　ること

(3)　10万円の青色申告特別控除

　　青色申告書を提出することにつき税務署長の承認を受けている
　人で、簡易簿記（規56①ただし書）又は現金主義により取引の記
　録を行っている人については、その承認を受けている年分の不動
　産所得の金額、事業所得の金額又は山林所得の金額から次の金額
　のうちいずれか低い金額を青色申告特別控除として控除すること
　ができます（措法25の2①)。

　イ　10万円

ロ　不動産所得の金額、事業所得の金額又は山林所得の金額の合
　　計額

　この特別控除は、不動産所得の金額、事業所得の金額又は山林
所得の金額から順次控除するものとされています（措法25の2
②）。

　なお、この特別控除は、その年分の所得税について上記(1)又は
(2)の特別控除の適用を受けない青色申告者について適用すること
とされています（措法25の2①）。したがって、仮に、申告時に
(1)又は(2)の特別控除を適用していた人が、その後において上記(1)
イの適用要件を満たさないことが明らかになったためその適用が
受けられなくなった場合であっても、この10万円の特別控除は適
用できることになります。

　また、申告後に修正申告や更正により不動産所得の金額又は事
業所得の金額が異動した場合には、その異動後の控除額により計
算することになります（措通25の2－3）。

133　現金主義と青色申告特別控除

> 　　問　　私は、「現金主義の所得計算の特例」を選択していますが、前々年の所得金額が300万円を超えたため、本年分は現金主義による所得計算はできないと聞きました。
>
> 　現金主義の取りやめの手続をしていませんが55万円の青色申告特別控除を適用できますか。

　　答　　55万円（又は65万円）の青色申告特別控除を適用するためのその他の要件を満たしていれば、適用を受けることができます。

　　解説　　小規模事業者の収入及び費用の帰属時期の特例（現金主義の所得計算の特例）を選択している人は55万円又は65万円の青色申告特別控除を適用することはできません（措法25の2③④）。

　一方、現金主義の所得計算の特例は前々年の所得金額が300万円を超えた年分には適用されません（法67、令195一）。

　したがって、現金主義の所得計算の特例を選択していても、前々年の所得金額が300万円を超える場合には、その取りやめの届出書の提出の有無にかかわらず、その年は現金主義の所得計算の特例を適用していることにはなりませんから、55万円又は65万円の特別控除を適用するためのその他の要件を満たしていれば、55万円又は65万円の青色申告特別控除の適用を受けることができます。

134　現金主義から発生主義に変更した場合の青色申告特別控除

> ┌──┐
> │問│　私は、「現金主義の所得計算の特例」を選択していま
> └──┘
> した が、本年から発生主義により記帳しています。ただし、現
> 金主義の取りやめの届出書を提出していません。
> 　本年分は55万円の青色申告特別控除を適用できますか。

［答］　**本年分は55万円（又は65万円）の青色申告特別控除を適用することはできません。**

［解説］　現金主義の所得計算の特例は、いったんこの特例を選択した後取りやめようとする場合は、その年の３月15日までに取りやめ届出書を提出しなければなりません（令197②）。

　したがって、現金主義の所得計算の特例を選択した場合は、前々年の所得金額が300万円以下でその年の３月15日までに取りやめ届出書を提出していない場合には、仮にいわゆる発生主義の方法によって記帳していたとしても、この年は55万円又は65万円の青色申告特別控除の適用を受けることはできません。

　なお、この場合、発生主義によって記帳を行っていたとしても、現金主義による所得計算に修正する必要があります。

135　事業規模でない不動産の貸付け

> ［問］　私は給与収入の他、次のような収入があります。
>
> ①　家賃収入（貸家2棟）　　　　月々20万円
>
> ②　駐車場収入（乗用車4台）　　月々 6万円
>
> 　従来から青色申告をしていますが、複式簿記によって記帳した場合は、55万円の青色申告控除を適用できますか。

　［答］　不動産の貸付けが事業的規模で行われていない場合は、55万円（又は65万円）の青色申告特別控除を適用することができません。

　［解説］　55万円又は65万円の青色申告特別控除は、「不動産所得又は事業所得を生ずべき事業を営む青色申告者」が適用できることとなっており、不動産の貸付けが、事業的規模で行われていない場合の青色申告者については10万円の青色申告特別控除を適用することになります。

　ご質問の場合、不動産の貸付けが、社会通念上「事業」として行われているとまではいえないと考えられますので55万円又は65万円の青色申告特別控除を適用することはできません（第106、129問参照）。

136　青色申告特別控除と確定申告の要否

　問　私は、サラリーマン（給与1か所で年末調整済）ですが、相続したマンションを賃貸しています。これまで、不動産所得は事業規模であるとして55万円の青色申告特別控除を適用して申告をしています。

　本年分の不動産所得金額については、マンションの老朽化に対する修繕費の増加や空室の増加により、青色申告特別控除前の金額が70万円になります。

　給与所得者については、年末調整が行われた給与等以外の所得金額が20万円以下の場合には確定申告書を提出する必要がないとのことですが、私の場合、青色申告特別控除55万円を控除すると15万円になりますので、確定申告書を提出しないでいいのでしょうか。

　答　**本年分の所得税の確定申告書を提出する必要があります。**

　解説　1か所から給与等の支払を受けている給与所得者については、その年分の給与等の金額が2,000万円以下であり、かつ、その給与等の全部について源泉徴収又は年末調整がされている場合で、「給与所得及び退職所得以外の所得金額」が20万円以下である場合には、原則として、所得税の確定申告書を提出する必要はありません（法121①一）。

　この「給与所得及び退職所得以外の所得金額」とは、法令の規定

により確定申告書の提出又は確定申告書への記載若しくは明細書等の添付を要件として適用される特例等を適用しないで計算した金額をいいます（所基通121―6）。

　青色申告特別控除のうち、55万円や65万円の控除額の規定は、青色申告書を提出することにつき税務署長の承認を受けている個人が、帳簿書類に基づいて作成した貸借対照表等を添付した確定申告書を確定申告期限までに提出した場合に限り特例適用されるものですので、この「給与所得及び退職所得以外の所得金額」については、青色申告特別控除の規定を適用しないで計算した金額により判定することとなります。（措法25の2⑥）。

　一方、青色申告特別控除のうち、10万円の控除額の規定は、青色申告書を提出することにつき税務署長の承認を受けている個人について適用を受ける（申告等の要件がない）ものとされています（措法25の2①⑥）。

　したがって、この「給与所得及び退職所得以外の所得金額」については、青色申告特別控除10万円の規定を適用して計算した金額により判定することとなります。

　ご質問の場合、本年分の「給与所得及び退職所得以外の所得金額」は、青色申告特別控除10万円適用後の60万円となり、20万円を超えますので、確定申告書を提出する必要があります。

第11節　その他

137　マンション建設に伴い支払った補償金等

> ［問］　建築業者に請け負わせて貸マンション（10階建）を建設することになり、マンション建設予定地の付近の住民30名に対して、日照補償という名目で総額500万円支払って工事に着手し完成しました。支払った500万円はその年の必要経費になりますか。
>
> 　また、完成後マンションが原因でテレビの画像が不鮮明になったと付近の住民から苦情がでたので、住民側と話し合った結果、住民側に電波補償という名目で総額100万円支払うことになりました。この場合、支払った100万円はどうなりますか。

［答］　マンションの建築に際して支払った日照補償金500万円は、マンションの取得価額に算入し、電波補償金100万円はその支払が確定した年分の必要経費になります。

［解説］　マンション等の建築に際し、日照権の侵害の問題が生じ、時として訴訟により補償金支払の要否について争われることがあります。

　個人が通常の生活をしていくうえで日照は欠かせない要素の一つであることから、通常の水準を超えた高さの建物を建築するとき

は、その状況に応じて何がしかの補償金を隣接地付近の住民に支払う場合が多くなっています。

　建築業者に請け負わせて建設した建物の取得価額は、建築業者に支払う建物の請負金額のほか、その建物を取得するために要する費用の額及びその建物を事業の用に供するために直接要する費用の額を含むものとされています（令126①五）が、ご質問の場合のような費用がこれに含まれるかどうかは、いろいろ議論のあるところです。

　そこで、取得に関して争いのある資産につきその所有権等を確保するために直接要した訴訟費用、和解費用等の額は、原則として、その資産の取得に要した金額とされること（基通37—25(1)、38—2）、及び法人税の取扱いにおいて「工場、ビル、マンション等の建設に伴って支出する住民対策費、公害補償費等の費用の額は、たとえその支出が建設後に行われても、当初からその支出が予定されているもの（毎年支出することとなる補償金を除く。）については、当該減価償却資産の取得価額に算入する。」（法基通7—3—7）とされていること等を考え合せますと、マンション取得のために要する費用に該当すると考えられます。

　次に完成後に電波補償の名目で支払った100万円ですが、その支出があらかじめ予定されていたものであるときは、そのマンションの取得価額に含まれることになります。しかし、ご質問の場合は、マンションの建築に当たってその費用の発生があらかじめ予定されておらず、業務開始後の支出ですので、その電波補償100万円は支払の確定した年の必要経費に算入されます。

138　マンション建築主が負担する文化財発掘費用

> ［問］　私は、不動産貸付業を営んでいますが、このたび事業
> 拡大のため、相続により取得した土地に新たにマンションを建
> 築することとしました。基礎工事に着手したところ、遺跡（埋
> 蔵文化財）が発見され、その発掘調査費用の一切を私が負担す
> ることとなりました。この費用は、不動産所得の金額の計算上
> 全額必要経費に算入できますか。

［答］　**業務用の土地について、貸付建物の基礎工事中に遺跡発掘
調査費用の負担を余儀なくされた場合には、その年分の必要経費に
算入することができます。**

［解説］　宅地造成途中において、その土地に文化財が埋蔵されてい
ることが明らかになったときは、文化財保護法等の規定により、造
成者の負担によってその埋蔵文化財の発掘調査を行うことが義務づ
けられています。

　ところで法人税基本通達では、このような埋蔵文化財の発掘費用
については、土地の取得価額に算入せず、その支出時の単純損金と
して処理することを認めています（法基通7―3―11の4前段）。

　そこで、ご質問のように、不動産所得に係る業務を営んでいる個
人が、業務用の土地について、貸付建物の基礎工事中に遺跡発掘調
査費用の負担を余儀なくされた場合、法人税の取扱いと同様に、支
出年の必要経費に算入することができるものと考えられます。

　なお、建物の賃貸に係る不動産所得に係る業務開始前に発掘調査費を支出した場合は、建物の取得費に算入し、土地の造成又は改良のためと認められる場合及び文化財の埋蔵されていることを知っていて通常より低い価額で土地等を取得している場合は、土地の取得費に算入することになります（基通38─10、法基通7─3─11の4後段準用）。

139　賃貸用マンション建築計画を中断している期間に係る土地の費用

> **問**　私は、昨年末に土地2,000㎡を取得し、賃貸用マンションの建築を計画していましたが、その後病気のため入院し、その計画が中断してしまいました。
>
> 　本年6月に退院し、計画を練り直したところ、周辺の賃貸マンションの入居者の状況が思わしくないこともあり、現在のところ他の用途への計画変更を含めて検討中です。
>
> 　この土地の取得のための借入金に係る支払利息と固定資産税を私の他の不動産所得から差し引くことができますか。

答　いまだ貸付けの用に供されていない期間に係る土地の固定資産税等の費用は必要経費に算入することはできません。

解説　業務用資産に係る固定資産税は、この業務に係る各種所得の計算上必要経費に算入されます（基通37−5）。

　次に、借入金の利子については、業務を営んでいる人が、その業務の用に供される固定資産を借入金をもって購入する場合には、その借入金自体が業務上の運転資金的性格のものとして、その借入金の利子はそのまま必要経費に算入されます。

　ご質問の土地の取得に係る借入金利息は、その土地についてみれば、まだ業務の用に供していませんが、その土地が業務用資産であり、その取得が不動産所得を生ずべき業務の拡張行為であるとみる

ことができる場合には、不動産所得を生ずべき業務の遂行上生じた
ものとして、その借入金利子を支払った年分の必要経費に算入する
ことができることになります（基通37—27）。

　しかし、この土地については、業務の用に供された資産であるか
どうかが問題となります。

　ご質問の場合、当初は賃貸マンションを建築する計画であったと
しても、その計画は途中で見直され、現在は放置してあるという状
況からその土地はいまだ業務用資産であるとは認められず、それに
係る固定資産税等の費用は不動産所得を生ずべき業務について生じ
た費用（法37①）に該当しないことになります。

　つまり、「不動産賃貸業を営む個人の所有する土地で、ある年分
においていまだ貸付けの用に供されていなかったものに係る固定資
産税等が、その年分における不動産所得を生ずべき業務について生
じた費用と認められるためには、その者が当該土地を貸付けの用に
供する意図を有しているというだけでは足りず、当該土地がその形
状、種類、性質その他の状況に照らして、近い将来において確実に
貸付けの用に供されるものと認められるような客観的な状態にある
ことを必要とする。」（平成5年12月13日東京高裁判決）ものと考え
られます。

　ご質問の場合の土地は、近い将来において確実に貸付けの用に供
されるという客観的な状態にあるとは認められず、それに係る固定
資産税等の費用は必要経費に算入することはできません。

140　ビルを新築するために地主に支払う承諾料

> 　問　私は、借地契約のある土地の上に2階建の木造アパートを建築し賃貸を行っています。このたび木造アパートが老朽化したため、5階建の賃貸ビルを建築しようと地主に相談したところ、賃貸借契約の期間はまだあるが契約内容が変更となるので承諾料として3,000万円支払ってくれれば建築を認めるとのことでした。
>
> 　この承諾料は、不動産所得の金額の計算上どのように処理することとなりますか。

　答　**借地権の取得価額に算入することとなります。**

　解説　借地権の取得費には、土地の賃貸借契約又は転貸借契約（これらの契約の更新及び更改を含みます。以下「借地契約」といいます。）をするとき、借地権の対価として土地所有者又は借地権者に支払った金額のほかに、次の金額を含むものとされています（基通38─12）。

(1)　借地権付建物を取得した場合の建物等の購入対価のうち、借地権の対価と認められる部分（建物等の購入対価の10%以下の金額であるときは、強いて区分せず建物等の取得費に含めることができます。）

(2)　賃借した土地の改良のためにした土盛り、地ならし、埋立て等の整地に要した費用の額

(3) 借地契約の際に支出した手数料その他の費用

(4) 建物等を増改築するに当たりその土地の所有者又は借地権者に対して支出した費用の額

　ご質問の場合、上記(4)に該当しますので、借地権の取得価額を構成することとなります。なお、通常の契約期間満了に伴って支出する借地権の更新料については、支払った更新料の一部が必要経費に算入される場合があります（令182）。

141　賃貸用建物の建築（取得）に係る諸費用（一覧表）

> ［問］　賃貸用建物の建築（取得）するに当たり建築費等各種費用を支払うことになりますが、これらの各種費用は、不動産所得の金額の計算上どのように取り扱われるのでしょうか。

■答■　次のように取り扱われます。

［解説］

〔租税公課〕

	支　出　目　的	所得税法上の取扱い	根拠条文等
登録免許税	建物表示・保存登記	必要経費算入	基通37-5
不動産取得税	建物建築		
事業所税	新設		
固定資産税	建物建築等		

〔工事関係費〕

	支　出　目　的	所得税法上の取扱い	根拠条文等
地質調査費	建物建築	建物取得費算入	基通38-10　注1
	土地改良工事	土地取得費算入	
測量費	建物建築	必要経費に算入されるもの以外は土地又は建物の取得費	基通38-10　注2
建築確認申請費用	建物建築	建物取得費算入	令126①一、二

立退料	建物取壊し	必要経費算入	基通37-23
	建物購入	建物取得費算入	基通38-11
建物取壊費用	土地取得後 1 年以内の取壊し	土地取得費算入	基通38- 1
	その他（業務関連）	必要経費算入	法37①
埋立・土盛り・地ならし・切土・防壁	土地の造成・改良	土地取得費算入	基通38-10
	構築物	構築物取得費算入	
	建物建築に係る通常支払い	建物取得費算入	基通38-10 注 1
建築費		建物取得費算入	法126①一、二
水道施設利用権・公共下水道施設負担金	水道施設・下水道排水設備の設置	無形固定資産	令 6 八タ 基通 2 -21
公共負担金	公園等直接土地の効用を形成する施設に係るもの	土地取得費算入	法基通 7 - 3 -11 の 2 (1)準用
	団地近辺道路等独立した効用を形成する施設で負担者の便益寄与	無形固定資産の取得費又は繰延資産	法基通 7 - 3 -11 の 2 (2)準用
	消防施設等団地外の住民に寄与	繰延資産（償却期間 8 年）	法基通 7 - 3 -11 の 2 (3)準用
住民対策費	建物取得費算入（当初から支出予定）	建物取得費算入	法基通 7 - 3 - 7 準用

〔その他〕

	支　出　目　的		所得税法上の取扱い	関係条文等
借入金利子	業務開始前		建物取得費算入	基通37-27 基通38-8
	業務開始後	使用開始前	建物取得費又は必要経費算入	基通37-27
		使用開始後	必要経費算入	基通37-27
登記費用			必要経費算入	基通37-5、 基通49-3(3)
雑費	地鎮祭・起工式		建物取得費算入	令126①一、二
	竣工式		建物取得費又は必要経費算入	法基通7-3-7準用

142 延焼により賃借人に支払った見舞金

> **問** Aは、不動産賃貸業を営んでいましたが、隣接する自宅から出火してアパートを全焼してしまいました。
>
> Aは、賃借人に見舞金として50万円支払いましたが、これを不動産所得の計算上必要経費に算入することができますか。

答 Aに故意又は重大な過失がなければ、必要経費に算入することができます。

解説 業務上の損害賠償金を支払った場合には、故意又は重大な過失がなければ、不動産所得の計算上必要経費に算入することができます（法45①八、令98②）。

Aの場合、例えば強風異常乾燥で火災警報発令中に喫煙し、吸いがらの処理を怠った等の事実がなく、通常の使用状況で失火したものであれば、軽過失、かつ、見舞金の額も相当と考えられ、必要経費に算入して差し支えありません（法45①八、令203、基通70−8）。

143　建築を取りやめた建物の設計料

> ［問］　個人で不動産賃貸業を営んでいますが、現在のところ
> より約2kmほど離れたところに手ごろな土地を見つけ、そこに
> 鉄筋コンクリート造10階建の賃貸マンションを建築しようかと
> 考え、その設計を某設計士に依頼しました。ところが、設計図
> が完成し、建築許可の確認申請をしたところ、地域住民から、
> 賃貸マンションが建築されることによって、地域の住宅環境が
> 劣悪化し、加えて、日照権の被害も発生するとして、建築反対
> の要求が出され、たびたび折衝を重ねたのですが、結局、私が
> 根負けし、建築を取りやめることにしてしまいました。
>
> 　建築を取りやめたことによって、設計図は不要になってしま
> いましたが、支払った設計料は、不動産賃貸業に係る所得を計
> 算する上において必要経費とすることができますか。

［答］　建築を取りやめた建物の設計料は、明らかに業務に関連し
た支出と認められる場合に限って必要経費とすることができます。

［解説］　建物の設計料は、その建物が完成した際には、取得価額に
算入されるべき費用に該当します。

　ところで、設計図は完成したけれども、建物の建築は取りやめ、
結果として設計料が無駄になったような場合におけるその設計料の
取扱いについては、その設計図に基づいて建物が建築されるべきこ
とが相当程度に確実で、かつ、その建物が、高度の蓋然性をもって

業務の用に供されたであろうことが証明される場合には、その業務について生じた費用として理解することができると考えられます（法基通7―3―3の2(2)参照）。

　しかし、建築したとしても、業務の用以外の用に供されること（例えば、居住用、譲渡）の可能性を否定できないような場合には、その設計料の業務関連性は消極的に解さざるを得ません。もとより、設計図だけを書いて、それに基づいて建築すべき建物の建築予定地の手当や建築資金の手当等も全くなされないままに、その設計図を廃棄したような場合におけるその設計料についても、必要経費性は認められないと考えます。

　なお、差し当たり建築は取りやめたが、近い将来においてその設計図に基づいて建築は着工することが予定されているような場合には、その設計料は、それまで資産に計上しておくべきものと考えます。

144　固定資産の売買契約を解除した場合に支出する違約金

> 　問　私は、不動産賃貸業を営んでいますが、テナントや駐車場の数が多いので、コンピューターを使って管理しようとＡ社のオフィス・コンピューターを取得するにつき、手付金20万円を払って契約していたところ、Ｂ社の新機種の方が高性能と認められるので、Ａ社との契約を解除しました。これに伴なって、手付金は違約金として没収されましたが、この違約金は、不動産所得の金額の計上必要経費に算入することができますか。

　答　いったん締結した固定資産の取得に関する契約を解除して他の固定資産を取得することとした場合に支出する違約金の額は、その年分の必要経費に算入することができます。

　解説　固定資産の取得に関連して支出するものは原則として取得価額とされます。しかし、既に売買契約をした固定資産を取得するよりも他の固定資産を取得した方が有利であると判断された場合には、既に締結されている契約を解除し、手付金を没収されたり、違約金を支払ってでも、新たにその固定資産を取得することがありますが、その場合の違約金等は、個々の固定資産の取得に関する契約は別個のことから、新たな資産の取得には関連がない支出であるという考え方があります。

　そこで所得税においては、このような違約金の額は、各種所得の

金額の計算上必要経費に算入されたものを除き、その取得した固定資産の取得費又は取得価額に算入するとして取り扱われています（基通38―9の3）。

　したがって、ご質問のA社のオフィス・コンピューターは業務の用に供されることが確実であった固定資産ですから、その契約に係る違約金は不動産所得の金額の計算上必要経費に算入することができます。

145 賃借人の立退きに際して返還を要しない保証金を返還した場合

> **問** 私は、Ａに、貸付期間５年、保証金100万円、ただし、この保証金は立退きの時に30％を償却し70万円を返還するとの条件で建物を賃貸していましたが、賃借人Ａが自分の都合で２年で退去しましたので、償却割合を20％として80万円返還しました。
>
> この場合、差額の10％相当額は遡及して収入金額を訂正することになるのでしょうか。
>
> なお、当初契約の保証金償却額30万円は契約した年分の収入金額に計上済です。

答 賃借人の立退きに際して返還を要しない保証金を返還した場合には、遡及して収入金額を訂正する必要はなく、その返還した年分の必要経費に算入することになります。

解説 いわゆる返還を要しない敷金、保証金等は、その実質が権利金や更新料などと変わらないものであるところから、その返還を要しないことが確定した日に収入金額に計上すべきこととされています（基通36―7）。

ところで、賃借人が自己の都合で賃貸借契約期間満了前に退去した等の理由から適法に取得した権利金（上記の実質的に権利金とみられるものも含みます。）の一部を返還したような場合におけるそ

の返還金は、一種の立退料と解されます。

　そうしますと、不動産所得の基因となっていた建物の賃借人を立ち退かすために支払う立退料は、その建物の譲渡に際して支出するもの等を除いて、その支出した日の属する年分の不動産所得の必要経費に算入することとされています（基通37—23）から、ご質問の返還金は、遡及して訂正することなく支出した年分の必要経費に算入することになります。

146　立退料、建物の取壊し費用の取扱い

> ┌─────┐
> │　問　│　私は、木造アパートを賃貸していますが、これを取り
> └─────┘
> 壊して、新たに鉄筋コンクリート造の賃貸マンションを建築し
> ようと考えています。この場合、アパートの賃借人に支払う立
> 退料及び建物の取壊し費用は、所得の計算上どのように取り扱
> われますか。

答　賃貸家屋の取壊しに伴う立退料及び建物の取壊し費用は、**いずれもその年分の不動産所得の金額の計算上必要経費に算入されます。**

解説　個人が土地や建物の取得に際して、その土地、建物等を使用していた人に支払う立退料その他その人を立ち退かせるために要した金額は、その土地・建物等の取得費又は取得価額に算入されます（基通38—11）。

　これに対して、個人が従前から所有している建物の賃借人を立ち退かせるために支払うような立退料は、その支払うことが確定した年の必要経費に算入されます。これは、その建物を引き続いて使用する場合も、それを取り壊して新しい建物を建てる場合も同様に取り扱われます。ただし、その建物の譲渡に際して支出するもの又はその建物を取り壊しその敷地を譲渡するために支出したものは、譲渡所得の金額の計算上「譲渡に要した費用」として控除されることになります（基通37—23）。

次に、建物の取壊し費用ですが、当初からその建物等を取り壊して土地を利用する目的で土地及び建物を取得したことが明らかである場合には、その取壊し費用は、土地の取得費に算入することとされています（基通38―1）が、個人が従前から所有し賃貸していた建物の取壊し費用は、取り壊した建物の未償却残高（資産損失）とともに、取り壊した時の必要経費に算入されます（法37、51①④）。

　㊟　資産損失については、不動産の貸付けが事業的規模がどうかで必要経費に算入される金額が異なる場合がありますので注意してください。

147　立退料を支払って土地の返還を受けた場合

> ┌─ **問** ─┐　私は、Aに土地を貸し、Aはその土地に店舗を建てて
> 営業しています。今回、私はその土地に賃貸マンションを建設
> しようと思い、Aに立退きを要求したところ、3,000万円を支
> 払うことで立退くことを承諾しました。
>
> 　この立退料は、不動産所得の金額の計算上必要経費に算入で
> きますか。

答　**支払った立退料は、土地の取得費に加算することになり、
必要経費に算入することはできません。**

解説　土地を賃借し、その土地に建物を建築すると通常、借地権
が発生します。

　この場合、土地所有者は、底地部分については権利を有します
が、借地権は賃借人にあるため、その土地を自由に利用すること
ができなくなります。

　このため、ご質問の場合のように、土地所有者がその土地を利用し
ようとする場合には、まず借地権の返還を受けなければなりません。

　この場合に支払う立退料は、いわば借地権の買戻しの対価に該当
しますので、不動産貸付けの業務の遂行上生じたものであっても、
必要経費に算入することはできません。

　したがって、ご質問の場合には、支払った立退料は土地の取得費
に加算することになります（基通38―11）。

148　賃貸を止めたアパートの必要経費

> 　問　　借入金によってアパートを建築し、賃貸していました
> が、このたび、アパートの居住者に立ち退いてもらい空室にし
> て売却することにしました。しかし、当初の売却予定が狂って
> しまい、売却まで約半年間空室のままとなってしまいました
> が、この間の借入金利子を不動産所得の必要経費又は譲渡所得
> の費用として控除できませんか。

　答　　賃貸を止めた後のアパートの必要経費は、不動産所得の必
要経費にもなりませんし、譲渡所得の計算上控除することもできま
せん。

　解説　　不動産所得の必要経費となる金額は、収入金額を得るため
直接に要した費用、一般管理費やその他所得を生ずべき義務につい
て生じた費用です（法37①）。ご質問の借入金利子は、アパートの
建築に際して借入したものですから、賃貸業務を行っている期間に
ついては、不動産所得を生ずべき義務について生じたものとして必
要経費になります。

　ご質問の場合、売却することを予定して空室にしていますので、
空室になった時に（不動産所得を生ずべき）業務を廃止したものと
考えられます。したがって、空室となった時から売却までの期間に
対応する借入金利子は、不動産所得を生ずべき業務について生じた
ものとは言えず不動産所得の必要経費に算入できません。

　また、譲渡所得の計算上控除できる金額は、譲渡所得の基因となった資産の取得費及びその資産の譲渡に要した費用の額とされていますが（法38①）、借入金により取得した固定資産を使用した後に譲渡した場合には、当該固定資産の使用開始があった日後譲渡の日までの間に使用しなかった期間があるときであっても、当該使用開始があった日後譲渡の日までの期間に対応する借入金の利子については当該固定資産の取得費又は取得価額に算入されません（基通38－8の3）。

　したがって、賃借人の立退き後の期間に対応する借入金利子は、不動産所得の必要経費にもなりませんし、またその建物を譲渡した場合の譲渡所得の計算上控除することもできないことになります。

149　資産に係る控除対象外消費税額

> **問**　私は、不動産賃貸業を営んでおり、消費税は税抜経理
> しています。消費税の申告に当たって、仮払消費税のうち仕入
> 税額控除にできない部分の金額を不動産所得の金額の計算上、
> 必要経費として算入してもかまいませんか。

答　消費税の課税売上割合が80％未満である場合には、資産に
係る控除対象外消費税額を一時の必要経費とすることはできませ
ん。

解説　所得の計算に当たって、消費税を税込経理（消費税を取引
の対価に含めて経理する方式）によるか、税抜経理（消費税を仮受
消費税又は仮払消費税として経理する方式）によるかは、事業者が
任意に選択できることとされています（平元.3.29直所3—8
「2」「3」）。

　税抜経理を採用している事業所得者等にあっては、課税期間の課
税売上高が5億円超又は課税売上割合が95％未満である場合には仕
入税額控除できない金額が仮払消費税として残る（控除対象外消費
税額）ことになります（消法30②）。

　その金額は非課税売上に対応するものであることから、経費に係
るものは各種所得の必要経費に算入されますが、資産に係るものは
次の方法により必要経費に算入されます（令182の2）。

　㊟　資産には、固定資産、棚卸資産、山林のほか繰延資産が含まれま

すが、前払費用は含まれません（平成元.3.29直所3―8「11」）。

(1)　資産に係る控除対象外消費税額が生じた年

　イ　その年の課税売上割合が80％以上である場合

　　　その年において生じた資産に係る控除対象外消費税額はその年の必要経費に算入されます。

　ロ　その年の課税売上割合が80％未満である場合

　(イ)　その年に生じた資産に係る控除対象外消費税額のうち個々の資産（棚卸資産を除きます。）ごとにみて控除対象外消費税が20万円未満の金額であるもの、棚卸資産に係るもの及び特定課税仕入に係るものはその年の必要経費に算入されます。

　　(注)　特定課税仕入とは、国内で国外事業者からインターネット等を通じて電子新聞、音楽等の著作物の提供や国外事業者が国内で行う芸能・スポーツ等の役務の提供を受ける際に、負担する消費税（リバースチャージ方式）をいいます。

　(ロ)　上記イにより必要経費に算入されなかった金額（繰延消費税額）

　　　次の算式により計算した金額は必要経費に算入されます。

$$繰延消費税額 \times \frac{その年の業務月数}{60} \times \frac{1}{2}$$

(2)　その後の年

　　　次の算式により計算した金額は必要経費に算入されます。

$$繰延消費税額 \times \frac{その年の業務月数}{60}$$

なお、資産に係る控除対象外消費税額について上記の方法により

必要経費に算入する場合には、確定申告書に、必要経費に算入される金額についてのその算入に関する記載があり、かつ必要経費に算入される金額の計算に関する明細書を添付することが必要です（令182の2⑨）。

（注1） 資産に係る控除対象外消費税額の必要経費算入の適用を受ける場合には、資産に係る控除対象外消費税額が生じた年において、その全額について適用しなければなりません（同通達3—8「10」）。

（注2） 不動産所得のほか、事業所得等があり、それぞれの業務について税抜処理方式を適用している場合には、それぞれの業務に係る取引ごとに（注1）の取扱いが適用されます（同通達）。

150　数年分の使用料を一括受領した場合の必要経費の額

> **問**　ある会社に土地を資材置場として貸すことにしました
> が、契約で契約締結日に５年分の地代をまとめて受け取ること
> としました。この場合、収入は支払を受けるべき日の年に一括
> して計上しなければならないとのことですが、そうしますと、
> 翌年以降の固定資産税などの経費はどのようにしたらよいでし
> ょうか。

答　契約に基づいて、翌年以降の期間の賃貸料を一括して受領
した場合においては、その年分の必要経費と翌年以降の経費の見積
額との合計額を必要経費に算入することができます。

解説　不動産所得の収入金額の収入すべき時期は、契約又は慣習
によって支払日が定められているものについてはその支払日による
（基通36―５）とされていますので、数年分の地代や家賃を一括し
て収受する契約の場合は、その全額がその年分の総収入金額とされ
ます。

　一方、必要経費はその年中に債務の確定した費用に限られます
（法37①）。

　したがって、ご質問の場合には、２年目以降の当該物件に係る不
動産所得の金額の計算について、収入がないにもかかわらず必要経
費だけが計上されることとなり、所得の計算がアンバランスとなり
ます。そのため、いわゆる債務確定主義の例外として、翌年以降の

貸付期間に係る必要経費については、①その貸付けの年のその業務に係る費用又は損失の金額と、②翌年以降当該賃貸料収入に係る貸付期間が終了する日までの各年において通常生ずると見込まれるその貸付けの業務に係る費用の見積額との合計額を総収入金額に算入された年の必要経費とすることができます。この場合、翌年以降に実際に生じた費用又は損失の金額が、見積って必要経費とした金額と異なることとなったときには、その差額を異なることとなった日の属する年分の必要経費又は総収入金額に算入することとされています（基通37―3）。

151　供託されていた過去の年分の使用料を一括受領した場合の必要経費の額

> 　問　　私は、土地を賃貸していましたが、賃借人との間で賃貸借契約の存否について訴訟を行っていました。今回、一時金のほか係争期間中供託されていた地代相当額を受け取ることで和解しました。この一時金等は和解のあった年分の収入金額として課税されるとのことですが、係争期間中の固定資産税等を控除できますか。
>
> 　なお、私の賃貸物件はこの土地しかありません。

　答　　**一括して受領した年分の必要経費に算入することができます。**

　解説　　賃貸借契約の存否について係争があり、訴訟の判決、和解等があって、過去の賃貸料相当額（遅延利息、その他の損害賠償金を含みます。）を不動産の所得者が一時に受ける場合の収入すべき時期は、和解等のあった日とされています（基通36─5(2)）。

　一方、不動産所得を計算する場合の必要経費は、原則として、総収入金額を得るため直接要した費用の額及びその年における一般管理費その他不動産所得を生ずべき業務について生じた費用とされています（法37①）。しかし、係争期間中に他の不動産収入がない場合には、収入がないにもかかわらず、必要経費となるべき金額があるということになり、所得金額の計算にアンバランスが生じること

になります。

　したがって、これらの金額については、他に不動産収入がない場合には、一括受領した年の必要経費に算入しても差し支えないと考えられます。

152　不動産を無償で貸している場合の維持管理費等

> **問**　私は、アパートを建築し、これを私の同族法人である
> A社に一括して貸し付け、A社は転貸しています。しかし、A
> 社は賃貸料収入を得ていますが、欠損法人であるため、私とA
> 社とのアパートの賃貸借は無償としています。
>
> 　この場合、アパート建築のために借り入れた資金の利子のほ
> か、アパートの固定資産税、減価償却費等をアパート以外の不
> 動産の貸付けによる収入から控除したいと考えていますが、か
> まわないでしょうか。

答　アパートの維持管理費等は、不動産所得の金額の計算上必要経費に算入することはできません。

解説　不動産所得を生ずべき業務の用に供されている資産とは、相当な対価を得て貸し付けられているものと解されています。

　ご質問のような場合には、民法第593条に規定する使用貸借と考えられ、不動産所得を生ずべき業務の用に供されている資産には該当しませんので、アパートの維持管理費用や減価償却費について、不動産所得の金額の計算上必要経費に算入することはできません。

　なお、貸付資産の公租公課に相当する金額以下の地代又は家賃をもらっている場合にも、賃貸借ではなく使用貸借であると考えられます（昭48.11.1直資2—189「1」）。

153　貸倒引当金と債権償却特別勘定

> ［問］　私は、不動産貸付業（事業的規模）を営む青色申告者
> です。賃貸契約書で定めた家賃の支払日を毎月の不動産収入の
> 計上日として経理処理を行っています。
>
> 　昨年分の確定申告では、A株式会社の未収家賃200万円（預
> り保証金50万円）を昨年分の不動産収入として計上していまし
> た。
>
> 　ところが、本年6月にA株式会社が倒産し、会社法の規定に
> よる整理開始の申立てがなされ、本年中の家賃100万円ととも
> に回収不能となりました。
>
> 　また、その他に、B株式会社の本年分の未収家賃100万円
> （預り保証金20万円）もあります。
>
> 　私の場合、A社の未収家賃300万円、B株式会社の未収家賃
> 100万円についてどのように処理することになりますか。

［答］　**個別評価による貸倒引当金勘定への繰入額1,250,000円を
本年分の貸倒引当金勘定に繰入れることとなります。**

［解説］　不動産所得、事業所得又は山林所得を生ずべき事業の遂行
上生じた売掛金、貸付金、前渡金などの金銭債権について貸倒れ及
びその他これに類する事由による損失の見込額として、貸倒引当金
勘定に繰り入れた次に掲げる一定の金額については、不動産所得、
事業所得又は山林所得の金額の計算上必要経費に算入することがで

きます（法52）。

　なお、繰り入れた金額は、その金額を翌年分の不動産所得、事業所得又は山林所得の金額の計算上、総収入金額に算入しなければなりません（法52③）。

　また、事業の全部を譲渡し又は廃止した年は、貸倒引当金勘定への繰入れは認められません。

　ご質問の場合、A社は6月に倒産し整理開始の申立てが行われた状況ですが、B社については、未収となった理由が不明ですが、単なる遅延では繰入れは認められません。したがって、A社の未収家賃のうち、預り保証金を除く金額の50％である125万円を貸倒引当金として繰り入れることができます（令144①四）。

$$\{(200万円＋100万円)－50万円\}×50％＝125万円$$

（参考）　所得税法に規定された貸倒引当金

1　個別に評価する債権に係る貸倒引当金への繰入限度額

　　不動産所得、事業所得又は山林所得を生ずべき事業を営む居住者が、その事業の遂行上生じた売掛金、貸付金、前渡金その他これらに準ずる金銭債権（以下「貸金等」といいます。）の貸倒れその他これに類する事由による損失の見込額として各年において貸倒引当金勘定に繰り入れた金額については、その繰り入れた金額のうち、その年12月31日においてその一部に損失が見込まれる貸金等の損失の見込額の合計額（次に掲げる金額の合計額（繰入限度額））までの金額は、その者のその年分の事業所得等の金額の計算上必要経費に算入されます（法52①）。

　(1)　会社更生法又は金融機関の更生手続の特例等に関する法律の

規定による更生計画認可の決定等一定の事由に基づいてその弁済を猶予され、又は賦払により弁済される場合における当該貸金等の額のうち、当該事由が生じた年の翌年1月1日から5年を経過する日までに弁済されることとなっている金額以外の金額（担保権の実行又は弁済（以下「取立て等」といいます。）の見込みがあると認められる部分の金額を除きます。）（令144①一イ～ニ、規35）

(2) 貸金等（上記(1)の適用があるものを除きます。）に係る債務者につき、債務超過の状態が相当期間継続してその営む業務に好転の見通しがないこと、災害、経済事情の急変等により多大な損害が生じたことその他の事由が生じていることにより、貸金等の一部の金額につきその取立て等の見込みがないと認められるときにおける当該一部の金額に相当する金額（令144①二）

(3) 貸金等（上記(1)及び(2)の適用があるものを除きます。）に係る債務者につき、会社更生法又は金融機関の更生手続の特例等に関する法律の規定による更生手続開始の申立て等一定の事由が生じている場合における当該貸金等の額（当該貸金等の額のうち、当該債務者から受け入れた金額があるため実質的に債権とみられない部分の金額及び担保権の実行、金融機関又は保証機関による保証、債務の履行その他により取立て等の見込みがあると認められる部分の金額を除きます。）の100分の50に相当する金額（令144①三イ～ホ、規35の2）

(4) 外国の政府、中央銀行又は地方公共団体に対する貸金等のうち、これらの者の長期にわたる債務の履行遅滞によりその経済的な価値が著しく減少し、かつ、その弁済を受けることが著し

く困難であると認められる事由が生じている貸金等の額（貸金
等のうち、これらの者から受け入れた金額があるため実質的に
債権とみられない部分の金額及び保証債務の履行その他により
取立て等の見込みがあると認められる部分の金額を除きます。）
の100分の50に相当する金額（令144①四）

2　一括して評価する債権に係る貸倒引当金への繰入限度額

　　事業所得を生ずべき事業を営む青色申告者がその事業に関し生
じた貸金等（上記1の対象となる貸金等を除きます。）の貸倒れ
による損失の見込額として次に掲げる金額を貸倒引当金勘定に繰
り入れたときは、その繰入額をその繰入れした年分の事業所得の
金額の計算上必要経費に算入することができます（法52②、令
145①）。

⑴　その事業の主たるものが金融業以外の事業である場合

$$\left(\begin{array}{l}\text{その年の12月31日現在における}\\ \text{貸金の帳簿価額の合計額}_{(注)}\end{array}\right) \times \frac{55}{1,000}$$

⑵　その事業の主たるもが金融業である場合

$$\left(\begin{array}{l}\text{その年12月31日現在における}\\ \text{貸金の帳簿価額の合計}_{(注)}\end{array}\right) \times \frac{33}{1,000}$$

　(注)　その者が年の中途において死亡した場合には、その死亡した時
　　における貸金の帳簿価額の合計額。

　　　なお次のようなものは、貸倒引当金の対象となる貸金には含ま
　　れません（基通52—17）。

　　⑴　保証金、敷金（土地建物等の賃借等に関連して無利息又は低
　　　利率で提供した協力金等を含みます。）、預け金その他これらに
　　　類する債権

　　⑵　手付金、前渡金等のように資産の取得の代価又は費用の支出

に充てるものとして支出した金額

(3)　前払給料、概算払旅費、前渡交際費などのように、将来精算
　　される費用の前払として一時的に仮払金、立替金などとして支
　　出した金額

(4)　雇用保険法、雇用対策法、障害者の雇用の促進等に関する法
　　律等の法令の規定に基づき交付を受ける給付金等の未収金

(5)　仕入割戻しの未収金

　　(注)　仮払金等として計上されている金額については、その実質的な
　　　　内容に応じて貸金に該当するかどうかを判定します。

　また、貸倒引当金勘定に繰り入れた金額は、上記1と同様、そ
の金額を、その翌年分の事業所得の金額の計算上、総収入金額に
算入しなければなりません（法52③）。

154　任意組合による不動産所得の計算

> 　問　私は、友人数名とともに任意組合をつくり不動産賃貸を行おうと思っていますが、不動産所得の計算はどのように行うのでしょうか。

　答　**任意組合員の各種所得の金額は、その組合の利益の額又は損失の額に基づき、各組合員の分配割合により計算します。**

　解説　収益の実質的な帰属者が誰であるかの判定に当たり、資産から生ずる収益を享受する人が誰であるかは、その収益の基因となる資産の真実の権利者が誰であるかによって行われることになります（基通12─1）。例えば不動産の所有者がその収益を処分する代りに、他人に自由に消費させている場合であっても、それは処分の一形態として、消費した者は、第二次的にその分配にあずかっているに過ぎないと見て、第一次的には不動産の所有者が収益を享受していると考えることもできます。

　あなたの場合にはその任意組合の詳細が判りませんが、その不動産賃貸が任意組合によるものと仮定しますと、次のように考えることができます。

　民法第667条《組合契約》の規定による組合（以下「任意組合」といいます。）の組合員のその組合に係る利益の額又は損失の額は、その年中におけるその組合の事業に係る利益の額又は損失の額のうち分配割合に応じて利益の分配を受けるべき金額又は損失を負

担すべき金額となります。この分配割合とは、組合契約に定める損
益分配の割合又は各組合員の出資の価額に応じた割合（民法第674
条《組合員の損益分配の割合》）による割合をいいます。

　そして、その組合が毎年1回以上一定の時期において組合事業の
損益を計算し、かつ、組合員への個々の損益の帰属がその損益発生
後1年以内である場合には、その組合の計算期間を基として計算
し、その計算期間の終了する日の属する年分の各種所得の金額の計
算上、総収入金額又は必要経費に算入することになります（基通
36・37共―19、19の2）。

　また、任意組合の組合員の各種所得の金額の計算上総収入金額又
は必要経費に算入する利益の額又は損失の額は、次の1の方法によ
り計算しますが、1によることが困難であり、かつ、継続して次の
2又は3の方法により計算している場合には、その計算も認められ
ます（基通36・37共―20）。

　なお、「1によることが困難である」には、組合事業について計
算される利益の額又は損失の額のその者への報告等の状況、その者
の当該組合事業への関与の状況その他の状況からみて、その者にお
いて当該組合事業に係る収入金額、支出金額、資産、負債等を明ら
かにできない場合も含まれます。

1　総額方式

　　組合事業の収入金額、支出金額（損益勘定）及び資産、負債等
　（資産負債勘定）のすべてについて、その分配割合に応じて各組
　合員のこれらの金額として計算する方法

2　中間方式（損益勘定方式）

　　組合事業の損益勘定である収入金額、その収入金額に係る原価

の額及び費用の額並びに損失の額だけに基づいて、その分配割合
に応じて各組合員のこれらの金額として計算する方法

　この方式による場合には、各組合員は、当該組合事業に係る取
引等について非課税所得、配当控除、確定申告による源泉徴収税
額の控除等に関する規定の適用はありますが、資産勘定の分配が
できないことから、引当金、準備金等に関する規定の適用はでき
ません。

3　純額方式

　組合事業について計算される利益の額又は損失の額をその分配
割合に応じて各組合員に按分する方法

　この方法による場合には、各組合員は、当該組合事業に係る取
引等について、非課税所得、引当金、準備金、配当控除、確定申
告による源泉徴収税額の控除等に関する規定の適用はなく、各組
合員に按分される利益の額又は損失の額は、当該組合事業の主た
る事業の内容に従い、不動産所得、事業所得、山林所得又は雑所
得のいずれか一の所得となります。

第6章

損益通算

155 自己の別荘の貸付けによる不動産所得の損失と損益通算

> 問　私は、会社の役員をしていますが、このたび軽井沢に
> あるリゾートマンションの一室を購入しました。私が利用しな
> い期間、この部屋の有効利用を図るため、年間30日は私が優先
> 的に一般の人に比べて低い料金で使用することを条件に、購入
> と同時に販売会社に賃貸しました。
>
> 販売会社に賃貸したことによる不動産所得については、減価
> 償却費や借入金利子のため損失が生じる見込みですが、この損
> 失は給与所得と通算することができますか。

答　主として保養の目的で所有する別荘の貸付けによる不動産所得の損失は、他の各種所得と損益通算をすることはできません。

解説　自己が保有する別荘を貸し付けたことによる所得は不動産所得となりますが、その不動産所得の損失を他の各種所得と損益通算できるかどうかは問題があります。

生活に通常必要でない資産のうち「通常自己及び自己と生計を一にする親族が居住の用に供しない家屋で主として趣味、娯楽又は保養の用に供する目的で所有するものその他主として趣味、娯楽、保養又は鑑賞の目的で所有する不動産」に係る所得の金額の計算上生じた損失の金額はないものとみなされますので、その損失を他の各種所得と損益通算することはできません（法69②、62①、令200、178）。

　ご質問の場合、このリゾートマンションは、保養地にあり、あなたと家族は通常は居住せず、あなたが別荘としての価値を十分享受することができる程度の優先利用期間を有していること（又は実際に利用していること）などからみて、主として保養の用に供する目的で所有しているものと思われますので、その貸付けによる不動産所得の損失の金額は、給与所得の金額から控除することはできません。

156 被災事業用資産の損失がある場合の損益通算

> 　**問**　私は、不動産所得（事業的規模）と事業所得を有する
> 白色申告者です。本年、アパートが火災にあい400万円の損失
> 額が発生しました。また、それ以外の損失100万円もあり、不
> 動産所得は赤字の500万円となりましたが、事業所得は黒字200
> 万円となりました。この場合、不動産所得の赤字と事業所得の
> 黒字との損益通算はどの順序でしたらよいのでしょうか。

答　**火災による損失以外の一般の損失を先に控除し、次に火災
による損失を控除します。**

解説　不動産所得、事業所得又は山林所得のなかに、「変動所得
の金額の計算上の損失」及び「変動所得の金額以外（普通所得の金
額といいます。）の計算上の損失」があるとき、又は普通所得の金
額の計算上の損失のうちに「被災事業用資産の損失の金額」がある
ときは、まず、変動所得の金額の損失の金額が残るように、次に被
災事業用資産の損失の金額が残るように損益通算をします（令
199）。

　これは、純損失の金額のうち変動所得の損失と被災事業用資産の
損失については3年間の繰越控除が認められますので、納税者に有
利となるように順序が定められているものです。

　したがって、ご質問の場合には、事業所得の黒字200万円から、
不動産所得の赤字のうち火災による損失以外の一般の赤字100万円

を控除し、次に火災による損失400万円を控除することになります。控除しきれない赤字300万円（純損失の金額）は、被災事業用資産の損失からなるものとされますので、翌年以後 3 年間の繰越控除が認められることになります（法70②）。

157 国外の資産（新築建物）から生じる不動産所得の損失と損益通算

> ［問］ 私は、米国にある新築のコンドミニアムを購入し賃貸
> している会社役員ですが、その国外の不動産に係る所得が損失
> であったような場合に役員報酬との損益通算は認められます
> か。また、アメリカと日本では耐用年数が異なると聞きました
> が、どちらを採用すればよいですか。

［答］ 国外の資産から生じる不動産所得の損失は、国外の中古建
物を除いて国内の資産から生ずる不動産所得の計算と同様ですか
ら、他の所得との損益通算は認められます。

　また、国外の資産に係る減価償却費の計算においても、日本の国
内法を適用して計算しますから、国外の中古建物を除いて日本の耐
用年数を適用します。

［解説］ 日本の所得税法では、居住者は、全世界の所得を申告しな
ければなりません（法7①一）が、国外の不動産に係る不動産所得
の金額の計算においても日本の国内法が適用され、国内の不動産に
係る不動産所得と同様の計算が行われます。

　ただし、国外の中古建物について、令和3年分の所得税から簡便
法等による耐用年数を用いて生じた不動産所得の損失については、
損益通算ができないこととなりました。

　なお、国外の不動産に係る不動産所得の申告に当たり次の点に注

意する必要があります。

① 外貨の邦貨換算について

　不動産所得の総収入金額の収入すべき時期は、契約又は慣習により支払日が定められている場合はその支払日とされていますので（基通36—5(1)）、国外の賃借人から家賃をドル建てで受け取った場合においても、その邦貨換算は、原則、契約書上の支払日におけるその者の主たる取引金融機関の対顧客直物電信売買相場の仲値（TTM）により評価することになります（法57の3、基通57の3—2）。

　ただし、不動産所得の金額の計算においては、継続適用を条件として、収入については取引日の対顧客直物電信買相場（TTB）、経費又は負債については取引日の対顧客直物電信売相場（TTS）によることができます（同通達ただし書）。

② 減価償却の計算について

　米国の所得税における減価償却の耐用年数と日本における減価償却の耐用年数が異なることから、米国における減価償却費の計算を日本の所得税法に基づく減価償却費の計算に直す必要があります。また、減価償却資産の取得価額についても、上記①と同様に取得した日の外国為替相場によって評価することになります。

③ 外国税額控除について

　米国の不動産所得に係る所得税の納付がある場合は、日本の所得税法で規定する外国税額控除の対象となります。

158　不動産所得に係る損益通算の特例制度の内容

> ┌─┐
> │問│　私は、サラリーマンですが、マンションを所有し貸し
> └─┘
> 付けています。
>
> 　その取得資金は、ほとんどが銀行からの借入金なので、毎年
> 不動産所得の赤字が生じています。この不動産所得の赤字につ
> いて、所得税法上の取扱いはどうなりますか。

｜答｜　不動産所得の赤字のうち、土地等を取得するために要した借入金の利子に相当する部分の金額は、他の所得と損益通算することはできません。

｜解説｜　不動産所得の金額の計算上生じた赤字の金額がある場合において、その不動産所得の金額の計算上必要経費に算入した金額のうちに、不動産所得を生ずべき業務の用に供する土地又は土地の上に存する権利（以下「土地等」といいます。）を取得するために要した負債の利子の額があるときは、その負債の利子の額に相当する部分の金額は、生じなかったものとみなされますので、不動産所得以外の各種所得の黒字の金額と損益通算をすることはできません（措法41の4）。

　この場合の土地等を取得するために要した負債の利子の額に相当する部分の金額（損益通算の対象とならない金額）は、次に掲げる区分に応じ、それぞれ次に掲げる金額とするとされています（措令26の6①）。

(1)　その年分の不動産所得の金額の計算上必要経費に算入した土地等を取得するために要した負債の利子の額が、その不動産所得の金額の計算上生じた赤字の金額を超える場合……その不動産所得の金額の計算上生じた赤字の金額の全額

(2)　その年分の不動産所得の金額の計算上必要経費に算入した土地等を取得するために要した負債の利子の額が、その不動産所得の金額の計算上生じた赤字の金額以下である場合……その不動産所得の金額の計算上生じた赤字の金額のうち、その不動産所得の金額の計算上必要経費に算入した土地等を取得するために要した負債の利子の額に相当する部分の金額

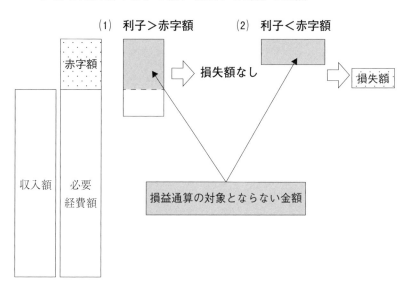

この規定は、他の各種所得との損益通算が認められないということですから、例えば、土地等の取得に要した負債の利子があるために赤字となる不動産所得と、それ以外の黒字となる不動産所得がある場合には、不動産所得内部での通算は認められます。

　なお、不動産の貸付規模の大小や所在地（国内外）を問わず、この規定の適用があります。

　また、組合契約により不動産賃貸を行っていて、損失が出ている方は、第168問「特定組合員の不動産所得に係る損益通算等の特例」も参照してください。

159　不動産所得に係る損益通算の特例（土地と建物を一括して借入金で取得した場合）

> ┌ 問 ┐　アパートの取得に当たり、土地と建物を一括して借入金で取得した場合に、借入金の利子の額は、土地の部分と建物の部分とに、どのような方法で区分すればよいのか教えてください。

■答■　借入金の利子の額は、その借入金がまず建物の取得のために充てられたものとして計算することができます。

┌ 解説 ┐　一の契約により同一の者から土地と建物を一括して借入金で取得した場合で、その借入金を土地と建物の別に区分することができないときは、不動産所得の金額の計算上生じた赤字の金額のうち土地の取得に要した負債の利子の額に相当する部分の金額として損益通算の対象とならない金額は、次によることができます（措令26の6②）。

⑴　その借入金の額から建物の取得価額に相当する金額を控除した結果残額がある場合において、その残額の借入金に係る利子の額より不動産所得の金額の計算上生じた赤字の金額の方が少ないとき……その不動産所得の金額の計算上生じた赤字の金額の全額

⑵　その借入金の額から建物の取得価額に相当する金額を控除した結果残額がある場合において、その残額の借入金に係る利子の額より不動産所得の金額の計算上生じた赤字の金額の方が多いとき

……その不動産所得の金額の計算上生じた赤字の金額のうち、その残額の借入金に係る利子の額に相当する部分の金額

具体的には次のようになります。

〔設　例〕

土地の取得価額　　　2,000万円
建物の取得価額　　　1,000万円
借入金の額　　　　　2,400万円
借入金の利子の額　　　96万円

① 土地の取得に要した借入金の額

$$2,400万円 - 1,000万円 = 1,400万円$$

② 土地の取得に要した借入金の利子の額

$$96万円 \times \frac{1,400万円}{2,400万円} = 56万円$$

③ 損益通算の対象とならない利子の額

　イ　不動産所得の金額の計算上生じた赤字の金額が30万円の場合

　　30万円＜56万円→<u>30万円</u>

　ロ　不動産所得の金額の計算上生じた赤字の金額が100万円の場合

　　100万円＞56万円→<u>56万円</u>

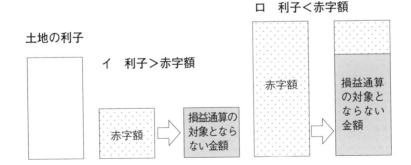

160　不動産所得に係る損益通算の特例（不動産所得を生ずべき業務の用とそれ以外の用とに併用する建物とともに土地を取得した場合）

> 　　問　　一部を自己の居住の用に供する貸家を自己資金と借入金により敷地とともに取得しました。
> 　この土地に係る借入金の利子が、損益通算の対象とならない場合があるそうですが、土地を取得するために要した借入金は、どのように計算するのでしょうか。
> 　　　　土地　　　1,200万円
> 　　　　建物　　　　800万円（居住部分40％）
> 　　借入金　　1,500万円
> 　　自己資金　500万円

　　答　　損益通算の対象とならない土地を取得するために要した借入金は420万円となります。

　解説　ご質問のような場合は、まず建物と土地の取得の対価の額及びこれらの資産の取得のために要した負債の額を不動産所得を生ずべき業務の遂行のために必要な部分の額とそれ以外の額とに区分し、その後に不動産所得を生ずべき業務の遂行のために必要な部分の額を基として計算することとなります（措令26の6、措通41の4―1）。

　具体的には次のとおりです。

① 建物の取得の対価の額を業務用と居住用に区分する。

  800万円×60％＝480万円……業務用

  800万円×40％＝320万円……居住用

② 土地の取得の対価の額を上記の比であん分する。

  1,200万円×60％＝720万円……業務用

  1,200万円×40％＝480万円……居住用

③ 借入金の額に業務用の割合を乗じ、業務用の借入金を算定する。

$$1,500万円×\frac{480万円＋720万円}{2,000万円}＝900万円$$

④ ③の業務用の借入金を①の建物の業務用に充て、次に②の土地の業務用に充てる。

  900万円－480万円＝420万円

 したがって、借入金のうち420万円が業務用の土地取得のために充てられたものとなります。

161　不動産所得に係る損益通算の特例（2年目以降の土地部分の利子）

> ┌─── 問 ───┐　私は、前年5月に土地付建物を借入金で取得し賃貸し
> ていますが、減価償却費及び借入金の利子等を差し引くと赤字
> となるため、損益通算の特例の対象となります。
> 　借入金は毎月一定額を返済していることから、返済を土地に
> 対する借入金から返済したとみなして2年目以降の年の土地の
> 部分の利子の額の計算をすることはできますか。

■答■　借入金の返済は土地の部分の借入金の額と建物部分の借入金の額との割合に応じて行われたものとして計算します。

解説　不動産所得を生ずべき業務の用に供する土地と建物を一括して取得した場合において、これらの資産を取得するために要した借入金の額がこれらの資産ごとに区分されていないことなどによりこれらの資産の別にその借入金の額を区分することが困難であるときは第159問で説明したように、借入金がまず建物の取得の対価に充てられたものとして土地を取得するために要した借入金の額を算定し、その算定した額に基づいて土地を取得するために要した借入金の利子の額を計算（土地の部分に充てられたとされる負債の額の割合を乗じて計算）することができることとされており、これは2年目以降も同様です（措令26の6、措通41の4—3）。

〔計算例〕

1年目（取得時）

　　○借入金の額　2,000万円

　　○土地の取得に要した借入金の額　1,200万円

　　○借入金利子　　80万円

　　$80万円 \times \dfrac{1,200万円}{2,000万円} = 48万円$ $\left(\begin{array}{l}土地の取得に要し \\ た借入金の利子\end{array}\right)$

2年目

　　○借入金の残高　1,900万円

　　○借入金利子　　70万円

　　$70万円 \times \dfrac{1,200万円}{2,000万円} = 42万円$ $\left(\begin{array}{l}土地の取得に要し \\ た借入金の利子\end{array}\right)$

162　不動産所得に係る損益通算の特例と消費税等の経理処理

> **問**　私は、都内で不動産貸付業を営む者ですが、本年、新たに賃貸用のマンションの土地（3,000万円）、建物（1,500万円　ほか消費税等150万円）を一括で取得しました。その取得資金は、自己資金2,650万円、銀行からの借入金2,000万円です。私の場合、不動産所得に係る損益通算の特例の計算上、土地の取得に係る借入金はいくらとみて計算すべきですか。

答　土地の取得に係る借入金は350万円となります。

解説　個人が不動産所得を生ずべき業務の用に供する土地等をその土地等の上に建築された建物（その付属設備を含みます。）とともに取得した場合（これらの資産を一の契約により同一の者から譲り受けたものに限ります。）に、これらの資産を取得するために要した借入金がこれらの資産ごとに区分されていない場合やその他の事情によりこれらの資産の別にその借入金を区分することが困難であるときは、借入金がまず建物の取得の対価の額に充てられ、次にその土地の取得の対価の額に充てられたものとして租税特別措置法第41条の4第1項《不動産所得に係る損益通算の特例》に規定する土地等の借入金に相当する部分の金額を計算できることとされています（措令26の6②）。

　この場合、取得した建物の購入価額に消費税等があるとき、租税特別措置法施行令第26条の6第2項の適用に当たって消費税をどの

ように取り扱うかという問題が生じます。

　消費税等の経理処理については、消費税等の額とその消費税等に係る取引の対価の額とを区分しないで経理する税込経理方式と消費税等の額とその消費税等に係る取引の対価の額とを区分して経理する税抜経理方式がありますが、免税業者にあっては、税込経理方式によることとされています（平元. 3 .29直所 3 ― 8 通達の「 5 」）。

　したがって、免税業者と税込経理を行っている課税事業者は同様の取扱いになり、消費税等相当額を含んだ額が建物の取得の対価の額になります。そこで、あなたが消費税等の免税事業者であるとき及び消費税等の税込経理方式をとっている者であるときは、租税特別措置法施行令第26条の 6 第 2 項の規定の適用を受けた場合の借入金の額は、建物1,650万円、土地350万円（2,000万円－1,650万円）に充てられたものとなります。

　また、あなたが税抜経理方式をとっている者であるときは、建物の取得の対価の額には消費税等の額は含まないこととなり、租税特別措置法施行令第26条の 6 第 2 項の規定を厳格に解した場合には、借入金は、まず、「建物の取得の対価の額」に、次に「土地等の取得の対価の額」に充てられ、最後に「消費税等の額」に充てられたものとすべきものと解されますが、①建物（付属設備を含みます。）と構築物とをその敷地の用に供されている土地等とともに取得した場合における租税特別措置法施行令第26条の 6 第 2 項の規定の適用に当たっては、その構築物の取得の対価の額を建物付属設備と同様に、その建物の取得の対価の額に含めて差し支えないことと取り扱われていること（措通41の 4 ― 2 ）及び②消費税等の経理処理により、不動産所得に係る損益通算の特例（措法41の 4 ）により生じな

かったものとみなされる損失の額が異なってくることは不合理であることから、税抜経理方式をとっている者においても不動産所得に係る損益通算の特例の適用に当たっては、その建物に係る消費税等の額は、その建物の取得の対価の額に含めて差し支えないこととして取り扱うのが相当であると思われます。

① 免税事業者又は税込経理の課税事業者

（借入金）　　　　　（建物）　　　　（土地の取得に充られた借入金）
2,000万円 － 1,650万円 ＝ 　　　350万円

② 税抜経理の課税事業者

（借入金）　　　（建物）　　（建物の消費税等の額）　（土地の取得に充られた借入金）
2,000万円 － 1,500万円 － 　150万円　　 ＝ 　　 350万円

163 国外中古建物から生じる不動産所得の損失と損益通算の概要

> ┌ **問** ┐ 国外の資産から生ずる不動産所得の損失についての制度が変わったと聞きましたが、その概要と留意事項を教えてください。

答 令和3年以降の各年において賃貸用の国外の資産（中古建物）（以下第163問～第167問において「国外中古建物」といいます。）を所有する場合で、その年分の不動産所得の金額の計算上生じた損失のうち、耐用年数を「簡便法」や一定の書類の添付がない「見積法」によって計算した減価償却費の額に相当する金額（以下第163問～第167問において「国外不動産所得の損失の金額」といいます。）については、損益通算の適用ができなくなりました。

解説 国外中古建物の耐用年数は、一般的に、国内の建物の耐用年数より長く、新築や中古及び取得後の改良工事などに関係なく定められていることが多いようです。中古建物の耐用年数の算定は、実務上、いわゆる簡便法（耐用年数省令第3条第1項第2号）や見積法（耐用年数省令第3条第1項第1号）によって新築建物の耐用年数から経過年数等を控除した年数を用いていることが多いと思われます。そのため、日本の税法に従って計算した不動産所得の金額に赤字が生じても、国外の税法に従って計算すると黒字になるケースが生じていました。

そのため、令和3年分の所得税から国外中古建物に係るその年分の不動産所得の金額の計算上生じた損失のうち、「国外不動産所得の損失の金額」については損失が「生じなかったもの」とされ国外の不動産所得以外の所得との損益通算を認めない改正が行われました（措法41の4の3①）。

「国外不動産所得の損失の金額」は、「青色申告決算書又は収支内訳書（不動産所得用）付表」を用いて算定し、「青色申告決算書（不動産所得用）」又は「収支内訳書（不動産所得用)」の必要経費となる減価償却費には、「国外不動産所得の損失の金額」を控除した金額を記載（措規18の24の2④）して、上記付表とともに申告書に添付して提出することとなります。

また、「国外不動産所得の損失の金額」の累積額については、その建物を譲渡するときや資産損失があったときの取得費の計算においては、減価償却費の累計額から控除する（減価償却しなかった）こととされています（措法41の4の3③、措令26の6の3⑤）。

そのため、「青色申告決算書（不動産所得用)」・「収支内訳書（不動産所得用)」の「減価償却費の計算」の「摘要」欄に「国外不動産所得の損失の金額」の累積額を記載して別途管理する必要があります。

ポイントを整理すると次のとおりです。

① 対象となるもの

国外の中古建物に係る賃貸物件のうち、耐用年数を簡便法又は一定の書類の添付がない見積法によって算定しているものです（措規18の24の2①）。

一定の書類については、第165問を参照してください。

② 「国外不動産所得の損失の金額」の算定手順

次の手順に従って算定しますが、具体的には「青色申告決算書又は収支内訳書（不動産所得用）付表」に沿って該当する金額を記入して算定します。

　ⅰ　損失となっている国外の中古建物ごとに、「損失金額のうち償却費の金額」、「損失金額のうち償却費以外の金額」の合計額を算出

　ⅱ　上記ⅰ以外の国外不動産所得の金額の合計額を算出

　ⅲ　上記ⅱの金額と上記ⅰの「損失金額のうち償却費以外の金額」を通算

　ⅳ　上記ⅲの通算後の金額と上記ⅰの「損失金額のうち償却費の金額」から「国外不動産所得の損失の金額」を算定

なお、作成した付表は、申告書に添付する必要があります。

③　②の累積額を別途管理

上記①を譲渡する場合や資産損失が発生した場合には、上記②の「国外不動産所得の損失の金額」の累積額は減価償却しなかったものとして譲渡所得の金額と資産損失の金額を算出することとなるため、毎年「青色申告決算書（不動産所得用）」・「収支内訳書（不動産所得用)」の「減価償却費の計算」の「摘要」欄に累積額を記載する必要があります。

164 国外中古建物から生じる不動産所得の損失と損益通算の計算例

問 私が所有する国外の建物から生ずる不動産所得金額（円換算後）の内訳は、次のとおりとなっています。国外の中古建物から生じる不動産所得の赤字は損益通算できないと聞きましたので、黒字となっている不動産所得だけ他の所得と合算して申告するのでしょうか。

　なお、中古建物の耐用年数は、いずれも簡便法で算定しています。

（単位：万円）

資産の名称	収入金額	必要経費計	うち減価償却費	不動産所得金額
a （中古）	100	110	30	△10
b （中古）	100	150	30	△50
c （中古）	150	145	70	5
d （新築）	150	165	100	△15
e （新築）	200	160	100	40

答 　2つの国外中古建物（a、b）から生じる損失とそれ以外の国外不動産所得との国外不動産所得内の損益通算を行って、「国外不動産所得の損失の金額」30万円を算定した後に、その金額について、「国外不動産所得の損失の金額」に占める、資産ごとの「損失の金額のうちの減価償却費の金額」の割合を用いてa（中古）に

7.5万円とｂ（中古）に22.5万円を按分します。

解説 「国外不動産所得の損失の金額」及び資産ごとの「損失の金額のうちの減価償却費の金額」は、次の手順で算定します（実務的には、次の①〜⑤は、「青色申告決算書又は収支内訳書（不動産所得用）付表」を使って算出し、申告書に添付することになります。）。

① 損失となっている国外中古建物（ａ、ｂ）ごとの「損失の金額のうちの減価償却費の金額」とその合計額の算出

　　資産ごとの「損失の金額のうちの減価償却費の金額」は、それぞれの損失の金額が限度になります（措令26の６の３①）。

　イ　損失の金額 ≦ 減価償却費 のとき 「損失の金額」

　　「ａ」 10万円 ≦ 30万円 ⇒ 10万円

　ロ　損失の金額 ＞ 減価償却費 のとき 「減価償却費」

　　「ｂ」 50万円 ≦ 30万円 ⇒ 30万円

　ハ　合計額　40万円　…Ａ

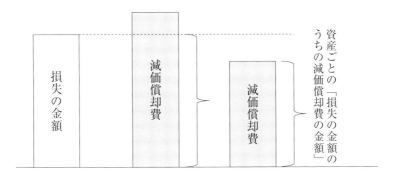

② 損失となっている国外中古建物（ａ、ｂ）ごとの「損失の金額のうちの減価償却費以外の金額」とその合計額の算出

　「損失の金額のうちの減価償却費以外の金額」は、損失の金額のうち必要経費となる金額ですので、損失の金額から上記①の金額を控除します。

　イ 「ａ」 10万円－10万円＝ 0

　ロ 「ｂ」 50万円－30万円＝20万円

　ハ 合計額 20万円 …Ｂ

③ ②以外の資産（ｃ、ｄ、ｅ）に係る不動産所得金額の合計額の算出

　上記②の金額と国外不動産所得内の損益通算をするために、上記②以外の資産に係る不動産所得金額の合計額を算出します。

　ｃ 5＋(△)15＋40＝30万円 …Ｃ

④ 国外不動産所得内の損益通算後の「不動産所得金額」の算出

　上記③Ｃから上記②Ｂを控除します。

　30－20＝10万円 …Ｄ

⑤ 「国外不動産所得の損失の金額」の算定

　上記④の「不動産所得金額」を超える金額は必要経費と認められませんので、上記①Ａの金額から上記④Ｄの金額を控除（マイナスのときは零）します（措令26の6の3②）。

　40－10＝30万円

⑥ 資産ごとの「国外不動産所得の損失の金額」の算定

　国外中古建物に係る不動産所得の金額の計算については、それぞれの資産ごとに計算する必要がありますので、資産ごとの

「国外不動産所得の損失の金額」を次のとおり算定します。

　「国外不動産所得の損失の金額」に、「損失の金額のうちの減価償却費の金額」（上記①Ａ）に占める、資産ごとの「損失の金額のうちの減価償却費の金額」（上記①イ、ロ）の割合を乗じた金額とされています（措令26の６の３④）。

　a　30×（10÷40）＝　7.5万円
　b　30×（30÷40）＝22.5万円

　なお、按分計算における小数点以下については、切り上げ処理ができることとされています。

××年分　青色申告決算書又は収支内訳書（不動産所得用）付表

《国外中古建物の不動産所得に係る損益通算等の特例》

氏名　○○　○○○

○　国外中古建物（所得金額が赤字になる場合）の損失金額等

資産の名称	A 収入金額	B 必要経費	C 損失金額 (B-A)	D Bのうち必要経費のうち減価償却費の金額	E 国外中古建物の損失金額のうち償却費の金額（EはCまたはDのいずれか少ない方の金額）	F 国外中古建物の損失金額のうち償却費以外の金額 (C-E)
	円	円	円	円	円	円
a	1,000,000	1,100,000	100,000	300,000	100,000	0
b	1,000,000	1,500,000	500,000	300,000	300,000	200,000
合計	2,000,000	2,600,000	600,000	600,000	400,000 (Mに転記)	200,000 (Kに転記)

○　国外中古建物（所得金額が赤字になる場合）以外の国外不動産の所得金額

資産の名称	G 収入金額	H 必要経費	I 所得金額 (G-H)
	円	円	円
c	1,500,000	1,450,000	50,000
d、e	3,500,000	3,250,000	250,000
合計	5,000,000	4,700,000	300,000 (Jに転記)

○　国外不動産所得の損失の金額の計算

J	国外中古建物（所得が赤字になる場合）以外の国外不動産の所得金額の合計額【Iの合計を転記】	300,000 円
K	国外中古建物の損失金額のうち償却費以外の金額の合計額【Fの合計を転記】	200,000
L	国外不動産の所得金額（国外中古建物の損失金額のうち償却費以外の金額控除後）の合計額【J−K】（赤字の場合は0）	100,000
M	国外中古建物の損失金額のうち償却費の金額の合計額【Eの合計を転記】	400,000
N	損益通算ができない国外不動産所得の損失の金額【M−L】（赤字の場合は0）	300,000

165　損益通算が認められない国外中古建物

> ┃問┃　国外に所有する中古マンションに係る赤字は損益通算
> ができないと聞きましたが、国外の不動産がすべてその対象と
> なるのでしょうか。

■答■　国外の中古建物に係る不動産所得の計算上生じた損失のう
ち、減価償却費の計算に際して使用する耐用年数について、いわゆ
る簡便法や「一定の書類」の提出がない見積法によっているものが
対象となります。

┃解説┃　損益通算ができない国外中古建物は、次の建物とされてい
ます（措規18の24の2①②、耐令3①）。

①　耐用年数を経過年数によって算定する「簡便法」としている
　　もの

②　耐用年数を見積りによって算定する「見積法」としているも
　　の

　　ただし、「見積法」については、以下のいずれかの書類又は
　　その写し（この項において「一定の書類」といいます。）を確
　　定申告書に添付し、その書類により耐用年数が適当であると確
　　認できるものは除かれます。

　イ　建物が所在している国の法令に基づく耐用年数に相当する
　　　年数としている旨を明らかにする書類

　ロ　不動産鑑定士又は当該建物の所在している国の不動産鑑定

士に相当する資格を有する者が使用可能期間を見積もった旨
を証する書類

ハ　上記イ又はロによることが困難な場合、建物を取得した際
の取引の相手方又は仲介をした者の当該建物の使用可能期間
を見積もった旨を証する書類

166 国外中古建物の不動産に共通する必要経費がある場合の 配分方法

> **問** 私は、国内に駐車場1か所と、国外に中古マンション2棟、駐車場1か所を賃貸しています。
>
> お聞きするところによると国外の中古マンションの貸付けによる所得金額については、それぞれの物件ごとに所得金額を計算する必要があるとのことですが、管理費などの5費目については物件ごとに区分されることなく個々の費目ごとの合計額で請求されています。この5費目については、どのような方法で配分すればいいのでしょうか。
>
> なお、この5費目は、すべての物件に共通する3費目（3費目の合計額を「共通経費①」とします。）と国外物件に共通する2費目（2費目の合計額を「共通経費②」とします。）で、共通する費用などの内訳は次のとおりになっています。
>
> | 賃貸不動産の内訳 | 取得価額 | 収入金額 | 共通経費① | 共通経費② |
> |---|---|---|---|---|
> | 国内駐車場 | 500 | 100 | | 50 |
> | 国外 中古マンションA | 1,000 | 200 | 200 | 100 |
> | 国外 中古マンションB | 800 | 150 | | |
> | 国外駐車場 | 300 | 50 | | |
>
> (注) 国外不動産の金額は円換算後で、すべての賃貸不動産に私用部分はありません。

答　複数の資産の貸付けに係る共通する費用（以下「共通必要経費」といいます。）は、個々の費目ごとに合理的と認められる基準によって配分することとされていますが、継続して適用することを条件に、個々の費目に分けることなく一括して「収入金額」又は「資産の取得価額」を基準に配分することが認められています。

解説　国外中古建物に係る不動産所得の金額の計算については、それぞれの資産ごとに計算する必要がありますが、国内や国外に所有する複数の資産に係る共通必要経費がある場合には、収入金額その他の基準のうち、その資産の貸付けの内容や費用の性質に照らして合理的と認められる方法によって配分することとされています（措令26の6の3③、措規18の24の2）。

　なお、この基準は、個々の費目ごとに合理的と認められるものとされていますが、個人の事務負担等に配慮する観点から、継続適用を条件に、同一の2以上の資産に係る共通必要経費を個々の費目ごとに分けることなく一括して次に掲げるいずれかの方法によって配分している場合には、これを認めて差し支えないものとされています（措通41の4の3―1）。

1　収入金額による配分方法

　共通必要経費の額に、イに掲げる金額のうちにロに掲げる金額の占める割合を乗じて配分する。

イ　その年分の2以上の資産に係る貸付けによる不動産所得に係る総収入金額の合計額

ロ　その年分の2以上の資産のうち、それぞれの資産の貸付けによる不動産所得に係る総収入金額

2 取得価額による配分方法

　共通必要経費の額に、イに掲げる金額のうちにロに掲げる金額の占める割合を乗じて配分する。

　なお、取得価額による配分方法の場合においては、その計算の対象となる資産が「家事兼用資産」であるときは、その資産の取得価額に業務の用に供している部分の割合を乗じた金額を取得価額として計算を行うことになります。

イ　その年分の2以上の資産の取得価額（その資産の業務の用に
　　供した部分に相当する金額に限ります。ロにおいて同じです。）
　　の合計額

ロ　その年分の2以上の資産のうち、それぞれの資産の取得価額

　ご質問の国外中古マンションAについては、次のとおりとなります。

(1)　収入金額による配分方法の場合

　　ⅰ　「共通経費①」の配分

　　　　200×200（国外中古建物Aの「収入金額」）／500（不動産
　　　の「収入金額」の合計額）＝80

　　ⅱ　「共通経費②」の配分

　　　　100×200（国外中古建物Aの「収入金額」）／400（国外不
　　　動産の「収入金額」の合計額）＝50

　　ⅲ　収入金額による配分額の合計額

　　　　80＋50＝130

(2)　取得価額による配分方法の場合

　　ⅰ　「共通経費①」の配分

372 第 6 章　損益通算

200×1,000（国外中古建物Ａの「取得価額」）／2,600（不動産の「取得価額」の合計額）＝76.9

ⅱ　「共通経費②」の配分

100×1,000（国外中古建物Ａの「取得価額」）／2,100（国外不動産の「取得価額」の合計額）＝47.6

ⅲ　取得価額による配分額の合計額

76.9＋47.6＝124.5

国外中古マンションＡ以外の賃貸不動産に係る共通必要経費についても、採用した配分方法によって「共通経費」を配分します。

167 「国外不動産所得の損失の金額」がある資産の譲渡の取得費

> ┌──┐
> │ 問 │　私は、国外中古建物を賃貸していますが、これまで損
> └──┘
> 益通算できなかった「国外不動産所得の損失の金額」があり、
> その累積額や減価償却費などの金額（円換算後）は、次のとお
> りです。
>
> 　また、私はこの資産を本年譲渡したのですが、譲渡所得の金
> 額の計算の際に控除する取得費は、取得価額1,000万円から減
> 価償却費の累積額50万円を控除して、国外不動産所得の損失の
> 金額の累積額10万円を加算した960万円となるのでしょうか。
>
> 　なお、取得してから譲渡するまでの期間は賃貸し、次の「減
> 価償却費の累積額」と「国外不動産所得の損失の金額の累積
> 額」は、昨年末までの金額です。
>
> （単位：万円）
>
> | 取得価額 | 譲渡価額 | 減価償却費の累積額 | 国外不動産所得の損失の金額の累積額 | 譲渡費用の額 |
> |---|---|---|---|---|
> | 1,000 | 1,200 | 50 | 10 | 30 |

┌──┐
│ 答 │　譲渡した年分についても、減価償却費の計算とともに「国
└──┘
外不動産所得の損失の金額」を算定した上で、譲渡所得の金額を算
出することになります。

┌──┐
│解 説│　建物の譲渡所得の金額の算出に使用する「取得費」は、取
└──┘

得価額（取得に要した費用を含みます。）から、取得時から譲渡時までの期間において、業務用や私用として使われた減価償却費の累積額を控除した金額とされています（法38）。

　一方、「国外不動産所得の損失の金額」は、令和3年分から「生じなかったもの」とされるとともに、その建物を譲渡するときの「取得費」の計算においては、減価償却費の累積額からその累積額を控除（減価償却しなかったものと）することとされています（第163問参照）（措法41の4の3③、措令26の6の3⑤）。

$$取得費 = 取得価額 - \left(減価償却費の累積額 - \begin{array}{c} 国外不動産所得の \\ 損失の金額の累積額 \end{array} \right)$$

　ご質問の場合については、譲渡時までの本年の減価償却費が5万円、国外不動産所得の損失の金額が3万円であったとすると次のようになります。

　1,000 − {(50 + 5) − (10 + 3)} ＝958万円

168　特定組合員の不動産所得に係る損益通算等の特例

> 問　組合契約により不動産賃貸を行っていて損失が出る場合に、不動産所得の計算上特別な規定があると聞きましたが、その内容はどのようなものですか。

答　不動産所得を生ずべき事業を行う民法組合等の一定の個人組合員が、その年分の不動産所得の金額の計算上、組合事業から生じた不動産所得の損失額については、生じなかったものとされます。

解説　特定組合員又は特定受益者に該当する個人が、組合事業や信託において営まれる事業（以下「組合事業等」といいます。）から生ずる不動産所得を有している場合、その年分の不動産所得の金額の計算上、その組合事業等による不動産所得の損失の金額として計算した金額（（注４）の「組合事業等による不動産所得の損失の金額の計算」により計算した金額をいいます。）があるときは、その損失の金額に相当する金額は、生じなかったものとみなされます（措法41の４の２①）。

（注１）　特例の対象となる組合契約の範囲

　　　　特例の対象となる組合契約は、次に掲げる組合契約です（措法41の４の２②、措令26の６の２⑤）。

　　イ　民法第667条第１項に規定する組合契約（いわゆる任意組合契約）

ロ　投資事業有限責任組合契約に関する法律第3条第1項に規定する投資事業有限責任組合契約

ハ　外国における上記イ及びロに類する契約（外国における有限責任事業組合契約に関する法律第3条第1項に規定する有限責任事業組合契約に類する契約を含みます。）

※　外国における任意組合契約又は投資事業有限責任組合に類する契約には、例えば、米国におけるゼネラル・パートナーシップ（構成員であるすべてのパートナーが経営を担い、事業から生じた損失について、それぞれが無限責任を負うゼネラル・パートナーから成るパートナーシップ）契約やリミテッド・パートナーシップ（事業の経営を担い、無限責任を負う1人以上のゼネラル・パートナーと事業の経営には参加しないで、出資の範囲内で有限責任を負う1人以上のリミテッド・パートナーから成るパートナーシップ）契約等が想定されます。

なお、パートナーシップ契約であっても、その事業体の個々の実体等により外国法人と認定される場合には特例の対象となる組合契約にはなりません。

（注2）　特定組合員

特定組合員とは、組合契約を締結している組合員である個人のうち、組合事業に係る重要な財産の処分若しくは譲受け又は組合事業に係る多額の借財に関する業務（以下「重要業務」といいます。）の執行の決定に関与し、かつ、重要業務のうち契約を締結するための交渉その他の重要な部分を自ら執行する組合員以外の組合員をいいます（措法41の4の2①、措令26の6の2①）。

　なお、組合契約を締結している組合員である個人が、各年において特定組合員に該当するかどうかは、その年の12月31日（その組合員がその年の中途において死亡し又は脱退した場合には、その死亡又は脱退した日）において判定します（措令26の6の2②）。

　また、組合員である個人が、組合事業の業務執行組合員又は業務執行組合員以外の者に組合事業の業務の全てを委任している場合には、組合事業に係る重要業務の執行の決定に関与し、かつ、重要業務のうち契約を締結するための交渉その他の重要な部分を自ら執行しているかどうかにかかわらず、特定組合員に該当します（措令26の6の2③）。つまり、組合事業が私法上各組合員の共同事業であるといっても、組合契約において業務の執行の全部を業務執行組合員や第三者に委任している組合員についてはいわゆる形式基準により特定組合員になります。

（注3）　特定受益者

　　信託の受益者（受益者としての権利を現に有するものに限ります。）及び信託の変更をする権限を現に有し、かつ、当該信託の信託財産の給付を受けることとされている者をいいます。

（注4）　組合事業等による不動産所得の損失の金額の計算

　　組合事業等による不動産所得の損失の金額とは、特定組合員又は特定受益者のその年分における組合事業等から生ずる不動産所得の総収入金額に算入すべき金額の合計額が、その組合事業等から生ずる不動産所得の必要経費に算入すべき金額の合計額に満たない場合の、その満たない部分の金額に相当する金額です（措令26の6の2④）。

　なお、この組合事業等による不動産所得の損失の金額について
は、各組合契約の組合事業等ごとに計算しますから、その年中に
組合事業等による不動産所得の損失の金額のほかに別の黒字の組
合事業等による不動産所得の金額や組合事業等以外の一般の不動
産所得の金額があったとしても、その組合事業等による不動産所
得の損失の金額は、他の黒字の組合事業の不動産所得の金額や組
合事業等以外の不動産所得の金額から控除（不動産所得内の通
算）することはできません（措通41の4の2─1）。

169　特定組合員に該当するか否かの判定

　　答　　一律に基準を設けることは適当ではなく、個々の組合契約における事業の状況等を総合的に勘案して判断することになります。

　解説　任意組合契約等の組合事業の「重要な財産の処分若しくは譲受け」に該当するか否かは、その財産の価額やその種別だけでなく、その借財が組合の総資産に占める割合や財産の保有目的といった個々の組合の事情等によって異なるものであり、また「多額の借財」に該当するか否かについても、借財の額だけでなく、その借財が組合の総資産及び経常利益等に占める割合や借財の目的といった個々の組合の事情等によって異なるものです。

　したがって、「重要な財産の処分若しくは譲受け」に該当するか否かを判断するに当たっては、その財産の価額、その財産が組合事

業に係る財産に占める割合、その財産の保有又は譲受けの目的、処分又は譲受けの行為の態様やその組合事業における従来の取扱いの状況等を総合的に勘案して行うことになります。また、「多額の借財」か否かを判断するに当たっても、その借財の額、その借財が組合事業に係る財産及び経常利益等に占める割合、借財の目的やその組合事業における従来の取扱いの状況等を総合的に勘案して行うことになります（措通41の4の2─2、3）。

170　不動産所得に係る損益通算の特例と特定組合員の不動産所得に係る損益通算等の特例の適用関係

> ［問］　任意組合の組合事業から生ずる不動産所得について、土地等を取得するために要した負債の利子がある場合の不動産所得の計算方法はどのようになりますか。
>
> 〔設例〕
>
> ・組合事業から生ずる不動産所得の総収入金額　　　10,000,000円
>
> 　　　　　　　　　　　必要経費　　13,000,000円
>
> 　（必要経費のうち土地等を取得するために要した
>
> 　　　　　　　　　負債の利子の額　5,000,000円）
>
> ・組合事業以外から生ずる不動産所得の総収入金額　20,000,000円
>
> 　　　　　　　　　　必要経費　25,000,000円

［答］　不動産所得の金額（△5,000,000円）の計算上必要経費に算入した金額の中には、土地等の負債の利子の額2,000,000円が含まれますから、損益通算において、損失の金額（△5,000,000円）のうち△3,000,000円が損益通算の対象となります。

［解説］　不動産所得に係る損益通算の特例（措法41の4）と特定組合員の不動産所得に係る損益通算等の特例（措法41の4の2）の両方の特例の適用がある場合は、先に特定組合員の不動産所得に係る損益通算等の特例を適用して算出した不動産所得の金額について、不動産所得に係る損益通算の特例が適用されることになります。

　この場合、その年分の不動産所得の金額の計算上必要経費に算入した土地等を取得するために要した負債の利子の額は、組合事業に係る不動産所得を生ずべき業務の区分ごとに、次により計算した金額の合計額となります（措通41の4—4）。

イ　当該負債の利子の額が、特定組合員の不動産所得に係る損益通算等の特例の規定の適用により不動産所得の金額の計算上、生じなかったこととみなされる金額（以下「不動産所得の金額の計算について生じなかったものとみなされる金額」といいます。）を超える場合……当該超える部分に相当する額

ロ　当該負債の利子の額が、不動産所得の計算について生じなかったものとみなされる金額以下である場合……当該負債の利子はなかったものとなります。

　ご質問の場合の計算は、以下のとおりとなります。

【組合事業から生ずる不動産所得の金額】

①　10,000,000円 − 13,000,000円 ＝ △3,000,000円
　　（総収入金額）　（必要経費）

> この損失は生じなかったものとみなされます

②　組合事業から生ずる不動産所得の金額は0円。

　　なお、組合事業から生ずる不動産所得の金額の計算上必要経費に算入した金額の中には、不動産所得を生ずべき業務の用に供する土地等を取得するために要した負債の利子2,000,000円が含まれることになります（措法41の4—4）。

土地等を取得するために要した負債の利子の額…5,000,000円　3,000,000円

①の生じなかったものとされる金額

2,000,000円

不動産所得の金額は0円。
なお、この不動産所得の金額の計算上必要経費に算入した金額の中に、土地等を取得するために要した負債の利子が2,000,000円含まれます。

総収入金額
10,000,000円

その他の必要経費
8,000,000円

【組合事業以外から生ずる不動産所得の金額】

③　20,000,000円－25,000,000円＝△5,000,000円
　　（総収入）　　　（必要経費）

【不動産所得内の通算】

④　0円＋△5,000,000円＝△5,000,000円
　　（②）　　（③）　　（不動産所得の金額）

【損益通算の対象額】

　不動産所得の金額（△5,000,000円）の計算上必要経費に算入した金額の中には、上記②のとおり土地等の負債の利子の額2,000,000円が含まれますから、損益通算において、④の損失の金額（△5,000,000円）のうち負債の利子に相当する金額（2,000,000円）は生じなかったものとみなされ、△3,000,000円が損益通算の対象となります（措法41の4、措令26の6）。

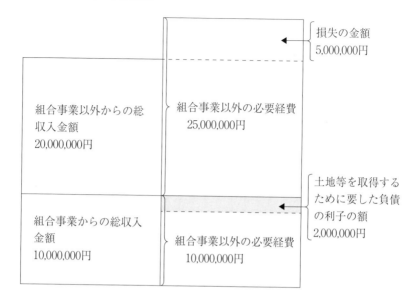

171　有限責任事業組合の事業に係る組合員の事業所得等の所得計算の特例

> ［問］　有限責任事業組合契約により不動産賃貸を行っていて損失が生じた場合に、不動産所得の計算上特別な規定が設けられていると聞きましたが、その内容はどのようなものでしょうか。

［答］　有限責任事業組合（LLP）契約を締結している個人組合員について、その組合事業から生ずる不動産所得による損失の金額がある場合には、その損失の金額のうち出資の価額を基礎とする一定の金額を超える部分の金額は、その年分の不動産所得の金額の計算上、必要経費に算入することはできません。

［解説］　有限責任事業組合契約に関する法律（以下「有限責任事業組合契約法」といいます。）第3条第1項に規定する有限責任事業組合契約を締結している個人組合員が、各年において、その組合事業から生ずる不動産所得、事業所得又は山林所得を有する場合に、その組合事業によるこれらの所得の損失の金額として下記1の「組合事業による事業所得等の損失額」により計算した金額があるときは、その損失額のうちその組合事業に係るその個人組合員の出資の価額を基礎として下記2の「調整出資金額」により計算した金額を超える部分に相当する金額は、その年分の不動産所得の金額、事業所得の金額又は山林所得の金額の計算上、必要経費に算入しないこ

ととされています（措法27の2①）。

　民法組合の組合員は無限責任であるのに対し、有限責任事業組合の組合員は全員が有限責任であるため、組合の活動によって法的責任が生じても出資の範囲に限られます。そのため、組合員に帰属する組合の損失は、出資の価額が上限となっているものです。

1　組合事業による事業所得等の損失額

　組合事業による事業所得等の損失額とは、組合契約を締結している個人組合員の、その年分における組合事業から生ずる不動産所得、事業所得又は山林所得の総収入金額に算入すべき金額が、その組合事業から生ずる不動産所得、事業所得又は山林所得の必要経費に算入すべき金額の合計額に満たない場合の、その満たない部分の金額に相当する金額です（措令18の3①）。

　この損失額の計算は、組合契約ごとに行いますので、例えば、ある有限責任事業組合がサービス業と不動産貸付業を行い、その個人組合員が組合事業から生ずる事業所得と不動産所得を有する場合には、その組合事業の事業所得と不動産所得の必要経費の合計額や組合事業の事業所得と不動産所得の総収入金額の合計額を超えているかどうかにより組合事業による事業所得等の損失額が生ずるかどうかを判定することになります。

　したがって、組合事業から生ずる不動産所得に損失が生じてい

ても同じ組合事業から生ずる事業所得が黒字であり、これらを合計すると結果的に組合事業による事業所得等の損失額が生じない場合には、この特例の適用はありません。

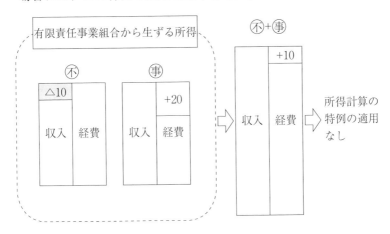

2　調整出資金額

　調整出資金額とは、有限責任事業組合の計算期間（有限責任事業組合契約法第４条第３項第８号の組合の事業年度の期間をいいます。）の終了の日の属する年における、その組合契約を締結している個人組合員のその組合事業に係る次の(1)及び(2)の金額の合計額から(3)の金額を控除した金額（その控除した金額が零(0)を下回る場合には、零(0)）とされています（措法27の２①、措令18の３②、措規９の６①）。

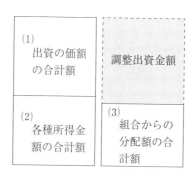

(1) 出資の価額の合計額

　　その年の計算期間の終了の日が到来する計算期間（その年に計算期間の終了する日が2以上ある場合には、最も遅い終了の日の属する計算期間）の終了の時までに、その個人組合員がその組合契約に基づいて有限責任事業組合契約法第11条の規定により出資をした同条の金銭その他の財産の価額で同法第29条第2項の規定によりその有限責任事業組合の会計帳簿に記載された同項の出資の価額の合計額に相当する金額

(2) 各種所得金額の合計額

　　その年の前年に計算期間の終了する日が到来する計算期間（その年に計算期間の終了する日が2以上ある場合には、最も遅い終了の日の属する計算期間）以前の各計算期間においてその個人組合員の組合事業から生ずる各種所得の収入金額とすべき金額又は総収入金額に算入すべき金額の合計額から、各種所得の以下のイからニまでの金額の合計額を控除した金額のその計算期間における合計額に相当する金額

　イ　その個人の組合事業から生ずる配当所得

　　　配当所得の金額の計算上その組合事業から生ずる配当所得

の収入金額から控除される負債の利子の額の合計額

ロ　その個人の組合事業から生ずる不動産所得、事業所得、山
　林所得又は雑所得

　　不動産所得の金額、事業所得の金額、山林所得の金額又は
　雑所得の金額の計算上その組合事業から生ずる不動産所得、
　事業所得、山林所得又は雑所得の総収入金額から控除される
　必要経費の額

ハ　その個人の組合事業から生ずる譲渡所得

　　譲渡所得の金額の計算上その組合事業から生ずる譲渡所得
　の総収入金額から控除される資産の取得費及びその資産の譲
　渡に要した費用の額の合計額

ニ　その個人の組合事業から生ずる一時所得

　　一時所得の金額の計算上その組合事業から生ずる一時所得
　の総収入金額から控除される収入を得るために支出した金額
　の合計額

⑶　組合からの分配額の合計額

　　その年に計算期間の終了の日が到来する計算期間（その年に
　計算期間の終了する日が２以上ある場合には、最も遅い終了の
　日の属する計算期間）の終了の時までにその個人が交付を受け
　た金銭その他の資産に係る有限責任事業組合契約法第35条第１
　項に規定する分配額（分配した組合財産の帳簿価額をいいま
　す。）のうち、その個人がその交付を受けた部分に相当する金
　額の合計額に相当する金額

172 有限責任事業組合の事業に係る組合員の事業所得等の所得計算の特例と不動産所得に係る損益通算の特例の適用関係

> **問** 有限責任事業組合の組合事業から生ずる不動産所得について、土地等を取得するために要した負債の利子がある場合の不動産所得の計算方法はどのようになりますか。
>
> 〔設例〕
> ・組合事業から生ずる不動産所得の総収入金額　　10,000,000円
>
> 必要経費　13,000,000円
>
> （必要経費のうち土地等を取得するために要した
>
> 負債の利子の額　5,000,000円）
>
> 調整出資金額　2,000,000円

答 組合事業の計算の特例を適用後の不動産所得の金額（△2,000,000円）の計算上必要経費に算入した金額の中には、土地等の負債の利子の額2,000,000円が含まれますから、損失の金額（△2,000,000円）は他の各種所得の金額から控除することはできません。

解説 不動産所得に係る損益通算の特例（措法41の4）と有限責任事業組合の事業に係る組合員の事業所得等の所得の計算の特例（措法27の2）の両方の特例の適用がある場合は、先に有限責任事業組合の事業に係る組合員の事業所得等の所得計算の特例が適用さ

れることになります。

この場合、その年分の不動産所得の金額の計算上必要経費に算入した土地等を取得するために要した負債の利子の額は、組合事業に係る不動産所得を生ずべき業務の区分ごとに、次により計算した金額の合計額となります（措通41の4―4）。

イ　当該負債の利子の額が、有限責任事業組合の事業に係る組合員の事業所得等の所得計算の特例の規定の適用によりその年分の不動産所得の金額の計算上必要経費に算入しないこととされる金額（以下「不動産所得の必要経費不算入の額」といいます。）を超える場合……当該超える部分に相当する額

ロ　当該負債の利子の額が、不動産所得の必要経費不算入額以下である場合……当該負債の利子はなかったものとなります。

ご質問の場合の計算は、以下のとおりとなります。

【組合事業から生ずる不動産所得計算の特例を適用した所得の金額】

① 　10,000,000円－13,000,000円＝△3,000,000円
　　（総収入金額）　（必要経費）

② 　3,000,000円－　2,000,000円　＝1,000,000円
　　　　（①）　　　（調整出資金額）　$\left(\begin{array}{l}\text{必要経費に算入しない}\\\text{こととされる金額}\end{array}\right)$

③ 　10,000,000円－（13,000,000円－1,000,000円）＝△2,000,000円
　　（総収入）　　（必要経費）　　　（②）　（不動産所得の金額）

【損益通算の対象額】

　組合事業から生ずる所得計算の特例を適用した後の不動産所得の金額（△2,000,000円）の計算上必要経費に算入した金額の中には、土地等の負債の利子の額2,000,000円が含まれますから、損益通算において、③の損失の金額（△2,000,000円）のうち負債の利子に相当する金額（2,000,000円）は生じなかったものとみなされ、△2,000,000円は損益通算の対象となりません（措法41の4、措令26の6、法69）。

【不動産所得に係る損益通算の特例を適用した所得の金額】

④　10,000,000円－（13,000,000円－1,000,000円－2,000,000円）
　　（総収入）　　（必要経費）　　（②）　　　　（③）

＝　0円
（不動産所得の金額）

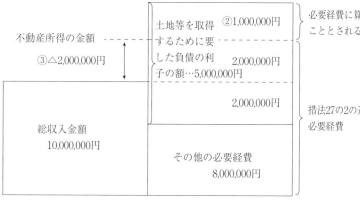

第7章

純損失等の繰越控除

173　任意の年分から繰越控除することの可否

> ┌**問**┐　私は、不動産貸付業（事業的規模）を営む青色申告者
> ですが、前年アパートが火災にあい、所得の計算上損失が生じ
> たので、本年は前年に発生した純損失の繰越控除ができると考
> えています。しかし、本年の所得はそれ程多くならない見込み
> なので、本年分の申告には純損失の繰越控除をせず、来年分の
> 申告のときに繰越控除を受けるようにしたいのですが、よろし
> いでしょうか。

■**答**■　**繰越損失額は、任意の金額を任意の年分で繰越控除するこ
とはできません。**

┌**解説**┐　純損失の繰越控除を受けるためには、純損失の生じた年分
の確定申告書を期限内に提出し、その後の年分についても連続して
確定申告書を提出することが必要とされています（法70④）。

　純損失の金額はこの連続して提出した確定申告書（純損失の生じ
た年の翌年以後の申告書）に係る年分の総所得金額等から「控除す
る」とされておりますので、任意に控除できるのではなく、純損失
の金額に達するまで連続して順次強制的に控除しなければならない
と考えられます。

　具体的な例で説明しますと、例えば、本年に400万円の純損失が
生じ、翌年以後の所得がそれぞれ、翌年100万円、翌々年400万円、
明明後年600万円であったとした場合、翌年からは控除せず、翌々

年から100万円、明明後年から300万円というように控除することは
できません。

　この例の場合には、翌年分から100万円、翌々年分から300万円控
除することになります。

174 青色申告者の純損失の繰越控除

> 【問】 私は、不動産貸付業（事業的規模）を営む青色申告者
> でしたが、本年５月１日に法人組織としすべての賃貸用不動産
> を、その法人に現物出資をしました。本年の不動産所得は赤字
> で法人からの給与所得と損益通算してもまだ純損失の金額が生
> じましたが、この金額を翌年に繰り越して控除することができ
> ますか。
> なお、翌年の所得は給与所得だけの見込みです。

【答】 純損失が生じた年分に損失申告書（青色申告用）を提出
し、その後の年分について連続して確定申告書を提出すれば、繰り
越して控除を受けられます。

【解説】 不動産所得、事業所得、山林所得又は譲渡所得の金額の計
算上生じた損失の金額があるときは、これを他の所得と損益通算す
ることができますが、損益通算してもなお控除しきれない部分の金
額を純損失の金額といい、損失が生じた年分が、青色申告者の場合
には純損失の金額の全額について、青色申告者でない人の場合は純
損失の金額のうち変動所得の金額の計算上生じた損失の金額と被災
事業用資産の損失の金額について、翌年以降３年間の繰越控除が認
められます（法70）。

　純損失の繰越控除は、純損失の金額が生じた年分に、損失申告書
（青色申告者の場合には、青色申告用の損失申告書又は青色申告

書）を提出し、その後の年分において連続して確定申告書（青色申告に限りません。）を提出している場合に限り適用されることになっています。したがって、純損失の生じた年分について青色申告用の確定申告書（損失申告書を含みます。）を提出すれば、その後の年分については給与所得だけで青色申告者でなくなった場合でも、連続して確定申告書を提出している限り純損失の繰越控除が適用されますから、前年から繰り越された純損失の金額を給与所得金額から控除して総所得金額を計算することができます。

175　非居住者期間の純損失の繰越控除

> 　問　私は、サラリーマンですが、父から相続したマンション1棟（30室の賃貸用住宅）を所有していますので青色申告で毎年確定申告しています。今年の4月から転勤で2年間アメリカの子会社に出向することとなりました。納税管理人を選任して出国しようと考えていますが、建物が古いため空室が多くなり、また建物の借入金利息や修繕費等の経費が多額に見込まれ昨年から不動産所得は赤字となっています。今年も赤字（純損失）が生じると思われます。居住者であれば、給与所得と損益通算ができ、純損失も3年間は繰越控除できると聞いていますが非居住者期間の純損失はどのようになりますか。

　答　**非居住者期間の純損失も居住者と同様の取扱いとなります。**

　解説　所得税法では居住者とは、「国内に住所を有し、又は現在まで引き続いて1年以上居所を有する個人」と規定され、非居住者とは「居住者以外の個人」とされています（法2①）。また、国外に居住することとなった者が国外において継続して1年以上居住することを通常必要とする職業を有する場合には、その者は国内に住所を有しない者と推定されることとなりますので（令15①一）、あなたの場合、2年間の予定で出国されるため、非居住者となります。

　非居住者の場合、課税される所得は「国内源泉所得」に限られます（法 7 ①三）。非居住者の「国内源泉所得」については、所得税法第161条に規定されており、給与収入については、国内において行う勤務に基因するものが該当し、また、不動産の貸付け収入については国内にある不動産等の貸付けによる対価が国内源泉所得として課税の対象となります。

　ご質問の場合、納税管理人を選任して出国するとのことですので、今年の確定申告書の提出期限は出国の日までではなく、翌年の 3 月15日までとなります（法 2 ①四十二、120、166）。出国した年の給与所得の内容は、勤務先から交付を受ける源泉徴収票で国内源泉所得に該当する部分を把握することができます。不動産所得の計算は、居住者期間と非居住者期間については区分せずに合算して不動産所得を計算することとなります（法102）。

　青色申告をしている居住者の場合、不動産所得が赤字となった場合は給与所得と損益通算を行い、損益通算をしてもまだ赤字（純損失）が残る場合には、青色申告書を提出している年については、翌年以降 3 年間の繰越控除ができます（法70）。

　また、非居住者についても、所得税法第165条において別に定めているものを除いて居住者の課税標準、税額計算の規定を準用することとされ、所得税法第166条において居住者の申告、納付、還付及び青色申告の規定を準ずることとされていますので、非居住者期間についても損失の生じた年分の青色の確定申告書を提出し、その後も連続して確定申告書（青色申告、白色申告を問いません。）を提出している場合には、 3 年間の繰越控除ができることとなります。

　なお、個人が自己やその親族の居住の用に供するために借りて個

人が支払うものを除いて、20.42％（復興特別所得税を含みます。）
の源泉徴収があります（法212①、213①一、令328二）。

176　白色申告者の純損失の繰越控除

> ［問］　私は、不動産貸付業（事業的規模）を営む白色申告者ですが、昨年分は貸店舗が火災にあい損失が生じたので、確定申告はしませんでした。本年分は、何とか黒字が出そうですが、本年分の確定申告をする際、昨年分の赤字を差し引いたところで所得を計算することができますか。

■答■　**損失が生じた年分の確定申告書を提出すれば、本年分の確定申告の際に純損失の繰越控除が適用できます。**

［解説］　いわゆる白色申告者であっても、純損失の金額のうち①変動所得の金額の計算上生じた損失の金額又は②被災事業用資産の損失の金額については、その純損失の生じた年の翌年から3年間の総所得金額等の計算において控除することができます（法70②）。

この場合、この控除の適用を受けるためには、その純損失が生じた年分の所得税について、これらの損失の金額に関する事項を記載した確定申告書（期限後申告を含みます。）を提出し、その後の年分についても連続して確定申告書を提出していることが必要です（法70④）。

なお、純損失の繰越控除を適用するためには、「純損失の金額が生じた年分の所得税につき確定申告書を提出」することが要件となっていますが、当初提出した確定申告書に純損失の金額が記載されていなかった場合でも、更正の請求に基づく更正により新たに純損

失の金額があることとなった場合も要件を満たした取扱いとされています（基通70―13）。

　また、当初提出した確定申告書に記載された純損失の金額が過少であるため更正が行われたとき（更正の請求に基づかない更正を含みます。）は、その更正後の金額を基として純損失の繰越控除が適用できます（基通70―14）。

　ただし、「決定」が行われたときには「確定申告書を提出」したことにはなりませんので、決定による純損失の金額の多寡を問わず純損失の繰越は適用できません。

　ご質問の場合には、損失の金額が生じた年分の所得税について確定申告をしていないというのですから、昨年に生じた被災事業用資産の損失（貸店舗の火災による損失）の金額を記載した確定申告書をこれから提出することで、その純損失を本年に繰り越して、本年分の総所得金額等の計算上控除することができます。

177　シロアリにより事業用資産に損害が発生した場合の繰越控除

> **問**　私は、不動産貸付業（事業的規模）を営む白色申告者ですが、貸倉庫の土台がシロアリによる被害ですっかり駄目になってしまいました。
>
> 　このシロアリによる損失は、被災事業用資産の損失として繰越控除が認められますか。

答　**シロアリによる被害は、一般的に、害虫による異常な災害による損失として繰越控除の対象になります。**

解説　繰越控除が認められる被災事業用資産の損失の金額は、次に掲げる資産について災害により生じた損失（保険金、損害賠償金等により、補てんされる部分の金額を除きます。）で、変動所得の計算上生じた損失に該当しないものとされています（法70③、令140)。

(1)　棚卸資産、事業の用に供する固定資産

(2)　共同的施設の負担金のような、設備、構築物その他の固定資産の利用のための繰延資産（不動産所得、事業所得又は山林所得を生ずべき事業に係るものに限ります。）のうち、まだ必要経費に算入されない部分

(3)　山林

また、次に掲げる被災関連費用で事業に係るものの金額も、被災

事業用資産の損失の金額に含まれます（令203）。

　イ　被災した事業用資産の取壊し又は除去の費用その他の付随費
　　　用

　ロ　災害のやんだ日の翌日から1年を経過した日の前日までに支
　　　出する①土砂その他の障害物の除去に要する費用、②事業用資
　　　産の原状回復のための修繕費、③事業用資産の損壊又はその価
　　　値の減少を防止するための費用その他これに類する費用

　ハ　事業用資産につき現に被害が生じ、又はまさに被害が生ずる
　　　おそれがあると見込まれる場合において、その事業用資産に係
　　　る被害の拡大又は発生を防止するため緊急に必要な措置を講ず
　　　るための費用

　以上の取扱いが適用される「災害」とは、①震災、風水害、冷
害、雪害、干害、落雷、噴火その他の自然現象の異変による災害、
②火災、鉱害、火薬類の爆発その他人為による異常な災害及び③害
虫、害獣その他の生物による異常な災害をいいます（法2①二十
七、令9）。

　「異常な災害」とは、社会生活上通常予見し得る単なる不法行為
によって発生した損害ではなく、予見及び回避が不可能で、かつ、
その発生が自然界に生じた天災と同視すべき劇的な経過を経て発生
した損害であることを要するものと解されています（昭54．9．4、
平21．2．16裁決）。

　したがって、ご質問のシロアリによる被害は、一般的に、害虫に
よる異常な災害による損失として取扱っており、繰越控除の対象に
なります。

第 8 章

税額計算の特例

178　平均課税の対象となる臨時所得の範囲

　┌──┐
　│問│　平均課税の対象となる臨時所得には、どのようなもの
　└──┘
が該当するのでしょうか。

■答■　　次のようなものが臨時所得に該当します。

┌────┐
│解　説│
└────┘

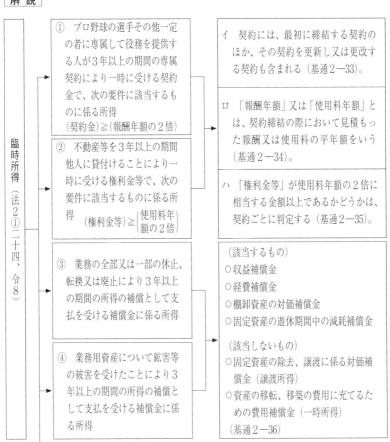

臨時所得（法2①二十四、令8）

① プロ野球の選手その他一定の者に専属して役務を提供する人が3年以上の期間の専属契約により一時に受ける契約金で、次の要件に該当するものに係る所得
（契約金）≧（報酬年額の2倍）

② 不動産等を3年以上の期間他人に貸付けることにより一時に受ける権利金等で、次の要件に該当するものに係る所得
（権利金等）≧（使用料年額の2倍）

③ 業務の全部又は一部の休止、転換又は廃止により3年以上の期間の所得の補償として支払を受ける補償金に係る所得

④ 業務用資産について鉱害等の被害を受けたことにより3年以上の期間の所得の補償として支払を受ける補償金に係る所得

イ　契約には、最初に締結する契約のほか、その契約を更新し又は更改する契約も含まれる（基通2─33）。

ロ　「報酬年額」又は「使用料年額」とは、契約締結の際において見積もった報酬又は使用料の平年額をいう（基通2─34）。

ハ　「権利金等」が使用料年額の2倍に相当する金額以上であるかどうかは、契約ごとに判定する（基通2─35）。

（該当するもの）
○収益補償金
○経費補償金
○棚卸資産の対価補償金
○固定資産の遊休期間中の減耗補償金

（該当しないもの）
○固定資産の除去、譲渡に係る対価補償金（譲渡所得）
○資産の移転、移築の費用に充てるための費用補償金（一時所得）
（基通2─36）

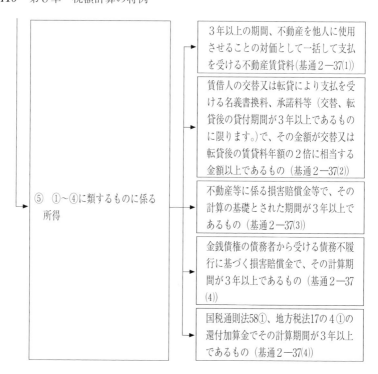

⑤　①～④に類するものに係る
　　所得

3年以上の期間、不動産を他人に使用
させることの対価として一括して支払
を受ける不動産賃貸料（基通2—37(1)）

賃借人の交替又は転貸により支払を受
ける名義書換料、承諾料等（交替、転
貸後の貸付期間が3年以上であるもの
に限ります。)で、その金額が交替又は
転貸後の賃貸料年額の2倍に相当する
金額以上であるもの（基通2—37(2)）

不動産等に係る損害賠償金等で、その
計算の基礎とされた期間が3年以上で
あるもの（基通2—37(3)）

金銭債権の債務者から受ける債務不履
行に基づく損害賠償金で、その計算期
間が3年以上であるもの（基通2—37
(4)）

国税通則法58①、地方税法17の4①の
還付加算金でその計算期間が3年以上
であるもの（基通2—37(4)）

179　臨時所得の平均課税の計算

> **問**　臨時所得の平均課税の計算方法と手続を教えてください。

答　次により計算することになります。

解説　**1　平均課税を適用することができる場合**

　平均課税を適用するためには、次のそれぞれの場合に応じて定められている条件を備えていなければなりません（法90①③）。

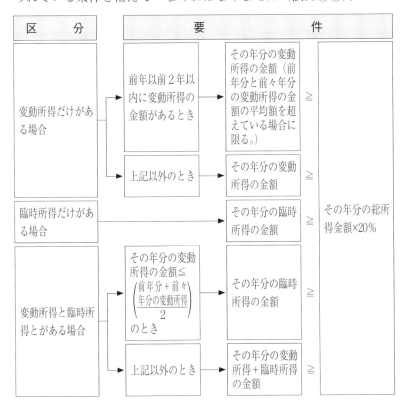

区　　分	要		件
変動所得だけがある場合	前年以前2年以内に変動所得の金額があるとき	その年分の変動所得の金額（前年分と前々年分の変動所得の金額の平均額を超えている場合に限る。）≧	その年分の総所得金額×20％
	上記以外のとき	その年分の変動所得の金額　≧	
臨時所得だけがある場合		その年分の臨時所得の金額　≧	
変動所得と臨時所得とがある場合	その年分の変動所得の金額≦$\left(\dfrac{前年分＋前々年分の変動所得}{2}\right)$のとき	その年分の臨時所得の金額　≧	
	上記以外のとき	その年分の変動所得＋臨時所得の金額　≧	

（注1） 前年分及び前々年分の変動所得の金額は、前年及び前々年において平均課税の適用を受けたものであるか否かは問いません。

（注2） 「総所得金額の20％」の基準は、源泉分離課税の対象となる利子所得・配当所得・雑所得等、分離課税の対象となる土地等や株式等の事業所得・雑所得・譲渡所得、山林所得、退職所得を除いたところで計算します。

2 平均課税の方法による税額の計算

平均課税の方法による課税総所得金額に対する所得税の額は、まず「平均課税対象金額」、「調整所得金額」及び「特別所得金額」を順に算出してから次の(3)によって計算した金額(A)と(4)によって計算した金額(B)との合計額によって計算します（法90①）。

(1) 平均課税対象金額の計算

平均課税の方法により税額の計算を行うためには、まず、次により平均課税対象金額を計算します（法90③）。

$$\parallel$$

その年分の変動所得の金額 − (前年分の変動所得の金額 + 前々年分の変動所得の金額) $\times \frac{1}{2}$

$$+$$

その年分の臨時所得の金額

(2) 調整所得金額と特別所得金額の計算

次に、課税所得金額と上記(1)によって計算した平均課税対象金額とを基として、調整所得金額と特別所得金額を計算します（法90①

一、二）。

イ　調整所得金額の計算

区　　分	調整所得金額の計算方法	
(イ) 課税総所得金額＞平均課税対象金額	その年分の課税総所得金額 − 平均課税対象金額 $\times \frac{4}{5}$	＝ 調整所得金額(注)
(ロ) 課税総所得金額≦平均課税対象金額	その年分の課税総所得金額 $\times \frac{1}{5}$	＝ 調整所得金額(注)

(注)　1,000円未満の端数は切り捨てます（基通90―9）。

ロ　特別所得金額の計算

特別所得金額の計算方法	
その年分の課税総所得金額 − 調整所得金額	＝ 特別所得金額

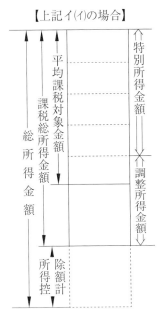

【上記イ(イ)の場合】

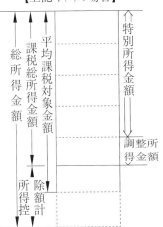

【上記イ(ロ)の場合】

(3) 調整所得金額に対する税額の計算

(4) 特別所得金額に対する税額の計算

　(注)　平均税率は、$\dfrac{\text{調整所得金額に対する税額(A)}}{\text{調整所得金額}}$ の算式によって計算し
　ますが、その割合は、小数点2位まで算出し、3位以下を切り捨て
　ます（法90②）。

(5) その年分の課税総所得金額に対する税額

　平均課税の方法によるその年分の課税総所得金額に対する税額
は、上記(3)及び(4)で計算した税額の合計額となります（法90①）。

　(注)　法第90条第1項及び第3項《平均課税》に規定する変動所得の金
　額

　　　各種所得の区分にかかわらず、漁獲又はのりの採取から生ずる所
　　得、はまち、まだい、ひらめ、かき、うなぎ、ほたて貝又は真珠
　　（真珠貝を含みます。）の養殖から生ずる所得、原稿又は作曲の報酬
　　に係る所得及び著作権の使用料に係る所得の金額の合計額をいい、
　　これらの所得のうちに損失を生じているものがあるときは、これら
　　の所得間においてだけ通算を行った後の金額をいいます（基通90—
　　2）。

3 適用を受けるための手続

　確定申告書（期限後申告を含みます。）、修正申告書又は更正請求書に適用を受ける旨の記載があり、かつ、上記の２の計算に関する明細書を添付する必要があります（法90④）。

180 平均課税の計算例

問　私の令和4年分の所得の内訳は、次のとおりです。

平均課税の計算をすることができるとのことですが、どのように計算すればいいのでしょうか。

1　総所得金額　　　　　　　6,680,000円

内訳
- 不動産所得の金額　4,880,000円
- 雑所得の金額（原稿料）800,000円
- 権利金収入（3年間の不動産賃貸に係るもので臨時所得に該当）1,000,000円

2　課税総所得金額　　　　　5,000,000円

（総所得金額から所得控除の合計額1,680,000円を引いた額）

3　雑所得に係る源泉徴収税額　74,255円

参考
- 令和2年分の雑所得の金額（原稿料）400,000円
- 令和3年分の雑所得の金額（原稿料）500,000円

答　次により計算します。

解説　① 平均課税の選択ができるかどうかの判定…

　(イ)　原稿料に係る雑所得の金額は、変動所得の金額に当たりますので、令和4年分の雑所得の金額800,000円（変動所得）は、令和2年分及び令和3年分の雑所得の金額（変動所得）の合計額の$\frac{1}{2}$相当額 $\{(400,000円＋500,000円)\times\frac{1}{2}＝450,000円\}$ を超えています。

　(ロ)　雑所得の金額800,000円と権利金（臨時所得）と

　　1,000,000円との合計額1,800,000円は、総所得金額の20％

　　（6,680,000円×20％＝1,336,000円）以上です。

　したがって、平均課税を適用することができます。

② 平均課税対象金額の計算… $\{800,000$円$-(400,000$円$+500,000$円$)$

　　　　　　　　　　　　　　　$\times\frac{1}{2}\}+1,000,000$円$=1,350,000$円

③ 調整所得金額の計算……5,000,000円$-1,350,000$円$\times\frac{4}{5}=$

　　　　　　　　　　　　3,920,000円

　　　　　　　　　　　　　　　　（千円未満の端数切捨て）

④ 調整所得金額に対する税額の計算…3,920,000円×20％$-$

　　　　　　　　　　　　　　　　427,500円＝356,500円

　平均税率　　356,500÷3,920,000＝0.0909…⇒9％

⑤ 特別所得金額に対する税額の計算…（5,000,000円$-$3,920,000円）

　　　　　　　　　　　　　　　　×（3,920,000円に対する

　　　　　　　　　　　　　　　　平均税率）＝1,080,000円

　　　　　　　　　　　　　　　　×0.09＝97,200円

⑥ 平均課税の方法によって計算した税額…356,500円＋97,200円

　　　　　　　　　　　　　　　　＝453,700円

(参考) 　平均課税を選択しない場合の課税総所得金額5,000,000円に対

　　する税額は、572,500円です。

181 臨時所得の必要経費の計算

> 　**問**　私は、アパートを数棟持ち、青色申告をしています。アパートの新規入居者からは、いわゆる権利金を受け取ることにしています。
>
> 　権利金は臨時所得として平均課税の適用になるとのことですが、この権利金に係る臨時所得を計算する場合、必要経費は権利金とそれ以外の家賃収入とにまたがっていますが、その区分はどのようにすればよいのでしょうか。
>
> 　また、青色申告特別控除はどちらから差し引けばよいのでしょうか。

　答　**両方の区分が明らかな場合にはその区分により、明らかでない場合は合理的な基準を設けてそれぞれの必要経費に区分します。**

　解説　臨時所得の金額は臨時所得に係る収入金額からその臨時所得に係る必要経費を控除して計算されますが、臨時所得と言ってもいわゆる10種類の各種所得の外にあるのではなく、不動産所得、事業所得又は雑所得の中にあって特定の部分が抽出されることから、これらの所得の中でその必要経費を臨時所得に係る部分とその他に係る部分とに区分する必要があります。

　この区分ですが、両方の区分が明らかな場合はその区分によることは当然ですが、区分が明らかでないものについては、一般的に

は、個々の費用又は損失の種類や性質に応じて、収入金額の比、差益金額の比、使用割合その他の適切な基準によって臨時所得の収入金額から控除すべきものとその他のものに区分することになります。

　しかし、この場合、臨時所得の性質を考えますと、収入金額とその必要経費との因果関係は厳格に解すべきものと考えられます。例えば、権利金に係る臨時所得については、その賃貸契約を締結するため直接に要した契約書の作成費用などに限られ、家賃収入に対応する必要経費は含まないと解されます。

　青色申告特別控除については、次の算式によって計算した金額を臨時所得の金額の計算上控除する控除額とすることに取り扱われています（措通25の2－2、25の2－3、25の2－4）。

$$\left(\begin{array}{l}\text{不動産所得の金額}\\\text{の計算上控除され}\\\text{る青色申告特別控}\\\text{除額}\end{array}\right) \times \frac{\text{臨時所得の金額}}{\begin{array}{l}\text{青色申告特別控除}\\\text{前の不動産所得の}\\\text{金額}\end{array}} = \begin{array}{l}\text{臨時所得の金額の}\\\text{計算上控除すべき}\\\text{青色申告特別控除}\\\text{額}\end{array}$$

　㊟　変動所得の金額の計算においても、上記のように取り扱われることになります。

182 臨時所得に該当するかどうかを判断する場合の「使用料年額」の意義

> **問** 私の父は、本年2月に次のような条件で不動産の貸付けをしました。ところが、父は本年11月に死亡したため、父の準確定申告をしますが、次の権利金は臨時所得の対象となりますか。
>
> ① Aさんに権利金400万円、家賃（月額）12万円、5年契約で店舗を貸し付けた。
>
> ② Bさんに権利金200万円、家賃（月額）10万円、3年契約で事務所を貸し付けた。

答 Aさんから受けた権利金（400万円）は臨時所得になります。

解説 土地や家屋などの不動産や借地権などの不動産の上の存する権利などを3年以上の期間他人に使用させることにより、一時に受け取る権利金や頭金（譲渡所得になるものを除きます。）で、その金額がその契約による使用料の年額の2倍に相当する金額以上である場合には、臨時所得とされます（令8二）。この場合、使用料の年額とは、契約締結の際において見積った使用料のいわゆる平年額をいうものとされており、また、権利金、頭金などが使用料の年額の2倍に相当する金額以上であるかどうかは、契約ごとに判定するものとされています（基通2─34、2─35）。

　ご質問の場合、次の表のとおりになり、権利金が使用料平年額の
２倍以上となるＡさんからの権利金400万円だけが臨時所得になり
ます。

契　　約	権 利 金	使用料平年額	(参考)父の死亡時までの使用料
Ａさん	400万円	144万円	120万円
Ｂさん	200万円	120万円	100万円
合　　計	600万円	264万円	220万円

183　海外の不動産貸付け（外国税額控除）

> 　**問**　私は国内企業に勤務するサラリーマンですが、本年から海外に所有していたマンションを賃貸することになりました。現地で賃貸の所得に対して税金を納付するということですが、現地で納めたほかに、日本でも所得税を納める必要があるのでしょうか。
>
> 　また、減価償却の計算は日本と違うようですので、仮に、日本でも申告することになると所得金額が異なることになると思いますが、どのようにすればいいのでしょうか。

答　海外の不動産の賃貸による所得を所得税法に従った方法で不動産所得（国外所得）を算定し、給与所得など国内で発生した所得を合わせて確定申告をすることになります。

　その際、現地国の所得税として納付した税額がある場合には、この確定申告の所得税額に所得総額に対する国外所得の割合を乗じて算出された金額を「外国税額控除額」として所得税額から控除することになります。

解説　居住者である者が、国外での所得に対してその国の法令によって所得税などが課される場合には、二重課税の調整をするため、日本の所得税額から次の計算によって算出した外国税額を限度として控除する（外国税額控除）ことができます（法95、令222）。

1　外国税額控除限度額の計算

$$\text{その年分の所得税額} \quad \times \quad \frac{\text{その年分の調整国外所得金額}}{\text{その年分の所得総額}}$$

「国外所得金額」は、居住者の国外事業所等に帰せられる所得、国外にある資産の運用などの国外源泉所得による所得のみについて算定した所得金額をいい（法95、令221の2）、その所得のみについて所得税を課するものとした場合に課税標準となるべき金額であり、外国の法令に従って計算するのではなく、日本の所得税に則り計算すべきことを留意する必要があります（基通95—5）。

居住者の国外事業所等が複数ある場合には、同一国内では一つの集合体としてそれぞれの国についてはそれぞれの国外事業所等として認識して「国外所得金額」を計算します（令225の2①）。

「調整国外所得金額」とは、純損失の繰越控除、雑損失控除を適用しないで計算した国外所得金額をいい、「その年分の所得総額」を超える場合には、「その年分の所得総額」となります（令222③）。

なお、外国税額控除の限度額計算上、居住者の事業場等（国内の恒久的施設に相当するもの）と国外事業所等との間の内部取引（居住者の国内事業所とその居住者の国外事業者の間で行う取引）の対価の額が、一般的な独立した企業間の価額と異なることにより内部取引に係る収入金額が過大となるとき、又は損失等の額が過少となるときには、独立した企業間の価額として計算することになります（措法41の19の5）。

2 外国税額控除の対象となる外国税

外国税額控除の対象となる外国所得税は、外国の法令に基づき外国又はその地方公共団体により個人の所得を課税標準として課税されるもの及びそれらに準ずるものをいいます（法95①、令221①②）が、次に掲げるようなものは外国税額控除の対象にはなりません（令221③、222の2）。

○ 外国税額の対象外となるもの

① 税を納付する人が、納付後、任意にその税額の還付を請求することができるもの

② 税を納付する人が、納付が猶予される期間を任意に定めることができるもの

③ 複数の税率の中から納税者と外国当局等との合意により税率が決定された税（複数の税率のうち最も低い税率を上回る部分に限ります。）

④ 加算税や延滞税などの附帯税に相当するもの

⑤ 特殊の関係のある者からの金銭の借入れ又は預入を受けている金銭に対して特に有利な条件による利率であるなど通常行われる取引とは認められない不自然な取引に基因して生じた所得に対して課されたもの

⑥ 出資の払戻し等、資本等取引に対して課されるもの

⑦ 租税条約により外国税額控除の適用がないとされたもの

3 外国税額の適用時期及び円換算

(1) 適用時期

イ 原則

外国税額控除は、申告、賦課決定等の手続により外国所得

税について具体的にその納付すべき租税債務が確定した日の属する年分で適用することになります。

　ただし、居住者の継続適用を条件として、その納付することが確定した外国所得税の額につき、実際に納付した日の属する年分で適用している場合には、これを認める取扱いとなっています（基通95―3）。

ロ　減額となった場合

　外国税額控除を適用した翌年以後7年以内の年に、その外国所得税について還付金の支払通知書等の受領により、具体的にその減額されることとなった金額が確定した日の属する年分の確定申告で外国税額控除の計算に際して外国税額から控除することになります（令226）。

　ただし、実際に還付金を受領した日の属する年分で行う場合には、これを認める取扱いとなっています（基通95―14）。

ハ　増額となった場合

　外国税額控除を適用した翌年以後の年に、その外国所得税の額の増額があったときは、増額した外国所得税の額は、増額のあった日の属する年分において新たに生じたものとして外国税額控除の計算を行うことになります（基通95―16）。

(2)　円換算

　外国税額控除の外国所得税の額については、次の区分に応じ、それぞれ次に掲げる外国為替の売買相場により円貨に換算した金額による（基通95―28）。

イ　源泉徴収による外国所得税

　源泉徴収により納付することとなる利子、配当、使用料等

の額の円換算に適用している円換算により換算した金額となります。

ロ　イ以外による外国所得税

　源泉徴収以外の方法により納付することとなる外国所得税については、外貨建取引の経費の金額について、採用している円換算により換算した金額となります。

　したがって、上記(1)のロ及びハの外国税額が増減した場合の外国税額については、外貨建取引の経費の金額について、採用している円換算により換算した金額となります（基通95―15）。

4　外国税額控除限度額と外国税額

(1)　外国税額＞（外国税額控除限度額＋地方税控除限度額）

　外国税額が、外国税額控除限度額及び地方税控除限度額の合計額を超えるときには、その年の前年以前3年間の繰越控除限度額の合計額を限度として、その超える部分の金額を控除することができます（法95②、令223、224）。

　なお、地方税控除限度額は、所得税の外国税額控除限度額の30％（道府県民税12％（指定都市6％）と区市町村民税18％（指定都市24％））相当額となります（令223）。

(2)　外国税額＜（外国税額控除限度額＋地方税控除限度額）

　外国税額が、外国税額控除限度額及び地方税控除限度額の合計額に満たない（国税の控除余裕額がある）ときには、その年の前年以前3年間の控除しきれなかった外国税額は、国税の控除余裕額（外国税額控除限度額－外国税額）の範囲内でその年分に繰り越してすることができます（法95③、令225）。

第9章

消費税関係

184 消費税の税額計算の仕組み

> 問 消費税の税額は、どのように計算するのでしょうか。

答 消費税の税額は、次により計算されます。

解説

1 消費税の税額の計算

消費税の税額は、一般的には、次の計算により計算します。

> 消費税の　＝　課税期間中の課税売　－　課税期間中の課税仕
> 納付額　　　上げに係る消費税額　　入れに係る消費税額
> (注1)　　　　　　　　　　　　(注2)

課税売上げに係る消費税額よりも課税仕入れに係る消費税額の方が多い場合には、消費税が還付されます。

また、消費税の課税事業者に対しては、住所等の都道府県が地方消費税を課すこととされており、消費税額の22/78（消費税率換算で2.2%相当で、軽減税率適用分は1.76%）です。

ただし、当分の間、消費税と併せて国が徴収することとなっていますので、消費税と併せて地方消費税を記載した申告書を提出することになります。

（注1）「課税売上げ」とは、「資産の譲渡等（国内において、事業者が事業として対価を得て行う資産の譲渡、資産の貸付け及び役務の提供）」のうち非課税となるもの以外のものをいいます（消2八、九）。したがって、例えば商品・製品の販売代金や請負工事代金、サービス料などのほか建物の賃貸収入（住宅の用の

貸付けを除きます。）や機械・建物等の業務用資産の売却代金
などが課税売上げに含まれます。ただし、土地（借地権を含み
ます。）の売却代金・賃貸収入や商品券等の物品切手の販売代
金、医師の社会保険診療収入、受取利息などは、非課税とされ
ています（消法6）。

　なお、保険金、消費税の還付金などは、資産の譲渡、資産の
貸付け及び役務の提供の対価として受け取るものではないた
め、消費税の対象となりません（消法2、60、消令75①、消基
通5―2―4）。

(注2)　「課税仕入れ」とは、「事業者が、事業として他の者から資産
を譲り受け、若しくは借り受け、又は役務の提供を受けるこ
と」（消法2十二）をいいます。したがって、例えば棚卸資産
の購入のほか、事業の用に供される建物や機械、消耗品の購
入、修理費の支出などが課税仕入れに含まれます。ただし、利
子割引料、保険料などの支払は、課税仕入れにはなりません。

　なお、給料・賃金、専従者給与の支払なども、課税仕入れに
はなりません。

　消費税の免税事業者や消費者からの棚卸資産等の購入や、サ
ービスの提供を受けた場合でも課税仕入れとなります。

　また、減価償却資産を購入した場合は、所得税では、その年
分の減価償却費だけが必要経費となりますが、消費税では、減
価償却資産を購入した段階でその購入代金の全額が課税仕入れ
となります。

(注3)　基準期間（令和4年分に係る基準期間は令和2年分）におけ
る課税売上高及び特定期間（令和4年分に係る特定期間は令和

　　3年1月1日から6月30日までの期間）における課税売上高が
　　1,000万円以下の場合は、消費税の納税義務が免除されます（消
　　法2十四、9、9の2）。

2　課税売上げに係る消費税額の計算方法

　　課税売上げに係る消費税額は、まず事業者の消費税の経理処理
について事業者が選択した方式に応じ、原則として、次の算式に
より課税標準額を計算します。

　　また、特定課税仕入れについては、特定課税仕入れを行った事
業者に納税義務が課されており、支払対価の額には消費税額等に
相当する金額は含まれていないため、特定課税仕入れに係る支払
対価の額がそのまま課税標準額となります。

　　これらの合計額に税率を乗じて、課税標準額に対する消費税額
を計算することになります。

㈲　「特定課税仕入れ」とは、国内において国外事業者から事業者向
　　けに電子書籍・音楽などのインターネット等を介して行われる役務
　　提供などを受けた国内事業者の課税仕入れをいい、国内事業者が申
　　告・納税（リバースチャージ方式）を行います（消法2八の二〜八
　　の五、4、5）。

（算式）

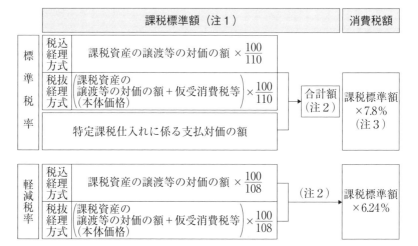

（注1） 売上げを税率の異なるごとに区分することが困難な事業者（基準期間の課税売上高5,000万円以下）は、令和5年9月30日までの間、売上税額の計算の特例（経過措置）を適用することができます。

（注2） 1,000円未満の端数があるときは、その端数を切り捨てます。

（注3） 令和元年10月1日以後に行った課税資産の譲渡等であっても、経過措置により旧税率（6.3％）を適用する場合があります。

3 課税仕入れに係る消費税額の計算方法

⑴ 全額控除できる場合

　課税期間中の課税売上高が5億円以下で、かつ、課税売上割合が95％以上である事業者については、課税仕入れ等の税額の全額を控除できることとされています（消法30①）。

　課税売上割合は、次の算式で計算し、課税売上割合の端数計算は、原則として行いませんが、端数を切り捨てることとしている場合には、差し支えありません（消基通11―5―6）。

$$課税売上割合 = \frac{課税売上高㊟}{課税売上高㊟ + 非課税売上高}$$

㊟　売上げに係る対価の返還等の金額を控除した金額

(2)　(1)以外の場合

　　課税期間中の課税売上高が5億円超又は課税売上割合が95％未満の場合には、課税仕入れ等の税額の全額を控除することができず、課税売上げに対応する課税仕入れ等の税額のみとなり、次の個別対応方式か一括比例配分方式のいずれかの方式で仕入控除税額を計算することになります（消法30②）。

①　個別対応方式

　　個別対応方式により仕入控除税額を計算する場合は、課税期間中の課税仕入れ等の税額を、

イ　課税売上のみに対応するもの

ロ　課税売上げと非課税売上げの両方に共通するもの

ハ　非課税売上げのみに対応するもの

に区分し、次の算式によって、控除する課税仕入れ等の税額を計算します（消法30②一）。

仕入控除税額＝イの課税仕入れ等の税額＋（ロの課税仕入れ等の税額×課税売上割合）

②　一括比例配分方式

　　課税売上げと非課税売上げの両方がある場合の仕入控除税額の計算方式として、個別対応方式のほか、一括比例配分方式があり、一括比例配分方式による場合には、次の算式によって計算した金額が控除する課税仕入れ等の税額となります（消法30②二）。

　なお、一括比例配分方式を選択した場合には、2年間以上継続して適用した（適用後に「全額控除できる場合」に該当したときも継続して適用したことになります。）後の課税期間でなければ、個別対応方式による計算に変更することはできません（消法30⑤、消基通11—2—21）。

> 仕入控除税額＝課税期間中の課税仕入れ等の税額×課税売上割合

4　簡易課税制度により納付すべき消費税額の計算

　消費税の納付すべき税額は、課税売上げに係る消費税額から課税仕入れ等の税額を控除して計算しますが、基準期間における課税売上高が5,000万円以下の課税事業者が、「消費税簡易課税制度選択届出書」を所轄税務署長に提出した場合には、実際の課税仕入れ等の税額を帳簿等により計算することなく、課税売上げに係る消費税額から課税仕入れ等の税額を計算することができます（消法37）。

　具体的には、その課税期間の課税売上げに係る消費税額（課税標準額に対する消費税額）から、その課税期間中の売上返品等に係る消費税額を控除した後の金額に対して、事業形態により、第一種事業（卸売業）については90％、第二種事業（小売業）については80％、第三種事業（製造業等）については70％、第四種事業（飲食店業等）については60％、第五種事業（金融・保険業等）については50％、第六種事業（不動産業）については40％の金額を課税仕入れ等の税額として控除することになります（消法

37、消令57①⑤）㊟。

　不動産賃貸業の納付すべき税額は、次の算式で計算した金額となります。

> 納付すべき税額＝（課税売上げに係る消費税額－売上返品等に係る消費税額）－課税仕入れ等の税額
>
> 課税仕入れ等の税額＝〔課税売上げに係る消費税額－売上返品等に係る消費税額〕×40％

　したがって、貸倒れがない場合は、納付すべき税額は次により計算した金額となります。

> 納付すべき税額＝〔課税売上げの対価の額（税抜き）－売上返品等の対価の額（税抜き）〕×4.68％㊟
>
> 　　　　　　　　　　　　　　　（消費税率）　　（みなし仕入率）
> ㊟　第六種事業の税率＝　7.8％　×（1－0.4）＝4.68％

㊟　事業の種類の区分はおおむね次のとおりです。

　　イ　第一種事業

　　　　第一種事業とは、卸売業（他の者から購入した商品をその性質及び形状を変更しないで他の事業者に対して販売する事業）をいいます。

　　ロ　第二種事業

　　　　第二種事業とは、小売業（他の者から購入した商品をその性質及び形状を変更しないで販売する事業で第一種事業以外のもの）をいいます。

　　ハ　第三種事業

　　　　第三種事業とは、農業、林業、漁業、鉱業、建設業、製造業

（製造小売業を含みます。）、電気業、ガス業、熱供給業及び水道業をいい、第一種事業又は第二種事業に該当するもの及び加工賃その他これに類する料金を対価とする役務の提供を行う事業は除かれます。

　ニ　第四種事業

　　第四種事業とは、第一種事業、第二種事業、第三種事業、第五種事業及び第六種事業以外の事業をいい、具体的には、飲食店業などが該当します。

　ホ　第五種事業

　　第五種事業とは、運輸通信業及びサービス業（飲食店業に該当するものを除きます。）をいいます。

　ヘ　第六種事業

　　不動産業（不動産取引業、不動産賃貸業・管理業）をいいます。

　　なお、イ〜ヘに掲げる事業のうち二以上の事業を営む事業者で、一事業に係る売上高の総売上高に占める割合が75％以上である事業者については、当該一事業に係るみなし仕入率を当該一事業以外の事業に対しても適用することができることとする等の特例措置が講じられています（消令57③一、消基通13―2―4）。

5　令和5年10月1日からの消費税の税額の計算

(1)　課税売上げに係る消費税額の計算方法

　①　総額割戻し方式（原則）

　　上記2と同様に、税率の異なるごとに区分した課税標準額（課税資産の譲渡等の対価の額につき、消費税額等の金額を含

まない金額）に、それぞれの税率を乗じて算出した金額を合計します。

② 適格請求書等積上げ方式（特例）

交付した適格請求書（消費税額等を記載した適格簡易請求書を含みます。以下この項において同じです。）の写しを保存している場合には、その適格請求書に記載した消費税額等の合計額に78/100を乗じる方法により算出した金額とすることができます（新消法45⑤、新消令62①）。

なお、これらの方式については、取引先ごと又は事業ごとにそれぞれ別の方式によるなど併用することもできることとされています（インボイス通達3―13）。

(2) 課税仕入れに係る消費税額の計算方法

簡易課税適用者を除いて、適格請求書の記載事項に基づいて、次のいずれかの方法で計算した金額となります（新消法30①）。

なお、簡易課税適用者については、計算方法に変わりはありません。

① 適格請求書等積上げ方式（原則）

交付を受けた適格請求書に記載された消費税額等のうち、その課税仕入れに係る部分の合計額に78/100を乗じて算出した金額となります（新消令46①）。

② 帳簿積上げ方式（特例）

課税仕入れの都度、課税仕入れに係る支払対価の額に10/110（軽減税率の場合には8/108）を乗じた金額（1円未満の端数は切捨て又は四捨五入をします。）を帳簿に記載している場合には、その金額の合計額に78/100を乗じて算出した金額とする

ことができます（新消令46②）。

③ 総額割戻し方式（特例）

上記②の方式の適用を受けない場合に、課税仕入れに係る支払対価の額を税率の異なるごとに区分して合計した金額に7.8/110（軽減税率の場合には6.24/108）を乗じて算出した金額とすることができます（新消令46③）。

(3) (1)及び(2)の適用関係（インボイス通達4—3）

① 課税売上げに係る消費税額の計算方法を総額割戻し方式によっている場合

課税仕入れに係る消費税額の計算方法については、上記(2)①から③のいずれかの方式によることができますが、上記(2)①又は②の積上げ方式と上記(2)③総額割戻し方式との併用はできません。

なお、上記(2)①と②の積上げ方式を併用することはできることとされています。

② 課税売上げに係る消費税額の計算方法を適格請求書等積上げ方式によっている場合

課税仕入れに係る消費税額の計算方法については、上記(2)①又は②の積上げ方式によることになります。

(4) 経過措置

適格請求書発行事業者以外の者（免税事業者）からの課税仕入れについては、一定期間について経過措置があります（第195問「適格請求書等保存方式（インボイス制度の）概要」の「4 経過措置」参照）。

185 事業者免税点制度及び簡易課税選択の制限

> ＿問＿　中小事業者が選択できる事業者免税点制度や簡易課税
> 制度には一定の制限があるということですが、不動産貸付業に
> 関係する部分の概要について教えてください。

■答■　課税事業者となることを選択した事業者が、①課税事業者
となった課税期間の初日から２年を経過する日までの間に開始した
各課税期間中に調整対象固定資産を取得し、かつ、②その取得した
日の属する課税期間を一般課税で申告する場合には、取得した課税
期間から３年間は、課税事業者となることが強制され（課税事業者
選択不適用届出書の提出ができません。）、同時に簡易課税制度も適
用できません。

　また、一般課税で申告する（事業者免税点制度や簡易課税制度の
適用を受けない）課税期間中に、高額特定資産の課税仕入れを行っ
た場合には、仕入れ等した課税期間（自己建設高額特定資産の仕入
等の場合には、建設等が完了した日の属する課税期間）から３年間
は、課税事業者となることが強制され（課税事業者選択不適用届出
書の提出ができません。）、同時に簡易課税制度も適用できません。

　ただし、調整対象固定資産又は高額特定資産を取得した場合で
も、事業を開始した日の属する課税期間等、いわゆる１期目から簡
易課税制度を選択する場合には、簡易課税選択届出書を提出するこ
とができます。

解説　消費税では、中小事業者の事務負担に配慮する観点から、基準期間の課税売上高が1,000万円以下である場合には、消費税の納税義務を免除する「事業者免税点制度」が設けられています（消法9①本文）。

また、その基準期間における課税売上高が5,000万円以下である事業者に対しては、選択により、売上げに係る消費税額を基礎として、仕入れに係る消費税額を簡易な方法により計算できる「簡易課税制度」が設けられています（消法37、消令57）。

なお、消費税においては、調整対象固定資産等を取得して高額な消費税等の還付を受けるなどの場合には、取得時の消費税過大控除分を調整する規定（消法33）が設けられています。この調整を恣意的に免れることを防ぐため、次に掲げる一定の適用制限措置が設けられています。

ただし、事業を開始した日の属する課税期間又は相続によって事業を承継した日の属する課税期間（いわゆる1期目）から簡易課税制度の適用を受ける場合には、これらの制限はなく簡易課税制度選択届出書を提出することができます（消法37③ただし書、消令56）。

(1)　調整対象固定資産を取得した場合の事業者免税点制度及び簡易課税制度の制限

①　課税事業者選択不適用届出書の提出の制限

課税事業者を選択した免税事業者は、次のイからハに該当する場合には、ロの調整対象固定資産の仕入れ等の日の属する課税期間の初日から3年を経過する日の属する課税期間の初日以後でなければ、課税事業者選択不適用届出書を提出できないこととされています（消法9⑦）。

イ　課税事業者となった課税期間の初日から2年を経過する日
　　までの間に開始した各課税期間中に、

ロ　調整対象固定資産（棚卸資産以外の資産で税抜価額100万
　　円以上のもの）の課税仕入れ又は調整対象固定資産に該当す
　　る課税貨物の輸入（以下「調整対象固定資産の仕入れ等」と
　　いいます。）を行った場合であって、

ハ　その調整対象固定資産の仕入れ等の日の属する課税期間に
　　簡易課税制度の適用を受けない場合（一般課税で申告するこ
　　ととなっている場合）

② 簡易課税制度選択届出書の提出の制限

　　上記①により事業者免税点制度の適用が制限されている期間
について、簡易課税制度の適用が制限されています（簡易課税
選択届出書の提出は2年間できません。）（消法37③一）。

　　また、制限されているこの期間に提出された簡易課税制度選
択届出書は、提出がなかったものとみなされます（消法37④）。

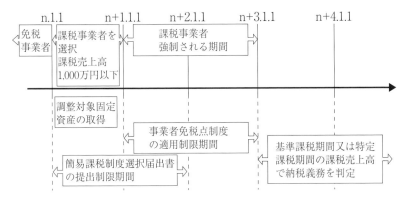

(2) 高額特定資産を取得した場合の事業者免税点制度及び簡易課税
　　制度の制限

① 課税事業者選択の不適用の制限

　　事業者が、事業者免税点制度及び簡易課税制度の適用を受けない（一般課税で申告することとなっている場合）課税期間中に、高額特定資産の課税仕入れ又は保税地域からの引取り（以下「高額特定資産の仕入れ等」といいます。）を行った場合には、当該高額特定資産の仕入れ等の日の属する課税期間の翌課税期間から当該高額特定資産の仕入れ等の日の属する課税期間（自己建設高額特定資産の仕入等の場合には、建設等が完了した日の属する課税期間）の初日以後3年を経過する日の属する課税期間（3年間）までの各課税期間は、事業者免税点制度を適用できません（一般課税が強制されます。）（消法12の4①）。

（注1）　高額特定資産とは、一の取引の単位につき、課税仕入れに係る支払対価の額（税抜き）が1,000万円以上の棚卸資産又は調整対象固定資産をいいます（消令25の5）。

　　　　　また、調整対象固定資産とは、棚卸資産以外の資産で、建物、構築物、機械及び装置、船舶、航空機、車両及び運搬具、工具、器具及び備品、鉱業権その他の資産で消費税等を除いた税抜価格が100万円以上のものをいいます（消法2十六、消令5）。

（注2）　一般課税（事業者免税点制度及び簡易課税制度の適用を受けない課税）期間中に高額特定資産を取得した場合には、その後に当該高額特定資産を廃棄、売却等により処分したとしても、同項の規定は継続して適用されます（消基通1―5―22の2）。

（注3）　資産が高額特定資産に該当するかどうかを判定する場合の

「課税仕入れに係る支払対価の額」とは、当該資産に係る支払対価の額をいい、当該資産の購入のために要する引取運賃、荷役費等又は当該資産を事業の用に供するために必要な課税仕入れに係る支払対価の額は含まれません（消基通1―5―24）。

(注4)　事業者が他の者と共同で購入した資産が高額特定資産に該当するかどうかを判定する場合において、1,000万円以上であるかどうかは、当該事業者の共有物に係る持分割合に応じて判定します（消基通1―5―25）。

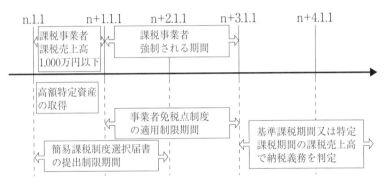

(注5)　「自己建設高額特定資産」とは、他の者との契約に基づき、又はその事業者の棚卸資産若しくは調整対象固定資産として、自ら建設等をした高額特定資産（建設等に要した費用の累計が税抜価額1,000万円以上）をいいます。

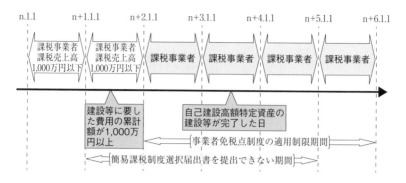

②　簡易課税制度選択届出書の提出の制限

　　上記①により事業者免税点制度の適用が制限されている期間
については、簡易課税制度の適用が制限されています（簡易課
税選択届出書の提出は2年間できません。）（消法37③三）。

　　また、制限されているこの期間に提出された簡易課税制度選
択届出書は、提出がなかったものとみなされます（消法37④）。

186　簡易課税制度選択不適用届出書の提出の意味合い

> 　問　私は、これまで消費税の簡易課税制度を適用していま
> すが、この度、店舗用賃貸物件を新たに建築する計画を立てて
> います。この計画を実行した場合、課税売上高がこれまでの約
> 2,000万円から6,000万円程度になると想定しています。
>
> 　そうすると、課税売上高が5,000万円を超えることになりま
> すので、「簡易課税制度選択不適用届出書」を提出しなくても
> 簡易課税は使えなくなると思いますが、このような場合におい
> ても、この届出書を提出する意味合いを教えてください。

　答　「簡易課税制度選択不適用届出書」を提出することで、提
出日の翌年から一般課税になります。

　一方、同届出書を提出していない場合には、課税期間の課税売上
高が5,000万円を超えていても基準課税期間の課税売上高が5,000万
円以下であるときには簡易課税が適用されます。

　解説　簡易課税制度の選択適用を受けている方が、その選択をや
めようとする場合には、その課税期間の初日の前日までに、「消費
税簡易課税制度選択不適用届出書」を納税地の所轄税務署長に提出
する必要があります。

　簡易課税制度は、選択適用している場合においても基準期間の課
税売上高が5,000万円を超える場合には、その対応する課税期間に
ついては適用できません。

　逆に、簡易課税制度を選択適用している場合で基準期間の課税売
上高が5,000万円以下であるときには、その対応する課税期間の課
税売上高が5,000万円を超えていても簡易課税が適用されることに
なります。

　つまり、簡易課税制度は、「消費税簡易課税制度選択不適用届出
書」を提出しない限り選択している状態が続くこととなり、基準期
間の課税売上高が一旦5,000万円を超えても、その後において5,000
万円以下となったときには、再び簡易課税制度が適用されることに
なります（消法37①）。

　したがって、簡易課税制度の適用を受けている事業者が、基準課
税期間の課税売上高が5,000万円以下の課税期間において高額な固
定資産等の取得により消費税の還付を受けるためには、高額な固定
資産を取得する年の前年12月31日までに「消費税簡易課税制度選択
不適用届出書」を提出する必要があります。

　なお、簡易課税制度の選択適用を受けている事業者は、事業を廃
止した場合を除き、2年間継続して適用した後でなければ、「消費
税簡易課税制度選択不適用届出書」を提出することはできません
（消法37⑥）。

　また、簡易課税制度の選択適用をやめて一般課税により仕入税額
控除の適用を受けるためには、適用をやめた課税期間の初日から課
税仕入れ関係の帳簿及び請求書などの書類を保存することが必要に
なります（消法30⑦）。

187 確定申告書に添付する明細書

> 問 消費税の確定申告書に明細書を添付しなければならないとのことですが、どのような明細書を添付しなければならないのでしょうか。

答 確定申告の内容により次に掲げるものを添付しなければなりません。

解説 確定申告及び還付請求申告書には、次の区分により課税期間中の資産の譲渡等の対価の額及び課税仕入等の税額の明細その他の事項を記載した書類を添付することとされています。

1 一般申告の場合の添付書類（消規22②③）

(1) 課税標準額等の内訳書（申告書第二表）

(2) 税率別消費税額計算表兼地方消費税の課税標準となる消費税額計算表

(3) 課税売上割合・控除仕入税額等の計算表

(4) その他参考となるべき事項

　(注) 還付申告書の場合には、上記のほか、「消費税の還付申告に関する明細書」が必要です。

2 簡易課税制度を適用する場合の添付書類（消規22④）

(1) 課税標準額等の内訳書（申告書第二表）

(2) 税率別消費税額計算表兼地方消費税の課税標準となる消費税額計算表

(3) 控除仕入税額等の計算表

(4) その他参考となるべき事項

188 3万円未満の課税仕入れに係る帳簿及び請求書等の保存

> 問　課税仕入れに係る支払対価の額の合計額が3万円未満の場合でも、帳簿及び請求書等を保存しなければならないのでしょうか。

答　課税仕入れに係る支払対価の額の合計額が3万円未満の場合には、①相手方の氏名又は名称、②年月日、③内容、④金額を記載した帳簿を保存していれば、請求書等の保存がない場合でも仕入税額控除を受けることができます。

なお、適格請求書保存方式導入後の取扱いについては、第195問を参照してください。

解説　取引の実態を踏まえ、請求書等の保存についての次のような特例が設けられており、請求書等の保存がない場合であっても、適用要件を満たしているものとして取り扱われます（消法30⑦、消令49①）。

(1) 課税仕入れに係る支払対価の額（税込み）の合計額が3万円未満の場合

(2) 課税仕入れに係る支払対価の額（税込み）の合計額が3万円以上である場合で、次の①と②の要件をいずれも満たしている場合

① 請求書等の交付を受けなかったことについてやむを得ない理由がある場合

② 帳簿にそのやむを得ない理由と、仕入先の住所又は所在地を

　　記載している場合

（注1）「課税仕入れに係る支払対価の額の合計額が3万円未満である
　　　　場合」に該当するかどうかは、1回の取引の課税仕入れに係る税
　　　　込の金額が3万円未満かどうかで判定します（消基通11─6─
　　　　2）。

（注2）「請求書等の交付を受けなかったことにつきやむを得ない理由
　　　　があるとき」とは、おおむね次のような場合をいいます。

　　　　　なお、このような場合であっても、原則としてそのやむを得な
　　　　い理由及び課税仕入れの相手方の住所又は所在地を帳簿に記載し
　　　　ておく必要があります（消基通11─6─3）。

　　　①　自動販売機を利用して課税仕入れを行った場合

　　　②　入場券、乗車券、搭乗券等のように課税仕入れに係る証明書
　　　　類が資産の譲渡等を受ける時に資産の譲渡等を行う者により回
　　　　収されることになっている場合

　　　③　課税仕入れを行った者が課税仕入れの相手方に請求書等の交
　　　　付を請求したが、交付を受けられなかった場合

　　　④　課税仕入れを行った場合において、その課税仕入れを行った
　　　　課税期間の末日までにその支払対価の額が確定していない場合

　　　　　この場合には、その後支払対価の額が確定した時に課税仕入
　　　　れの相手方から請求書等の交付を受けて保存することとなりま
　　　　す。

　　　⑤　その他、これらに準ずる理由により請求書等の交付を受けら
　　　　れなかった場合

（注3）　請求書等の保存方法については、適格請求書保存方式の導入に
　　　　よって変更されます。また、不動産賃貸業に関係が薄い「特定課

税仕入れ」及び「課税貨物」の請求書等の保存に関する記載は省略しています。

189 　2以上の業務を行っている場合の消費税等の経理処理の選択適用

> ［問］　私は、物品販売業を営んでおり、消費税等を税込経理によって処理しています。今回、マンションを購入し貸事務所として賃貸しましたが、不動産所得については税抜経理によってもよろしいでしょうか。

［答］　**所得の種類を異にする業務ごとに、消費税等の経理処理を選択することができます。**

［解説］　消費税及び地方消費税（以下、「消費税等」といいます。）の経理処理については、①税込経理方式（消費税等の額とその消費税等に係る取引の対価の額とを区分しないで経理する方式）と、②税抜経理方式（消費税等の額とその消費税等に係る取引の対価の額とを区分して経理する方式）とがあります。

いずれの方式によるかは個人事業者（消法2①三）の任意ですが、個人事業者の選択した方式は、原則としてその個人事業者の行うすべての取引について適用されます。

ただし、不動産所得、事業所得、山林所得又は雑所得を生ずべき業務のうち2以上の所得を生ずべき業務を行う場合には、所得の種類を異にする業務ごとに消費税等の経理処理を選択することができます（平成元.3.29直所3―8「2」）。

　(注)　事業用資産を譲渡した場合には譲渡所得とされますが、消費税等

の経理処理についてはその資産をその用に供していた事業所得等を
生ずべき業務と同一の方法によることとされています。

したがって、ご質問の場合には、事業所得については税込経理方
式、不動産所得については税抜経理方式を選択することができま
す。

（参考）消費税等の経理処理の概要

区　　　分	①　税込経理方式	②　税抜経理方式
特　　　徴	売上げ又は仕入れに係る消費税等の額は、売上金額、資産の取得価額又は役務提供の対価の額に含まれるため、事業の損益は消費税等によって影響されますが、税抜計算の手数が省けます。	売上げ又は仕入れに係る消費税等の額は、仮受消費税等又は仮払消費税等とされ、事業の損益は消費税等によって影響されませんが、税抜計算の手数が掛かります。
売上げに係る消費税等の額	売上げに含めて収入として計上します。	仮受消費税等とします。
仕入れに係る消費税等の額	仕入金額、資産の取得価額又は役務提供の対価の額に含めて計算します。	仮払消費税等とします。
納 付 税 額	租税公課として必要経費に算入します。	仮受消費税等と仮払消費税との差額が納付すべき消費税等の額（又は還付消費税等の額）になりますが、簡易課税制度の適用などにより実際に納付すべき消費税等の額（又は還付消費税等の額）との間に差額がある場合には、その差額を雑収入（又は租税公課）とします。
還 付 税 額	雑収入として収入金額に算入します。	

（注１）　税抜経理方式による経理処理は、原則として取引の都度行いますが、その経理処理をその年12月31日において一括して行うこともできます（平成元.3.29直所3―8「4」）。

（注２）　消費税の納税義務が免除されている個人事業者については、税込経理方式によります（同通達「5」）。

190 同一業務に係る消費税等の経理処理の選択適用

> 　**問**　私は、不動産賃貸業を営んでおり、賃貸収入に係る消費税等の経理処理については税込経理方式を採用しています。本年7月に新たにアパートを建築する予定ですが、固定資産の取得についてだけを税抜経理方式によって経理することができますか。

答　賃貸収入について税込経理方式を適用している場合には、固定資産の取得について税抜経理方式を適用することはできません。

　解説　個人事業者が消費税及び地方消費税（以下「消費税等」といいます。）の経理処理を選択する場合には、原則として、同一業務については同一の経理処理を選択することになります。

　しかし、売上げ等の収入に係る取引につき税抜経理方式を適用している場合には、①固定資産、繰延資産、棚卸資産及び山林（以下「固定資産等」といいます。）の取得に係る取引又は②販売費、一般管理費等（山林の伐採費及び譲渡費用を含みます。以下「経費等」といいます。）の支出に係る取引のいずれか一方の取引について税込経理方式を適用することができます。また、上記①の固定資産等のうち棚卸資産又は山林の取得に係る取引については、継続適用を条件として固定資産及び繰延資産と異なる方式を適用することができます（平成元.3.29直所3—8「3」）。

(注) 個々の固定資産等の取得に係る取引又は個々の経費等の支出に係
る取引ごとに異なる方式を適用することはできません。

しかし、売上げ等の収入に係る取引について税込経理方式を適用
している場合には、固定資産等の取得に係る取引及び経費等の支出
に係る取引について税抜経理方式を適用することは認められていま
せん。

したがって、ご質問の場合には、固定資産の取得について税抜経
理方式を適用することはできません。

191 住宅の貸付けの状況による課税・非課税の判定

> ［問］ 私は、マンションの貸付けを行っていますが、契約書
> には「居住用に供すること」を定める条項がなく、賃借人が個
> 人事業者であれば事業所として使用することを禁止していない
> ことから、入居者の実際の用途を正確に確認することなく、個
> 人事業であれば課税資産の譲渡等と判断してきました。
>
> 令和2年度改正により、住宅の貸付けの非課税の範囲が見直
> されたようですが、これまでの判断基準を変更する必要があり
> ますか。
>
> なお、家賃の支払期日は、契約において、当月分を前月末日
> までに支払うことと定めています。

［答］ 令和2年度改正の前後で判断基準を変更する必要があり、
令和2年3月末までに受けるべき家賃は課税資産の譲渡等に、令和
2年4月以降に受けるべき家賃は非課税資産の譲渡等に該当するこ
とになります。

［解説］ 非課税の対象となる「住宅の貸付け」とは、人の居住の用
に供する家屋又は家屋のうち人の居住の用に供する部分の貸付けを
いいます（消法別表第1十三）。なお、住宅の貸付けに係る期間が
1か月未満である場合及びその貸付けが旅館業法に規定する旅館業
に係る施設の貸付けに該当する場合には、「住宅の貸付け」には該
当しません（消令16の2）。

　令和２年度改正前においては、非課税となる「住宅の貸付け」は、その契約で人の居住の用に供することが明らかにされているものに限るものとされていましたが、この改正により、令和２年４月１日以後に行う貸付けについては、次のいずれかであるときは、非課税となる「住宅の貸付け」に該当するものと判断されることになりました（消法別表第１十三かっこ書）。

　○　契約による判定

　　「契約において人の居住の用に供することが明らかにされている場合」

　○　貸付け等の状況による判定

　　　契約において用途が明らかにされていない場合において、「貸付けに係る賃借人や住宅の状況その他の状況からみて人の居住の用に供されていることが明らかな場合」

　ご質問の場合、契約では「居住用に供すること」を定める条項がなく、また、事業所として使用することを禁止していないとのことですから居住用と事業用のどちらでも使用することができ、「契約において貸付けに係る用途が明らかにされていない場合」に当たります（消基通６—13—10）。

　令和２年３月までは、その契約で人の居住の用に供することが明らかにされていませんので、「住宅の貸付け」に当たらず課税資産の譲渡等に該当することになります。

　令和２年４月１日以後は、「貸付け等の状況による判定」も行うことになりますので、その貸付けに係る賃借人や住宅の状況その他の状況からみて判断することになります。

　住宅用賃貸建物の賃貸の「貸付け等の状況による判定」を行う場

合、例えば、「住宅の賃借人が個人であって、当該住宅が人の居住の用に供されていないことを賃貸人が把握していない場合」は、「貸付け等の状況からみて人の居住の用に供されていることが明らかな場合」に該当するものとされています（消基通6—13—11(1)）。

したがって、令和2年4月以後は、「住宅の貸付け」に当たり非課税資産の譲渡等に該当することになります。

なお、資産の譲渡等の時期については、契約又は慣習によりその支払いを受けるべき日とされています（消基通9—1—20）ので、当月分を前月末日までに支払う契約の定めに従い、令和2年3月末日までに支払いを受けるべき「4月分家賃」までは課税売上げ、4月末日までに支払いを受けるべき「5月分家賃」以降の家賃は非課税売上げになります。

192　駐車場貸付けと消費税

> ┌─────┐
> │　問　│　私は消費税の課税事業者です。この度、父から相続に
> └─────┘
> より取得した更地（雑種地）を長男の経営する同族法人に月額
> 30万円で貸し付けることとなりました。
> 　同族法人はその土地にアスファルト舗装して、月極駐車場と
> して貸し付けています。この更地の貸付収入は、私の消費税の
> 課税売上げに含める必要がありますか。

答　**個人の消費税の課税売上げに含める必要はありません。**

解説　消費税法の課税資産の譲渡等とは、資産の譲渡等のうち消
費税法第6条第1項《非課税》の規定により消費税を課されないこ
ととされるもの以外のものをいいます（消法2①九）。

　資産の譲渡等のうち、非課税となる土地の貸付けには土地に係る
権利（例えば地上権、賃借権など）の設定や他人に土地を使用させ
る一切の行為及び地上権や土地の賃借権の転貸も含むものとされて
います（消法2②）。

　なお、土地を一時的に使用させるもの（1月未満の土地の賃貸）
や駐車場その他の施設の利用に伴って土地が使用される場合は非課
税に該当しません（消法別表第1一、消令8、消基通6—1—5）。

　また、更地に駐車させている場合で施設の利用に該当しないよう
な場合でも駐車している車両を管理していると認められる場合に
は、役務の提供に該当し、課税の対象となります（消基通6—1—

5 （注 2 ））。

　ご質問の場合、お父さんから相続により取得した更地（雑種地）を月極駐車場の用地として同族法人に貸し付けていますが、駐車場としての用途に応じるための施設（アスファルト舗装）はご長男の経営する同族法人が行っていますので、あなたはこの更地を貸し付けているものですから、あなたの消費税の課税売上げに含める必要はありません。

193　住宅の貸付けと駐車場の貸付け

　　問　　私は、駐車場付きのマンションを賃貸していますが、最近は車を所有しない入居者が増えてきており駐車場が空くようになってきました。そこで、駐車場を入居者以外に賃貸しようと考え、入居者には更新時期に合わせて、駐車場の使用希望者についてだけ順次、駐車場を含めた契約に変更しようと検討しています。

　なお、入居者の変更後の賃貸料は、これまでどおり駐車場の使用希望の有無にかかわらず駐車場を含めた賃貸料とし、駐車場の賃貸料を別途料金として収受はしない予定です。

　このマンションの賃貸料は、これまで消費税は非課税としていましたが、上記のように変更した場合、入居者の賃貸料について、消費税の取扱いを変える必要がありますか。

　なお、駐車場はアスファルト敷で区画しています。

　　答　　いわゆる「駐車場付き住宅の貸付け」ではなくなるため、マンションの貸付部分は非課税、駐車場の貸付部分は課税になります。

　　解説　　非課税となる「住宅の貸付け」は、次のとおりとされています（消法別表第１十三、消令16の２、消基通６―13―１〜11）。

　①　「住宅」とは、人の居住の用に供する家屋又は家屋のうち人の居住の用に供する部分をいい、一戸建ての住宅のほか、マン

ション、アパート、社宅、寮、貸間等が含まれ、通常住宅に付随して又は住宅と一体となって貸付けられる次のようなものも含まれます。

イ　庭、塀、給排水施設等住宅の一部と認められるもの

ロ　家具、じゅうたん、照明設備、冷暖房設備等の住宅の附属設備で住宅と一体となって貸付けられるもの

　ただし、これらの設備を別の賃貸借の目的物として賃料を別に定めている場合は、課税となります。

② 「住宅の貸付け」は、その貸付けに係る契約において人の居住の用に供することが明らかにされているもの（契約において貸付けの用途が明らかにされていない場合にその貸付等の状況からみて人の居住の用に供されていることが明らかなものを含みます。）に限られています。

　ただし、次に該当する場合は「住宅の貸付け」から除かれます。

イ　貸付期間が1か月未満の場合

ロ　旅館業法第2条第1項に規定する旅館業に係る施設の貸付けに該当する場合

　㈲　例えば、旅館、ホテル、貸別荘、リゾートマンション、ウイークリーマンション等は、その利用期間が1か月以上となる場合であっても、非課税とはなりません。

　　また、住宅宿泊事業法に規定する住宅宿泊事業（いわゆる民泊）も、旅館業法に規定する旅館業に該当しますので、非課税になりません。

③ 「住宅の貸付け」として非課税となる「駐車場付き住宅の貸

付け」については、次のいずれにも該当する場合とされています。

イ　一戸当たり１台分以上の駐車スペースが確保されており、かつ、自動車の保有の有無にかかわらず割り当てられている等の場合

ロ　家賃とは別に駐車場使用料等を収受していない場合

また、駐車場の賃貸については、貸付けに係る期間が１か月に満たない場合や駐車場の利用によって土地が使用される（例えば、車両の管理をしている場合やフェンス、区画などをして駐車場を利用させる）場合には課税の対象となります（消令８、消基通６―１―４～５）。

ご質問の場合、変更後においては、入居者のうち希望者についてだけ駐車場を賃貸することになりますので、いわゆる「駐車場付き住宅の貸付け」には当たらずマンションの貸付け部分だけ「住宅の貸付け」に該当し、フェンス、区画などのされた駐車場の賃貸部分については、駐車場の利用によって土地が使用されていることになります。

したがって、マンションの貸付部分は非課税、使用希望者の駐車場の貸付部分は課税となります。

194　店舗用と住宅用の賃貸マンションの建築に係る仕入税額控除

> 　**問**　私は、1〜2階を店舗用、3〜4階を住宅用に賃貸できるマンションを建築する予定です。私は、これまで消費税課税事業者であり、またこのマンションの賃貸後の課税売上高は5億円以下で、課税売上割合は95％以上となる見込みですので、全額を仕入税額控除することができると考えていますがいかがでしょうか。
>
> 　なお、建築費は附属設備も併せて税抜価額約2億円の見込みです。

答　使用面積割合や、使用面積に対する建設原価の割合など、建物の実態に応じた合理的な基準を用いて、「住宅の貸付けの用に供しないことが明らかな部分」と「居住用賃貸部分」に区分することによって、「住宅の貸付けの用に供しないことが明らかな部分」に対応する金額に対し仕入税額控除が適用できます。

解説　消費税の仕入税額控除制度は、課税の累積を排除するために設けられており、課税売上げに結び付かない仕入税額控除を認めることは、本来の制度の予定するところではないとされています。そのため、建物の取得に係る仕入税額控除の計算を建物の用途の実態に応じて計算するよう令和2年度改正で見直され、「居住用賃貸建物」に係る課税仕入れ等の税額については、仕入税額控除制度の

適用を認めないこととされました（消法30 ⑩）。

　この「居住用賃貸建物」とは、「住宅の貸付けの用に供しないことが明らかな建物（その附属設備を含みます。）以外の建物」であって、高額特定資産（自己建設高額特定資産（注１）に該当するものも含まれます。）又は調整対象自己建設高額資産（注２）に該当する建物とされています。

(注１)　「自己建設高額特定資産」とは、高額特定資産のうち他の者との契約に基づき自ら建設等をした資産又は事業者の棚卸資産若しくは調整対象固定資産として自ら建設等をした資産であって、その建設等に要した原材料費及び経費に係る税抜価額（事業者免税点制度及び簡易課税制度の適用を受ける課税期間に行ったものを除きます。）の合計額が1,000万円以上のものをいいます（消令25の５①二）。

(注２)　「調整対象自己建設高額資産」とは、他の者との契約に基づき自ら建設等をした棚卸資産で、その建設等に要した原材料費及び経費に係る税抜価額の累計額が1,000万円以上のものをいいます（消令25の５③）。この累計額の計算には、事業者免税点制度及び簡易課税制度の適用を受ける課税期間に行ったものが含まれており、この点が自己建設高額特定資産の計算（消令25の５①二、②）とは異なっています。

　「住宅の貸付けの用に供しないことが明らかな建物」については、「建物の構造及び設備の状況その他の状況により住宅の貸付けの用に供しないことが客観的に明らかなもの」とされ、次に掲げるようなものがこれに該当するとされています（消基通11―7―1）。

　(1)　建物の全てが店舗等の事業用施設である建物など、建物の設

466 第 9 章 消費税関係

備等の状況により住宅の貸付けの用に供しないことが明らかな
建物

⑵　旅館又はホテルなど、旅館業法第2条第1項に規定する旅館
業に係る施設の貸付けに供することが明らかな建物

⑶　棚卸資産として取得した建物であって、所有している間、住
宅の貸付けの用に供しないことが明らかなもの

「居住用賃貸建物」は、課税仕入れの時点で住宅の貸付けの用に
供するか否か不明な建物についても、住宅の貸付けの用に供する可
能性のあるものについては、原則として、「居住用賃貸建物」に該
当することとなります（消基通11―7―2）。

ただし、その建物の一部を店舗等の事業用施設として賃貸予定で
あることが客観的に明らかな場合など、住宅の貸付けの用に供しな
いことが明らかな部分についてまで、仕入税額控除制度の適用は制
限されません。

居住用賃貸建物の構造及び設備の状況その他の状況により、「住
宅の貸付けの用に供しないことが明らかな部分」と「居住用賃貸部
分」に合理的に区分している場合には、「住宅の貸付けの用に供し
ないことが明らかな部分」については、これまでどおり仕入税額控
除制度の適用を認めることとされています（消令50の2①）。この
場合の合理的に区分する方法については、使用面積割合や、使用面
積に対する建設原価の割合など、建物の実態に応じた基準を用いる
こととなります（消基通11―7―3）。

なお、取得時の仕入税額控除が制限された居住用賃貸建物につい
ては、その後においてその用途を変更して事務所等の事業用施設と
して貸し付ける等の場合には、一般課税により仕入税額控除を行う

課税事業者に限定して、事後の建物の使用状況に応じて、仕入れ等の日から３年を経過する日の課税期間に応じた仕入控除税額をその課税期間の仕入税額控除額に加算する調整措置が設けられています（消法35の２、消令35の２①）。

　ご質問の場合、「居住用賃貸建物」に該当しますので、これまでのようにマンション建築に係る費用の全額を課税仕入れとすることはできませんが、店舗部分は３階以上の階と構造や附属設備が異なり、客観的に事業用施設に当たると考えます。したがって、店舗部分と居住部分を使用面積割合や、使用面積に対する建設原価の割合などによって区分することで、事業用施設に対応する金額を課税仕入税額として控除することになります。

195　適格請求書等保存方式（インボイス制度）の概要

> ┌問┐　令和 5 年10月 1 日から開始される「適格請求書等保存方式」の概要を教えてください。

答　令和 5 年10月 1 日以後においては、いわゆるインボイス制度が導入されて、適格請求書発行事業者が行う課税資産の譲渡等について「適格請求書」の交付が義務化されます。同日以後の課税事業者（簡易課税制度を適用して申告する事業者を除きます。）が行う課税仕入れについては、仕入税額控除の要件として、適格請求書等の保存が必要になります。

　なお、適格請求書等保存方式の開始から一定期間は、適格請求書発行事業者以外の者（免税事業者）からの課税仕入れであっても、仕入税額相当額の一定割合を仕入税額とみなして控除できる経過措置が設けられています。

|解　説|

1　適格請求書発行事業者の登録制度

　適格請求書等保存方式では、仕入税額控除の要件として、原則、適格請求書発行事業者から交付を受けた適格請求書の保存が必要になります。

　適格請求書を交付しようとする事業者は、納税地を所轄する税務署長に適格請求書発行事業者の登録申請書（以下「登録申請書」といいます。）を提出し、適格請求書発行事業者として登録

を受ける必要があります。そして、登録を受けることができるのは、課税事業者に限られます。

　税務署長は、氏名又は名称及び登録番号等を適格請求書発行事業者登録簿に登載し、登録を行います（新消法57の2①②④）。

　また、相手方から交付を受けた請求書等が適格請求書に該当することを客観的に確認できるよう、適格請求書発行事業者の情報については、「国税庁適格請求書発行事業者公表サイト」に公表されています。

　㈲　適格請求書とは、次の事項が記載された書類（請求書、納品書、領収書、レシート等）をいいます（新消法57の4①）。

①　適格請求書発行事業者の氏名又は名称及び登録番号

②　課税資産の譲渡等を行った年月日

③　課税資産の譲渡等に係る資産又は役務の内容（課税資産の譲渡等が軽減対象資産の譲渡等である場合には、資産の内容及び軽減対象資産の譲渡等である旨）

④　課税資産の譲渡等の税抜価額又は税込価額を税率ごとに区分して合計した金額及び適用税率

⑤　税率ごとに区分した消費税額等（消費税額及び地方消費税額に相当する金額の合計額をいいます。以下同じです。）

⑥　書類の交付を受ける事業者の氏名又は名称

　＊アンダーラインは、区分記載請求書に追加等された項目です。

2　適格請求書の交付義務等

　適格請求書発行事業者は、国内において課税資産の譲渡等を行った場合に、相手方（課税事業者に限ります。）から適格請求書

の交付を求められたときは適格請求書の交付義務が課されています（新消法57の4①）。

(参考)　適格請求書発行事業者が行う事業の性質上、適格請求書を交付することが困難な次の取引については、適格請求書の交付義務が免除されます（新消法57の4①、新消令70の9②、新消規26の6）。

①　3万円未満の公共交通機関（船舶、バス又は鉄道）による旅客の運送

②　出荷者等が卸売市場において行う生鮮食料品等の販売（出荷者から委託を受けた受託者が卸売の業務として行うものに限ります。)

③　生産者が農業協同組合、漁業協同組合又は森林組合等に委託して行う農林水産物の販売（無条件委託方式かつ共同計算方式により生産者を特定せずに行うものに限ります。)

④　3万円未満の自動販売機及び自動サービス機により行われる商品の販売等

⑤　郵便切手類のみを対価とする郵便・貨物サービス（郵便ポストに差し出されたものに限ります。)

なお、小売業、飲食店業、タクシー業等の不特定多数の者に対して資産の譲渡等を行う事業については、適格請求書の記載事項を簡易にした適格簡易請求書を交付することができます（新消法57の4②、新消令70の11）。

3　仕入税額控除の要件

適格請求書等保存方式の下では、一定の事項が記載された帳簿

及び請求書等の保存が仕入税額控除の要件となります（新消法30
⑦⑧⑨）。

　保存すべき請求書等には、適格請求書のほか、次の書類等も含
まれます。

　イ　適格簡易請求書

　ロ　適格請求書又は適格簡易請求書の記載事項に係る電磁的記
　　録

　ハ　適格請求書の記載事項が記載された仕入明細書、仕入計算
　　書その他これらに類する書類（課税仕入れの相手方において
　　課税資産の譲渡等に該当するもので、相手方の確認を受けた
　　ものに限ります。）（書類に記載すべき事項に係る電磁的記録
　　を含みます。）

　ニ　次の取引について、媒介又は取次ぎに係る業務を行う者が
　　作成する一定の書類（書類に記載すべき事項に係る電磁的記
　　録を含みます。）

　　・　卸売市場において出荷者から委託を受けて卸売の業務と
　　　して行われる生鮮食料品等の販売

　　・　農業協同組合、漁業協同組合又は森林組合等が生産者
　　　（組合員等）から委託を受けて行う農林水産物の販売（無
　　　条件委託方式かつ共同計算方式によるものに限ります。）

　なお、請求書等の交付を受けることが困難であるなどの理由に
より、次の取引については、一定の事項を記載した帳簿のみの保
存で仕入税額控除が認められます（新消法30⑦、新消令49①、新
消規15の４）。

　①　適格請求書の交付義務が免除される上記２（参考）①の３

　万円未満の公共交通機関（船舶、バス又は鉄道）による旅客
　の運送

②　適格簡易請求書の記載事項（取引年月日を除きます。）が
　記載されている入場券等が使用の際に回収される取引（①に
　該当するものを除きます。）

③　古物営業を営む者の適格請求書発行事業者でない者からの
　古物（古物営業を営む者の棚卸資産に該当する場合に限りま
　す。）の購入

④　質屋を営む者の適格請求書発行事業者でない者からの質物
　（質屋を営む者の棚卸資産に該当する場合に限ります。）の取
　得

⑤　宅地建物取引業を営む者の適格請求書発行事業者でない者
　からの建物（宅地建物取引業を営む者の棚卸資産に該当する
　場合に限ります。）の購入

⑥　適格請求書発行事業者でない者からの再生資源及び再生部
　品（購入者の棚卸資産に該当する場合に限ります。）の購入

⑦　適格請求書の交付義務が免除される上記2（参考）④の3
　万円未満の自動販売機及び自動サービス機からの商品の購入
　等

⑧　適格請求書の交付義務が免除される上記2（参考）⑤の郵
　便切手類のみを対価とする郵便・貨物サービス（郵便ポスト
　に差し出されたものに限ります。）

⑨　従業員等に支給する通常必要と認められる出張旅費等（出
　張旅費、宿泊費、日当及び通勤手当）

4　経過措置

　適格請求書等保存方式の開始から一定期間は、適格請求書発行事業者以外の者（免税事業者）からの課税仕入れであっても、仕入税額相当額の一定割合を仕入税額とみなして控除できる経過措置が設けられています（28年改正消費税法附則52、53）。

　経過措置を適用できる期間及び適用が認められる割合は、次のとおりです。

期　　　　　間	割　　合
令和5年10月1日から令和8年9月30日まで	仕入税額相当額の80%
令和8年10月1日から令和11年9月30日まで	仕入税額相当額の50%

　なお、この経過措置の適用を受けるためには、区分記載請求書等保存方式の記載事項のほか、経過措置の摘要を受ける課税仕入である旨が記載された帳簿及び請求書等の保存が必要になります（新消法30⑦⑧⑨）。

（参考）

　簡易課税適用者については、インボイス制度導入後においても仕入税額控除の計算は変わりません。

　一方、課税期間の課税売上高が5億円超又は課税売上割合が95%未満の事業者は、仕入控除税額の全額を控除できず、個別対応方式又は一括比例配分方式のいずれかの方式によって仕入控除税額を計算することになります（消法30①②）。これらの場合には、適格請求書発行事業者以外の者（免税事業者）からの課税仕入れについては、上記表の「割合」を乗じた金額を課税仕入税額とみなすことになりますの

で、計算の過程において課税売上割合を乗じる前に、上記表の「割合」を乗じることになります（28年改正消費税法附則52、53、令4.4.1課消2－3（法令解釈通達））。

参　考

〔各種届出書・申請書の提出期限一覧表〕

○　所得税関係

届　出　書　類　等	提　出　期　限
(1)　個人事業の開廃業等届出書	事業の開始の日、廃止の日又は事務所を移転した日から1か月以内
(2)　所得税・消費税の納税地の異動に関する届出書	納税地が異動した後遅滞なく
(3)　納税地の特例の届出書（事務所を納税地とする場合等）	随時
(4)　青色申告承認申請書	①　1月16日以後に開業した場合……その開業日から2か月以内 ②　被相続人（青色申告者）の業務を相続したことにより相続人が新たに業務を開始した場合……原則として被相続人の死亡の日の翌日から4か月以内 ③　その他の場合……受けようとする年の3月15日まで
(5)　青色申告の取りやめ書	やめようとする年の翌年3月15日まで
(6)　青色事業専従者給与に関する届出（変更届出）書	①　1月16日以後に新たに青色事業専従者を有することになった場合……その有することになった日から2か月以内 ②　青色事業専従者給与の金額の基準を変更する場合や新たに専従者が加わった場合……遅滞なく ③　その他の場合……その年の3月15日まで

(7)　現金主義の所得計算の特例を受けることの届出書	①　1月16日以後に開業した場合……その開業した日から2か月以内 ②　その他の場合……受けようとする年の3月15日まで
(8)　棚卸資産の評価方法、減価償却資産の償却方法の届出書	その年分の確定申告期限まで
(9)　棚卸資産の評価方法、減価償却資産の償却方法の変更承認申請書	新たな評価方法、償却方法を採用しようとする年の3月15日まで
(10)　減価償却資産の耐用年数短縮の承認申請書	随時
(11)　増加償却の届出書 （平均使用時間を超えて使用した場合）	その年分の確定申告期限まで
(12)　陳腐化資産の償却費の特例にかかる承認申請書	随時
(13)　有価証券の評価方法の届出書	取得した日の属する年分の確定申告期限まで
(14)　有価証券の評価方法の変更承認申請書	新たな評価方法を採用しようとする年の3月15日まで
(15)　予定納税額の減額の承認申請書	①　6月30日の現況による減額の申請は、その年の7月15日まで ②　10月31日の現況による減額の申請は、その年の11月15日まで
(16)　退職給与規程の届出 （退職給与引当金を設ける場合）	原則としてその年分の確定申告期限まで

⒄　所得税・消費税の納税管理人の届出書（国内に住所等を有しなくなる場合）	納税管理人を定めたとき
⒅　所得税・消費税の納税管理人の解任届出書	納税管理人を解任したとき
⒆　所得税の申告等の期限延長申請書	その理由がやんだ後相当の期間内

○　消費税関係

届　出　書　類　等	提　出　期　限
(1)　消費税課税事業者選択届出書	適用を受けようとする課税期間の初日の前日まで（適用を受けようとする課税期間が事業を開始した日の属する課税期間である場合には、その課税期間中） （制限期間あり）
(2)　消費税課税事業者選択不適用届出書	免税事業者に戻ろうとする課税期間の初日の前日まで （制限期間あり）
(3)　消費税課税事業者届出書（基準期間用）	事由が生じた場合、速やかに
(4)　消費税課税事業者届出書（特定期間用）	事由が生じた場合、速やかに
(5)　消費税の納税義務者でなくなった旨の届出書	事由が生じた場合、速やかに
(6)　高額特定資産の取得に係る課税事業者である旨の届出書	事由が生じた場合、速やかに
(7)　消費税簡易課税制度選択届出書	適用を受けようとする課税期間の初日の前日まで（事業を開始した日の属する課税期間である場合には、その課税期間中） （制限期間あり）
(8)　消費税簡易課税制度選択不適用届出書	適用をやめようとする課税期間の初日の前日まで （制限期間あり）
(9)　任意の中間申告書を提出する旨の届出書	任意に6月中間申告書を提出しようとする6月中間申告対象期間の末日まで

⑽　任意の中間申告書を提出することの取りやめ届出書	任意に 6 月中間申告書を提出することをやめようとする 6 月中間申告対象期間の末日まで
⑾　消費税課税売上割合に準ずる割合の適用承認申請書	承認を受けようとするとき（承認を受けた日の属する課税期間から適用できます。）
⑿　消費税課税売上割合に準ずる割合の不適用届出書	課税売上割合に準ずる割合の適用を取りやめようとする課税期間の末日まで
⒀　適格請求書発行事業者の登録申請書	・課税事業者は登記の日から効力 ・(1)の届出を提出する者でその初日から効力も可 ・令和 5 年10月 1 日から適用を受ける場合には、原則として令和 5 年 3 月31日までに提出
⒁　個人事業者の死亡届出書	事由が生じた場合、速やかに

〔耐 用 年 数 表〕

建物、構築物などの耐用年数（別表第一の抜すい）

種　　類	構造又は用途	細　　　　　　目	耐用年数
建 物	鉄骨鉄筋コンクリート造又は鉄筋コンクリート造のもの	事務所用又は美術館用のもの及び下記以外のもの	50年
		住宅用、寄宿舎用、宿泊所用、学校用又は体育館用のもの	47
		飲食店用、貸席用、劇場用、演奏場用、映画館用又は舞踏場用のもの	
		飲食店用又は貸席用のもので、延べ面積のうちに占める木造内装部分の面積が3割を超えるもの	34
		その他のもの	41
		旅館用又はホテル用のもの	
		延べ面積のうちに占める木造内装部分の面積が3割を超えるもの	31
		その他のもの	39
		店舗用のもの	39
		病院用のもの	39
		変電所用、発電所用、送受信所用、停車場用、車庫用、格納庫用、荷扱所用、映画製作ステージ用、屋内スケート場用、魚市場用又はと畜場用のもの	38
		公衆浴場用のもの	31
		工場（作業場を含む。）用又は倉庫用のもの	
		塩素、塩酸、硫酸、硝酸その他の著しい腐食性を有する液体又は気体の影響を直接全面的に受けるもの、冷	

建物		蔵倉庫用のもの（倉庫事業の倉庫用のものを除く。）及び放射性同位元素の放射線を直接受けるもの	24
		塩、チリ硝石その他の著しい潮解性を有する固体を常時蔵置するためのもの及び著しい蒸気の影響を直接全面的に受けるもの	31
		その他のもの	
		倉庫事業の倉庫用のもの	
		冷蔵倉庫用のもの	21
		その他のもの	31
		その他のもの	38
	れんが造、石造又はブロック造のもの	事務所用又は美術館用のもの及び下記以外のもの	41
		店舗用、住宅用、寄宿舎用、宿泊所用、学校用又は体育館用のもの	38
		飲食店用、貸席用、劇場用、演奏場用、映画館用又は舞踏場用のもの	38
		旅館用、ホテル用又は病院用のもの	36
		変電所用、発電所用、送受信所用、停車場用、車庫用、格納庫用、荷扱所用、映画製作ステージ用、屋内スケート場用、魚市場用又はと畜場用のもの	34
		公衆浴場用のもの	30
		工場（作業場を含む。）用又は倉庫用のもの	
		塩素、塩酸、硫酸、硝酸その他の著しい腐食性を有する液体又は気体の影響を直接全面的に受けるもの及び冷蔵倉庫用のもの（倉庫事業の倉庫用のものを除く。）	22
		塩、チリ硝石その他の著しい潮解性を有する固体を常時蔵置するためのもの及び著しい蒸気の影響を直接全	

		面的に受けるもの	28
		その他のもの	
		倉庫事業の倉庫用のもの	
		冷蔵倉庫用のもの	20
		その他のもの	30
		その他のもの	34
建物	金属造のもの（骨格材の肉厚が4ミリメートルを超えるものに限る。）	事務所用又は美術館用のもの及び下記以外のもの	38
		店舗用、住宅用、寄宿舎用、宿泊所用、学校用又は体育館用のもの	34
		飲食店用、貸席用、劇場用、演奏場用、映画館用又は舞踏場用のもの	31
		変電所用、発電所用、送受信所用、停車場用、車庫用、格納庫用、荷扱所用、映画製作ステージ用、屋内スケート場用、魚市場用又はと畜場用のもの	31
		旅館用、ホテル用又は病院用のもの	29
		公衆浴場用のもの	27
		工場（作業場を含む。）用又は倉庫用のもの	
		塩素、塩酸、硫酸、硝酸その他の著しい腐食性を有する液体又は気体の影響を直接全面的に受けるもの、冷蔵倉庫用のもの（倉庫事業の倉庫用のものを除く。）及び放射性同位元素の放射線を直接受けるもの	20
		塩、チリ硝石その他の著しい潮解性を有する固体を常時蔵置するためのもの及び著しい蒸気の影響を直接全面的に受けるもの	25
		その他のもの	
		倉庫事業の倉庫用のもの	
		冷蔵倉庫用のもの	19
		その他のもの	26

		その他のもの	31
建物	金属造のもの（骨格材の肉厚が3ミリメートルを超え4ミリメートル以下のものに限る。）	事務所用又は美術館用のもの及び下記以外のもの	30
		店舗用、住宅用、寄宿舎用、宿泊所用、学校用、又は体育館用のもの	27
		飲食店用、貸席用、劇場用、演奏場用、映画館用又は舞踏場用のもの	25
		変電所用、発電所用、送受信所用、停車場用、車庫用、格納庫用、荷扱所用、映画製作ステージ用、屋内スケート場用、魚市場用又はと畜場用のもの	25
		旅館用、ホテル用又は病院用のもの	24
		公衆浴場用のもの	19
		工場（作業場を含む。）用又は倉庫用のもの	
		塩素、塩酸、硫酸、硝酸その他の著しい腐食性を有する液体又は気体の影響を直接全面的に受けるもの及び冷蔵倉庫用のもの	15
		塩、チリ硝石その他の著しい潮解性を有する固体を常時蔵置するためのもの及び著しい蒸気の影響を直接全面的に受けるもの	19
		その他のもの	24
	金属造のもの（骨格材の肉厚が3ミリメートル以下のものに限る。）	事務所用又は美術館用のもの及び下記以外のもの	22
		店舗用、住宅用、寄宿舎用、宿泊所用、学校用、又は体育館用のもの	19
		飲食店用、貸席用、劇場用、演奏場用、映画館用又は舞踏場用のもの	19
		変電所用、発電所用、送受信所用、停車場用、車庫用、格納庫用、荷扱所用、映画製作ステージ用、屋内スケート場用、魚市場用又はと畜場用のもの	19

建物		旅館用、ホテル用又は病院用のもの	17
		公衆浴場用のもの	15
		工場（作業場を含む。）用又は倉庫用のもの	
		塩素、塩酸、硫酸、硝酸その他の著しい腐食性を有する液体又は気体の影響を直接全面的に受けるもの及び冷蔵倉庫用のもの	12
		塩、チリ硝石その他の著しい潮解性を有する固体を常時蔵置するためのもの及び著しい蒸気の影響を直接全面的に受けるもの	14
		その他のもの	17
	木造又は合成樹脂造のもの	事務所用又は美術館用のもの及び下記以外のもの	24
		店舗用、住宅用、寄宿舎用、宿泊所用、学校用又は体育館用のもの	22
		飲食店用、貸席用、劇場用、演奏場用、映画館用又は舞踏場用のもの	20
		変電所用、発電所用、送受信所用、停車場用、車庫用、格納庫用、荷扱所用、映画製作ステージ用、屋内スケート場用、魚市場用又はと畜場用のもの	17
		旅館用、ホテル用又は病院用のもの	17
		公衆浴場用のもの	12
		工場（作業場を含む。）用又は倉庫用のもの	
		塩素、塩酸、硫酸、硝酸その他の著しい腐食性を有する液体又は気体の影響を直接全面的に受けるもの及び冷蔵倉庫用のもの	9
		塩、チリ硝石その他の著しい潮解性を有する個体を常時蔵置するためのもの及び著しい蒸気の影響を直接全	

		面的に受けるもの	11
		その他のもの	15
建物	木骨モルタル造のもの	事務所用又は美術館用のもの及び下記以外のもの	22
		店舗用、住宅用、寄宿舎用、宿泊所用、学校用又は体育館用のもの	20
		飲食店用、貸席用、劇場用、演奏場用、映画館用又は舞踏場用のもの	19
		変電所用、発電所用、送受信所用、停車場用、車庫用、格納庫用、荷扱所用、映画製作ステージ用、屋内スケート場用、魚市場用又はと畜場用のもの	15
		旅館、ホテル用又は病院用のもの	15
		公衆浴場用のもの	11
		工場（作業場を含む。）用又は倉庫用のもの	
		塩素、塩酸、硫酸、硝酸その他の著しい腐食性を有する液体又は気体の影響を直接全面的に受けるもの及び冷蔵倉庫用のもの	7
		塩、チリ硝石その他の著しい潮解性を有する固体を常時蔵置するためのもの及び著しい蒸気の影響を直接全面的に受けるもの	10
		その他のもの	14
	簡易建物	木製主要柱が10センチメートル角以下のもので、土居ぶき、杉皮ぶき、ルーフイングぶき又はトタンぶきのもの	10
		掘立造のもの及び仮設のもの	7
	電気設備（照明設備を含む。）	蓄電池電源設備	6
		その他のもの	15

建物附属設備	給排水又は衛生設備及びガス設備		15
	冷房、暖房、通風又はボイラー設備	冷暖房設備（冷凍機の出力が22キロワット以下のもの）	13
		その他のもの	15
	昇降機設備	エレベーター	17
		エスカレーター	15
	消火、排煙又は災害報知設備及び格納式避難設備		8
	エヤーカーテン又はドアー自動開閉設備		12
	アーケード又は日よけ設備	主として金属製のもの	15
		その他のもの	8
	店用簡易装備		3
	可動間仕切り	簡易なもの	3
		その他のもの	15
	前掲のもの以外のもの及び前掲の区分によらないもの	主として金属製のもの	18
		その他のもの	10

構築物	緑化施設及び庭園	工場緑化施設	7
		その他の緑化施設及び庭園（工場緑化施設に含まれるものを除く。）	20
	舗装道路及び舗装路面	コンクリート敷、ブロック敷、れんが敷又は石敷のもの	15
		アスファルト敷又は木れんが敷のもの	10
		ビチューマルス敷のもの	3
	鉄骨鉄筋コンクリート造又は鉄筋コンクリート造のもの（前掲のものを除く。）	水道用ダム	80
		トンネル	75
		橋	60
		岸壁、さん橋、防壁（爆発物用のものを除く。）、堤防、防波堤、塔、やぐら、上水道、水そう及び用水用ダム	50
		乾ドック	45
		サイロ	35
		下水道、煙突及び焼却炉	35
		高架道路、製塩用ちんでん池、飼育場及びへい	30
		爆発物用防壁及び防油堤	25
		造船台	24
		放射性同位元素の放射線を直接受けるもの	15
		その他のもの	60
	コンクリート造又はコンクリートブロック造のもの（前掲のものを除く。）	やぐら及び用水池	40
		サイロ	34
		岸壁、さん橋、防壁（爆発物用のものを除く。）、堤防、防波堤、トンネル、上水道及び水そう	30
		下水道、飼育場及びへい	15
		爆発物用防壁	13
		引湯管	10
		鉱業用廃石捨場	5
		その他のもの	40

構築物	れんが造のもの（前掲のものを除く。）	防壁（爆発物用のものを除く。）、堤防、防波堤及びトンネル	50
		煙突、煙道、焼却炉、へい及び爆発物用防壁	
		塩素、クロールスルホン酸その他の著しい腐食性を有する気体の影響を受けるもの	7
		その他のもの	25
		その他のもの	40
	石造のもの（前掲のものを除く。）	岸壁、さん橋、防壁（爆発物用のものを除く。）、堤防、防波堤、上水道及び用水地	50
		乾ドック	45
		下水道、へい及び爆発物用防壁	35
		その他のもの	50
	土造のもの（前掲のものを除く。）	防壁（爆発物用のものを除く。）、堤防、防波堤及び自動車道	40
		上水道及び用水池	30
		下水道	15
		へい	20
		爆発物用防壁及び防油堤	17
		その他のもの	40
	金属造のもの（前掲のものを除く。）	橋（はね上げ橋を除く。）	45
		はね上げ橋及び鋼矢板岸壁	25
		サイロ	22
		送配管	
		鋳鉄製のもの	30
		鋼鉄製のもの	15
		ガス貯そう	
		液化ガス用のもの	10
		その他のもの	20
		薬品貯そう	
		塩酸、ふつ酸、発煙硫酸、濃硝酸その他の発煙性を有する無機酸用のもの	8

		有機酸用又は硫酸、硝酸その他前掲のもの以外の無機酸用のもの	10
構築物		アルカリ類用、塩水用、アルコール用その他のもの	15
		水そう及び油そう	
		鋳鉄製のもの	25
		鋼鉄製のもの	15
		浮きドック	20
		飼育場	15
		つり橋、煙突、焼却炉、打込み井戸、へい、街路灯及びガードレール	10
		露天式立体駐車設備	15
		その他のもの	45
	合成樹脂造のもの（前掲のものを除く。）		10
	木造のもの（前掲のものを除く。）	橋、塔、やぐら及びドック	15
		岸壁、さん橋、防壁、堤防、防波堤、トンネル、水そう、引湯管及びへい	10
		飼育場	7
		その他のもの	15
	前掲のもの以外のもの及び前掲の区分によらないもの	主として木造のもの	15
		その他のもの	50
船舶	船舶法（明治32年法律第46号）第4条から第19条までの適用を受ける鋼船		

	漁　船	総トン数が500トン以上のもの	12
		総トン数が500トン未満のもの	9
	同　木　船 漁　船		6
車両及び運搬具	運送事業用、貸自動車業用又は自動車教習所用の車両及び運搬具	自動車（二輪車又は三輪自動車を含み、乗合自動車を除く。） 　　小　型　者（貨物自動車にあっては積載量が2トン以下、その他のものにあっては総排気量が2リットル以下のものをいう。）	3
		その他のもの 　　大型乗用車（総排気量が3リットル以上のものをいう。）	5
		その他のもの	4
		乗合自動車	5
		自転車及びリヤカー	2
		被けん引車その他のもの	4
	前掲のもの以外のもの	自動車（二輪車又は三輪自動車を除く。） 　　小　型　車（総排気量が0.66リットル以下のものをいう。）	4
		その他のもの 　　貨物自動車 　　　ダンプ式のもの	4
		その他のもの	5
		報道通信用のもの	5
		その他のもの	6
		二輪車又は三輪自動車	3
		自転車	2
		鉱山用人車、炭車、鉱車及び台車 金属製のもの	7
		その他のもの	4
		フォークリフト	4

		トロッコ	
		金属製のもの	5
		その他のもの	3
		その他のもの	
		自走能力を有するもの	7
		その他のもの	4
工	測定工具及び検査工具（電気又は電子を利用するものを含む。）		5
	治具及び取付工具		3
	ロ　ー　ル	金属圧延用のもの	4
		なつ染ロール、粉砕ロール、混練ロールその他のもの	3
具	型（型枠を含む。）、鍛圧工具及び打抜工具	プレスその他の金属加工用型、合成樹脂、ゴム又はガラス成型用金型及び鋳造用型	2
		その他のもの	3
	切　削　工　具		2
	金属製柱及びカッペ		3
	活字及び活字に常用される金属	購入活字（活字の形状のまま反復使用するものに限る。）	2
		自製活字及び活字に常用される金属	8
	前掲のもの以外のもの	白金ノズル	13
		その他のもの	3
	前掲の区分によらないもの	白金ノズル	13
		その他の主として金属製のもの	8
		その他のもの	4

	1　家具、電気機器、ガス機器及び家庭用品（他の項に掲げるものを除く。）	事務机、事務いす及びキャビネット	
		主として金属製のもの	15
		その他のもの	8
		応接セット	
		接客業用のもの	5
		その他のもの	8
		ベッド	8
		児童用机及びいす	5
		陳列だな及び陳列ケース	
		冷凍機付又は冷蔵機付のもの	6
		その他のもの	8
器具及び備品		その他の家具	
		接客業用のもの	5
		その他のもの	
		主として金属製のもの	15
		その他のもの	8
		ラジオ、テレビジョン、テープレコーダーその他の音響機器	5
		冷房用又は暖房用機器	6
		電気冷蔵庫、電気洗濯機その他これらに類する電気又はガス機器	6
		氷冷蔵庫及び冷蔵ストッカー（電気式のものを除く。）	4
		カーテン、座ぶとん、寝具、丹前その他これらに類する繊維製品	3
		じゅうたんその他の床用敷物	
		小売業用、接客業用、放送用、レコード吹込用又は劇場用のもの	3
		その他のもの	6
		室内装飾品	
		主として金属製のもの	15
		その他のもの	8
		食事又はちゅう房用品	
		陶磁器製又はガラス製のもの	2
		その他のもの	5

器具及び備品		その他のもの	
		主として金属製のもの	15
		その他のもの	8
	2　事務機器及び通信機器	謄写機器及びタイプライター	
		孔版印刷又は印書業用のもの	3
		その他のもの	5
		電子計算機	
		パーソナルコンピュータ（サーバー用のものを除く。）	4
		その他のもの	5
		複写機、計算機（電子計算機を除く。）、金銭登録機、タイムレコーダーその他にこれらに類するもの	5
		その他の事務機器	5
		テレタイプライター及びファクシミリ	5
		インターホーン及び放送用設備	6
		電話設備その他の通信機器	
		デジタル構内交換設備及びデジタルボタン電話設備	6
		その他のもの	10
	3　時計、試験機器及び測定機器	時計	10
		度量衡器	5
		試験又は測定機器	5
	4　光学機器及び写真製作機器	オペラグラス	2
		カメラ、映画撮影機、映写機及び望遠鏡	5
		引伸機、焼付機、乾燥機、顕微鏡その他の機器	8
	5　看板及び広告器具	看板、ネオンサイン及び気球	3
		マネキン人形及び模型	2
		その他のもの	
		主として金属製のもの	10

器具及び備品		その他のもの	5
	6　容器及び金庫	ボンベ	
		溶接製もの	6
		鍛造製のもの	
		塩素用のもの	8
		その他のもの	10
		ドラムかん、コンテナーその他の容器	
		大型コンテナー（長さが六メートル以上のものに限る）	7
		その他のもの	
		金属製のもの	3
		その他のもの	2
		金　庫	
		手さげ金庫	5
		その他のもの	20
	7　理容又は美容機器		5
	8　医療機器	消毒殺菌用機器	4
		手術機器	5
		血液透析又は血しょう交換用機器	7
		ハバードタンクその他の作動部分を有する機能回復訓練機器	6
		調剤機器	6
		歯科診療用ユニット	7
		光学検査機器	
		ファイバースコープ	6
		その他のもの	8
		その他のもの	
		レントゲンその他の電子装置を使用する機器	
		移動式のもの、救急医療用のもの及び自動血液分析器	4
		その他のもの	6

器具及び備品		その他のもの	
		陶磁器製又はガラス製のもの	3
		主として金属製のもの	10
		その他のもの	5
	9　娯楽又はスポーツ器具及び興行又は演劇用具	たまつき用具	8
		パチンコ器、ビンゴ器その他これらに類する球戯用具及び射的用具	2
		ご、しょうぎ、まあじゃん、その他の遊戯具	5
		スポーツ具	3
		劇場用観客いす	3
		どんちょう及び幕	5
		衣しょう、かつら、小道具及び大道具	2
		その他のもの	
		主として金属製のもの	10
		その他のもの	5
	10　生物	植物	
		貸付業用のもの	2
		その他のもの	15
		動物	
		魚類	2
		鳥類	4
		その他のもの	8
	11　前掲のもの以外のもの	映画フイルム（スライドを含む。）、磁気テープ及びレコード	2
		シート及びロープ	2
		漁具	3
		葬儀用具	3
		楽器	5
		自動販売機（手動のものを含む。）	5
		無人駐車管理装置	5
		焼却炉	5
		その他のもの	
		主として金属製のもの	10

		その他のもの	5
器具及び備品	12　前掲する資産のうち当該資産について定められている前掲の耐用年数によるもの以外のもの及び前掲の区分によらないもの	主として金属製のもの その他のもの	15 8

無形減価償却資産の耐用年数（別表第三）

種　　　類	細　　　　　　　目	耐用年数
漁　　業　　権		10年
ダ　ム　使　用　権		55
水　　利　　権		20
特　　許　　権		8
実　用　新　案　権		5
意　　匠　　権		7
商　　標　　権		10
ソ　フ　ト　ウ　エ　ア	複写して販売するための原本 その他のもの	3 5
育　　成　　者　　権	種苗法（平成10年法律第83号）第4条第2項に規定する品種 その他	10 8
営　　業　　権		5
専　用　側　線　利　用　権		30
鉄道軌道連絡通行施設利用権		30
電気ガス供給施設利用権		15
水　道　施　設　利　用　権		15
工業用水道施設利用権		15
電気通信施設利用権		20

平成19年3月31日以前に取得をされた減価償却資産の償却率表（別表第七抜すい）

耐用年数	旧定額法の償却率	旧定率法の償却率	耐用年数	旧定額法の償却率	旧定率法の償却率
年			年		
2	0.500	0.684	34	0.030	0.066
3	0.333	0.536	35	0.029	0.064
4	0.250	0.438	36	0.028	0.062
5	0.200	0.369	37	0.027	0.060
6	0.166	0.319	38	0.027	0.059
7	0.142	0.280	39	0.026	0.057
8	0.125	0.250	40	0.025	0.056
9	0.111	0.226	41	0.025	0.055
10	0.100	0.206	42	0.024	0.053
11	0.090	0.189	43	0.024	0.052
12	0.083	0.175	44	0.023	0.051
13	0.076	0.162	45	0.023	0.050
14	0.071	0.152	46	0.022	0.049
15	0.066	0.142	47	0.022	0.048
16	0.062	0.134	48	0.021	0.047
17	0.058	0.127	49	0.021	0.046
18	0.055	0.120	50	0.020	0.045
19	0.052	0.114	51	0.020	0.044
20	0.050	0.109	52	0.020	0.043
21	0.048	0.104	53	0.019	0.043
22	0.046	0.099	54	0.019	0.042
23	0.044	0.095	55	0.019	0.041
24	0.042	0.092	56	0.018	0.040
25	0.040	0.088	57	0.018	0.040
26	0.039	0.085	58	0.018	0.039
27	0.037	0.082	59	0.017	0.038
28	0.036	0.079	60	0.017	0.038
29	0.035	0.076	61	0.017	0.037
30	0.034	0.074	62	0.017	0.036
31	0.033	0.072	63	0.016	0.036
32	0.032	0.069	64	0.016	0.035
33	0.031	0.067	65	0.016	0.035

平成19年4月1日以後に取得をされた減価償却資産の定額法の償却率表 （別表第八抜すい）

耐用年数	償却率	耐用年数	償却率	耐用年数	償却率
年		26	0.039	51	0.020
2	0.500	27	0.038	52	0.020
3	0.334	28	0.036	53	0.019
4	0.250	29	0.035	54	0.019
5	0.200	30	0.034	55	0.019
6	0.167	31	0.033	56	0.018
7	0.143	32	0.032	57	0.018
8	0.125	33	0.031	58	0.018
9	0.112	34	0.030	59	0.017
10	0.100	35	0.029	60	0.017
11	0.091	36	0.028	61	0.017
12	0.084	37	0.028	62	0.017
13	0.077	38	0.027	63	0.016
14	0.072	39	0.026	64	0.016
15	0.067	40	0.025	65	0.016
16	0.063	41	0.025	66	0.016
17	0.059	42	0.024	67	0.015
18	0.056	43	0.024	68	0.015
19	0.053	44	0.023	69	0.015
20	0.050	45	0.023	70	0.015
21	0.048	46	0.022	71	0.015
22	0.046	47	0.022	72	0.014
23	0.044	48	0.021	73	0.014
24	0.042	49	0.021	74	0.014
25	0.040	50	0.020	75	0.014

平成19年4月1日から平成24年3月31日までの間に取得をされた減価償却
資産の定率法の償却率、改定償却率及び保証率の表（別表第九抜すい）

耐用年数	償却率	改定償却率	保証率	耐用年数	償却率	改定償却率	保証率
年				26	0.096	0.100	0.01989
2	1.000	—	—	27	0.093	0.100	0.01902
3	0.833	1.000	0.02789	28	0.089	0.091	0.01866
4	0.625	1.000	0.05274	29	0.086	0.091	0.01803
5	0.500	1.000	0.06249	30	0.083	0.084	0.01766
6	0.417	0.500	0.05776	31	0.081	0.084	0.01688
7	0.357	0.500	0.05496	32	0.078	0.084	0.01655
8	0.313	0.334	0.05111	33	0.076	0.077	0.01585
9	0.278	0.334	0.04731	34	0.074	0.077	0.01532
10	0.250	0.334	0.04448	35	0.071	0.072	0.01532
11	0.227	0.250	0.04123	36	0.069	0.072	0.01494
12	0.208	0.250	0.03870	37	0.068	0.072	0.01425
13	0.192	0.200	0.03633	38	0.066	0.067	0.01393
14	0.179	0.200	0.03389	39	0.064	0.067	0.01370
15	0.167	0.200	0.03217	40	0.063	0.067	0.01317
16	0.156	0.167	0.03063	41	0.061	0.063	0.01306
17	0.147	0.167	0.02905	42	0.060	0.063	0.01261
18	0.139	0.143	0.02757	43	0.058	0.059	0.01248
19	0.132	0.143	0.02616	44	0.057	0.059	0.01210
20	0.125	0.143	0.02517	45	0.056	0.059	0.01175
21	0.119	0.125	0.02408	46	0.054	0.056	0.01175
22	0.114	0.125	0.02296	47	0.053	0.056	0.01153
23	0.109	0.112	0.02226	48	0.052	0.053	0.01126
24	0.104	0.112	0.02157	49	0.051	0.053	0.01102
25	0.100	0.112	0.02058	50	0.050	0.053	0.01072

平成24年4月1日以後に取得をされた減価償却資産の定率法の償却率、改定償却率及び保証率の表（別表第十抜すい）

耐用年数	償却率	改定償却率	保証率	耐用年数	償却率	改定償却率	保証率
年				26	0.077	0.084	0.02716
2	1.000	—	—	27	0.074	0.077	0.02624
3	0.667	1.000	0.11089	28	0.071	0.072	0.02568
4	0.500	1.000	0.12499	29	0.069	0.072	0.02463
5	0.400	0.500	0.10800	30	0.067	0.072	0.02366
6	0.333	0.334	0.09911	31	0.065	0.067	0.02286
7	0.286	0.334	0.08680	32	0.063	0.067	0.02216
8	0.250	0.334	0.07909	33	0.061	0.063	0.02161
9	0.222	0.250	0.07126	34	0.059	0.063	0.02097
10	0.200	0.250	0.06552	35	0.057	0.059	0.02051
11	0.182	0.200	0.05992	36	0.056	0.059	0.01974
12	0.167	0.200	0.05566	37	0.054	0.056	0.01950
13	0.154	0.167	0.05180	38	0.053	0.056	0.01882
14	0.143	0.167	0.04854	39	0.051	0.053	0.01860
15	0.133	0.143	0.04565	40	0.050	0.053	0.01791
16	0.125	0.143	0.04294	41	0.049	0.050	0.01741
17	0.118	0.125	0.04038	42	0.048	0.050	0.01694
18	0.111	0.112	0.03884	43	0.047	0.048	0.01664
19	0.105	0.112	0.03693	44	0.045	0.046	0.01664
20	0.100	0.112	0.03486	45	0.044	0.046	0.01634
21	0.095	0.100	0.03335	46	0.043	0.044	0.01601
22	0.091	0.100	0.03182	47	0.043	0.044	0.01532
23	0.087	0.091	0.03052	48	0.042	0.044	0.01499
24	0.083	0.084	0.02969	49	0.041	0.042	0.01475
25	0.080	0.084	0.02841	50	0.040	0.042	0.01440

平成19年3月31日以前に取得をされた減価償却資産の残存割合表

（別表第十一）

種　　類	細　　　　　　　　　　目	残存割合
別表第1、別表第2、別表第5及び別表第6に掲げる減価償却資産（同表に掲げるソフトウエアを除く。）		100分の10
別表第3に掲げる無形減価償却資産、別表第6に掲げるソフトウエア並びに鉱業権及び坑道		0
別表第4に掲げる生物	牛	
	繁殖用の乳用牛及び種付用の役肉用牛	100分の20
	種付用の乳用牛	100分の10
	その他用のもの	100分の50
	馬	
	繁殖用及び競走用のもの	100分の20
	種付用のもの	100分の10
	その他用のもの	100分の30
	豚	100分の30
	綿羊及びやぎ	100分の5
	果樹その他の植物	100分の5

【著者紹介】

高 野　弘 美（たかの　ひろみ）

税理士、LEC 会計大学院教授（所得税法担当）

昭和52年　新潟大学法学部卒業

大学卒業後東京国税局に入局、局・署において税務調査に従事

その間、東京国税局所得税課課長補佐（審理担当）、税務大学校教授（所得税・消費税担当）、国税不服審判所審判官（資産税）、東京国税局調査部統括官（法人税）を務める

平成26年　東京国税局本所税務署長を経て退官

平成26年　高野会計事務所を開設

平成28年より、LEC 会計大学院教授を務める

主な著書に、「令和４年３月申告用　所得税確定申告書記載例集」（単著：大蔵財協協会）、「税務の主要テーマの重点解説」（共同執筆：大蔵財協協会）などがある。

黒 田　治 彦（くろだ　はるひこ）

税理士

税務署において個人事業者の税務調査に従事後、東京国税局、国税庁で個人課税（所得税、消費税）の事務運営等に従事

その間、税務大学校東京研修所教育官（所得税・消費税担当）、東京国税局所得税課課長補佐、国税庁個人課税課課長補佐、国税不服審判所副審判官、東京国税局課税第一部課税総括課統括国税実査官、国税庁監督評価官副室長、雪谷税務署長、板橋税務署長等を務める

平成24年　東京国税局豊島税務署長を経て退官

平成26年　黒田治彦税理士事務所を開設

主な著書に、「税務の主要テーマの重点解説」、「加算税の最新実務と税務調査対応Ｑ＆Ａ」（いずれも共同執筆：大蔵財務協会）などがある。

令和4年改訂版　Q&A　不動産所得をめぐる税務

令和4年10月26日　初版印刷
令和4年11月7日　初版発行

不　許
複　製

著　者　高　野　弘　美
　　　　黒　田　治　彦
　　　　（一財）大蔵財務協会　理事長
発行者　木　村　幸　俊

発行所　一般財団法人　大蔵財務協会
〔郵便番号　130-8585〕
東京都墨田区東駒形1丁目14番1号
（販　売　部）TEL03(3829)4141・FAX03(3829)4001
（出版編集部）TEL03(3829)4142・FAX03(3829)4005
URL　http://www.zaikyo.or.jp

乱丁、落丁の場合は、お取替えいたします。　　　印刷　三松堂（株）
ISBN 978-4-7547-3053-6